KB105214

한국어와 한국문화

한국어와 한국문화

초판 1쇄 인쇄 | 2005년 3월 10일
초판 1쇄 발행 | 2005년 3월 15일
　　2쇄 발행 | 2007년 10월 1일

지은이 | 천소영
펴낸이 | 김정옥
디자인 | 윤용주
펴낸곳 | 도서출판 우리책

등 록 | 2002년 10월 7일(제2-36119호)
주 소 | 서울특별시 중구 신당3동 373-20
전 화 | (02)2236-5982
팩 스 | (02)2232-5982

ⓒ 2005 천소영
ISBN 89-90392-09-8

우리말 어원 속에 담긴 한민족의 삶

한국어와 한국문화

글 · 천소영_수원대학교 국어국문학과 교수

우리책

눈빛과 기침의 언어를 찾아서

　우리말·우리글에 대한 글을 써 오면서 필자는 늘 대중적인 것과 전문 학술적인 것과의 사이에서 고민해 왔다. 이는 어느 한 쪽으로 치우치지 않으면서 이들을 적절히 조화시켜 놓아야 한다는 강박관념에서다. 일반인들도 평소 언어 현상에 대해 관심을 가지며 이를 더 자세히 알고 싶어한다. 언어는 살아가는 데 있어 필수적인 생활 수단, 나아가 인간의 삶 그 자체라 할 수 있다. 그러나 등하불명(燈下不明)이란 말처럼 사람은 일상으로 언어를 호흡하면서도 막상 그 본질에 대해서는 잘 알지 못한다. 언어 분야는 조금만 깊게 파고들면 그저 어렵기만 하고 딱딱하다고 느끼기 때문이다. 전혀 흥미를 느낄 수 없는, 이런 무미건조한 언어 이론을 어떻게 하면 일반인에게 쉽게 읽힐 수 있을까 하는 것이 필자의 화두가 되었다. 이런 궁리 끝에 그 동안 펴낸 책이 『부끄러운 아리랑(현암사, 1999)』과 『우리말의 속살(창해, 2000)』이란 두 권의 졸저였다.

대중 취향의 글이란 자칫 잘못되면 '우리말 사랑'이나 강조하는, 깊이 없는 글이 되기 쉽다. 앞서 펴낸 책에서도 필자는 '재미있고 유익한 글'을 썼노라고 자부했으나 결과는 그렇지 못했다. 혹간 재미있는 부분도 없지 않았으나 대신 깊이 있는 글은 되지 못한 것 같다. 이런 반성 끝에 나온 것이 본저로서, 이번에는 재미는 덜할지 몰라도 좀더 전문성이 가미된 글을 써 보고자 했다. 역시 무모한 시도인 줄을 짐작하면서도 다시 한번 용기를 내보기로 한다.

독자들의 손쉬운 접근을 위해서 이 책에서는 용어의 선택을 자유롭게 하였다. 여기서 말하는 '우리말'이란 넓게 보면 한국어요, 좁게 보면 그 중에서도 고유어를 지칭한다. '말의 뿌리'라 함은 넓게는 한국어의 계통이요, 좁게는 우리말의 어원론인데 여기서는 후자 쪽에 비중을 두었다. 다시 말하면 우리말 중에서도 한자어나 외래어를 제외한 순수 '고유어의 어원 탐색'이라 할 만하다.

필자가 고유어에 관심을 보이는 동안 학계 일각에서 한국어 어원 연구가 상당 부분 진척되었다. 특기할 만한 것은 『국어어원학통사(강헌규, 2003)』에서 우리말 어원 연구의 흐름이 정리 되고, 『우리말 語源 辭典(김민수 편, 1997)』과 『國語語源辭典(서정범, 2000)』의 두 권의 사전이 간행된 일이다. 한국어가 문명국 언어임을 자부하면서도 제대로 된 어원사전 하나 갖지 못한 현실을 부끄러워하던 차에 이만한 사전이라도 갖게 되었음은 퍽 다행한 일이다.

그러나 이만한 성과로 만족하기에는 이른 것 같다. 진정한 의미의 어원 연구는 지금부터 시작되어야 한다. 개개 낱말 뿌리에 대한 여러 연구자들의 설을 열거하고 소개하는 데 그칠 게 아니라 이것을 정설로 굳히는 작업에 모든 연구자들의 노력과 지혜가 모아져야 한다. 이 책이 이 같은 작업에 일조가 될 수 있다면 그 이상의 바람은 없겠다.

『체질을 알면 건강이 보인다』라는 어떤 의학서가 생각난다. 이처럼 말의 뿌리를 캐어 보면 그 말을 만들어 써 온 조상들의 생각과 정서를 알 수 있다. 말은 곧 문화를 담아내는 그릇이기에 우리는 조상들이 물려주신 이 언어 유산을 통하여 민족의 문화와 역사, 곧 조상들의 삶의 모습을 엿볼 수 있는 것이다. 이 글이 관심 있는 분들의 바람을 다소나마 채워줄 수 있기를 기대하며, 여러분들의 따뜻한 사랑과 따끔한 충고를 기다린다.

이 책을 집필하는 도중 필자의 아버님이 돌아가셨다. 千世字旭字 아버님께서도 평생 문필가로 살아오셨기에 평소 아들의 글 쓰는 일에 관심과 충고를 아끼지 않으셨다. 하늘나라에서도 이번 출간을 기뻐해 주시리라 믿으며 삼가 이 책을 아버님의 영전에 바친다. 아울러 출판을 맡아 훌륭하게 책을 꾸며 준 '우리책' 편집부원들에게 고마움의 뜻을 전한다.

2005년 3월
분당 두메 서재에서
지은이 천소영 씀

I. 말과 뿌리

II. 우리말의 이해

I. 말과 뿌리

어원을 캐는 이유

1. 언어라는 대기

　사람은 말을 배운 이래 단 하루도 말 한 마디 하지 않고 살아온 날
은 없다. 자신의 속내를 드러내는 표정이나 몸짓까지도 광의의 언어
속에 포함시킨다면 언어 행위가 없는 날은 단 하루도 없다는 얘기다.
누군가가 잘못 뱉은 말로 인해 크게 낭패를 보았다 하여, 혹은 어느
날 무단히 말하기 싫어졌다 하여 "오늘 하루만은 한 마디 말도 않고
살겠다"고 선언했다고 하자. 과연 선언처럼 無言의 하루가 가능할까?
혹 이런 경우라면 모른다. 그가 심산유곡이나 절해고도에 내버려졌거
나, 아니면 온종일 방문을 걸어 잠그고 일체의 출입을 삼간 채 홀로
고독을 씹는다면 말이다. 그러나 학교나 직장에 나가 일상으로 돌아간
다면 이런 침묵의 시간은 결코 오래지 못할 것이다.

　인간에게 호흡은 生存을 위한 필수 조건이라면 언어 구사는 生活을
위한 필수 조건이 된다. 이처럼 인간은 사회 속에서 살면서 한 순간도
언어라는 대기 속을 벗어날 수가 없다. 인간 생명의 종식을 달리 말하
여 '말문을 닫았다'고 표현하는 것도 언어 구사를 생존을 위한 호흡
작용과 동일시함이다. 인간을 다른 동물과 구별하여 '말하는 동물

(talking-animal)', 學名으로는 '언어적 인간(Homo-loquens)'이라 칭함도 다 그런 이유에서다.

더불어 살아야 하는 사회생활에서 상호 인간 관계를 유지하고, 맡은 바 직분을 다하기 위해서는 두말할 나위 없이 상호 의사 소통이 필수적 요건이다. 뿐만 아니라 가르치고 배우는 가운데 기존 문화가 계승, 발전되고 새로운 지식을 습득하기 위해서라도 언어는 제 일위적 요소가 된다. 인간을 두고 "언어 없이 생존은 가능해도 생활은 불가능하다."라고 하는 것도 이 같은 언어의 중요성을 강조한 적절한 지적이다.

2. 언어에 대한 관심

이처럼 중요한 말(언어)에 대한 우리의 관심이나 지식은 그리 많지 않다. 언어에 대한 무지, 무관심에 대하여 이런 비유도 가능하겠다. 대기중에 사는 인간이 공기의 고마움을 모르듯 언어의 공기 속에 사는 인간이 그 언어의 존재조차 의식하지 못한다고 말이다. 언어(혹은 국어)의 기원이나 본질, 또는 그 구조에 대한 문제는 그만 두고라도 우리말의 계통이나 개개 낱말의 어원에 대하여 우리가 알고 있는 지식은 참으로 미미하다. 한국어가 문명국 언어임을 자부하면서도 지금껏 제대로 된 어원사전 하나 갖추지 못한 실정이 이를 잘 대변한다.

우리말 어원에 관한 무지를 보여 주는 단적인 예를 들어 보자. 가장 초보적이며 기본적이라 할 수 있는, '말'의 어원에 대한 것이다. 과문의 탓인지는 모르겠으나 필자는 '말'이란 말의 기원이나 의미에 대하여 명확히 밝혀 놓은 연구를 보지 못했다. 한자어 '言語'를 우리말로는 왜 '말'이라 부르며, 그 본래의 뜻은 과연 무엇일까? 혹자는 말의 본뜻을 손쉽게 혀〔舌〕에서 찾기도 한다. 함부로 말하지 말라는 뜻으로 "혓바닥을 조심하라."거나 "혓바닥을 함부로 놀리지 말라."고 경고한다. "세 치의 혓바닥이 다섯 자 몸을 좌우한다."는 중국 속담도 있고, '필설(筆舌)'이니 '설화(舌禍)'니 하는 한자말도 있다.

우리는 여기서의 舌이 바로 혀이며, 그것이 말(언어)을 지칭함을 금새 알아차릴 수 있다. 한국어와 같은 계통으로 알려진 몽골어에서도 혀〔舌〕를 'kele'라 하고, 중세 문헌에서도 이를 '굴〔曰〕'이라 하여 '가라사대, 가론, 가로되'와 같이 쓰이던 '가로다'가 그 흔적이다. 영어 language의 기원어 라틴어의 'lingua' 역시 그 본 의미는 이와 같다고 한다. lingua는 본디 '*dingua'로 재구되며, 이는 영어 tongue나 독일어 zunge와 뿌리가 같다는 것이다.

영어나 몽골어에서 보듯 말이란 말의 뿌리가 인간 발음 기관의 하나인 혀에 있음이 분명한데, 그러나 우리의 '말'만은 그렇지 않은 듯하다. 왜냐 하면 '혀=말'이 동일 어원임을 입증할 어떤 근거도 발견할 수 없기에 그러하다. 그래서 어떤 분은 인도 드라비다어의 'm̃arru'에서 그 기원을 찾기도 하고, 또 어떤 분은 말미암다〔因緣〕라고 할 때의 '말-'과 연결시키기도 한다. 고문헌상에 발견되는, 특정한 고유명사 어원에 관한 설명, 예컨대 "그런 이름이 생긴 데는 나름의 연유가 있다"는 의미의 因以名之나 故因其名에 근거를 둔 것이다.

그러나 언어의 형식인 음성과 내용인 의미와는 자의적(恣意的)인 관계라는, 언어의 본질을 감안하면 이런 민간어원설은 그대로 믿을 수가 없다. 또 어떤 이는 말의 본래 어형을 '맏'으로 재구(再構)하고, '묻-'〔問〕이나 '믿-'〔信〕 따위의 현대어들이 조어형 '맏'의 모음교체라 주장하기도 한다. 뿐만 아니라 무당(巫堂, 고유어로 '무꾸리')이란 말도 여기서 파생되었다고 하나 그 본 의미가 과연 무엇이었는지, 또 이런 폐음절 받침이 고대국어에서도 존재할 수 있는지에 대해서도 여전히 의문으로 남는다.

'말'이란 말뿐 아니라 우리의 민요 '아리랑'이란 말의 뿌리에 대해서도 잘 모른다. 한민족에게 있어 아리랑이란 단순히 대표적인 민요 제목 이상의 그 무엇이 있다. 국제 경기에서 남북한 단일팀이 구성될 때면 으레 아리랑이 국가(國歌)를 대신할 만큼 곡조뿐만 아니라 아리랑이란 그 말 자체가 우리의 심성 깊은 곳에 자리한다. 비단 우리 민족뿐만이 아닐 게다. 우리에게 호감을 갖고 한국을 알고자 하는 외국인들까지도 아리랑 민요만은 꼭 배우려 한다. 오래 전 한국전에 참전한 바 있는, 한 에티오피아 노병이 자랑스럽게 아리랑을 부르는 장면을 보고 가슴 뭉클했던 적이 있다.

아리랑 노래를 배운 이방인들로부터 "아리랑이 도대체 무슨 뜻입니까?"라는 질문을 받을 때 우리는 당황한다. 아리랑의 의미나 유래에 대해서 시원스레 답변해 줄 한국인이 과연 몇이나 될까? 혹간 아리랑은 고개 이름이며, 이 노래는 이별의 슬픔이나 망국의 한을 나타낸다고 답변해 준다면 그런대로 무난하다. 부끄럽게도 필자 역시 이 정도 수준을 넘지 못한다. 그 동안 학계에서도 아리랑의 어원에 대한 언급이 없었던 건 아니다. 그러나 여러 가지 그럴 듯한 설만 제기되었을 뿐 이렇다 할 정설의 단계에는 이르지 못했다. 가장 기본적인 '말'에서 대표적인 민요 아리랑의 어원을 모른다는 점에서 우리 모두는 부끄러워해야 할 것이다.

언어의 제 분야 중 계통은 '밝히고' 어원은 '캔다'고 말한다. 캔다는 말은 땅 속이나 어디 깊숙이 묻힌 것을 파내는 일로서, 예컨대 '나물을 캐다.', '석탄을 캐다.', '금을 캐다.'라고 한다. 이처럼 어원 연구도 기억 저 너머에 깊숙이 묻힌 말 뿌리를 캐내는 일이다. 말 뿌리 속에는 앞서도 말한 바처럼 그 말을 생성해 낸 조상들의 생각과 정서, 그리고 의식 구조가 숨겨져 있다. 어원 탐구는 말의 탐구이자 정신과 문화의 탐구인 것이다.

3. 뿌리의 두 갈래

말(언어)에는 두 가지 측면의 뿌리가 있다. 하나는 특정 언어의 갈래, 곧 계통적 뿌리인 계통론(genealogy)요, 다른 하나는 한 언어 속에서의 개별적인 낱말의 뿌리, 곧 어원론(etymology)이다. 그것이 언어의 뿌리든 낱말의 뿌리든 일반인들은 뿌리를 캐는 일이라면 흥미를 느끼는 듯하다. 딱딱한 것이라고 여기는 언어학 중에서 그래도 어원에 대해서만은 이처럼 관심을 보이는 것이다. 자신의 뿌리를 알고 싶고 찾아보려는 욕망은 아마도 인간이 가진 본능일지 모른다.

십수 년 전 일이다. 미국의 흑인 작가 '알렉스 헤일리'가 쓴 자전적 소설 『뿌리(Root)』가 미국 사회에서 일대 선풍을 일으킨 적이 있다. 저자는 10여 년에 걸친 집요한 추적 끝에 자신의 7대조까지의 家系를 밝혀 내어 이를 책으로 엮었다. 이 소설이 극화되어 TV 드라마로 방영되었을 때, 당시 미국 사회는 물론 전 세계에 큰 호응을 받게 되었다. 백인 위주의 미국 사회에서, 그것도 캐어 보아야 아프리카에서 온 흑인일 시 자명한, 자신의 뿌리를 추적한 작가 정신이 놀라웠고, 그보다는 극단적 개인주의로 평소 뿌리 의식이 희박한 미국인들이 한 흑인의 조상 이야기에 그토록 열렬한 반응을 보였다는 사실에 주목하지 않을 수 없다.

'뿌리 선풍'을 보면서 느끼는 것은 단순히 한 흑인 가계의 파란만장한 과거사에 대한 흥미라기보다는 한 인간의 뿌리를 찾는 일에 대한 가치 부여라 할 수 있다. 개인은 물론 한 민족이나 국가도 저마다 그

始原이 되는 뿌리가 있기 마련이고, 오늘을 사는 후세인이 그것을 캐는 일은 지극히 당연하고 또 마땅히 해야 할 일이기도 하다. 언제, 어디에서 시작되어 어떤 변화를 거쳤는가를 알아보고, 나아가 그 내력이 지금의 사람들에게 어떤 의미를 남겨 주었는가를 되돌아보아야 한다. 이른바 역사의 정립이 그것인데, 그 역사를 바로 앎으로써 후손들은 자신이 처한 현재를 바로 알고 새로이 미래의 좌표를 설정하게 된다. 언어 세계도 마찬가지, 한 민족이 사용하는 말의 계통을 따지고 개개 낱말의 어원을 캐는 일도 이와 똑같은 의의를 가진다.

주지하는 대로 우리말 계통 문제는 한민족의 기원 문제와 더불어 지금까지도 논의 중에 있다. 그 동안 제기되었던 여러 설을 종합하면 크게 세 가지 유형으로 나눌 수 있다. 곧 自生說과 流入說, 그리고 다층적 混淆說이 그것이다. 자생설은 우리의 언어가 다른 어떤 언어와도 연결되지 않은 채 한민족 내부에서 생성되었다는 주장이다. 고유민족어설, 또는 천손민족어설이라고도 불리는 자생설은 다분히 국수주의적 경향을 띤다. 개화기 한때 제기되었던 不咸文化論이나 현 북한에서 강조되는 주체사상론이 이와 맥을 같이한다.

이에 반해 우리말이 한반도 외부에서 흘러 들어왔다는 유입설은 그 근원지나 유입 경로에 따라 다시 북방계어과 남방계어로 나뉜다. 알타이 어족(Altaic-family)을 비롯한 故아시아 어족, 길약 어 등이 북방계어에 속하며, 드라비다 어족(Dravidian-family)이 대표적인 남방계어에 속한다. 한때 북방계의 알타이 어설이 가장 유력하게 수용되었으나 지금은 이 설 역시 퇴색해 가는 느낌이다. 대신 이 같은 제 요소들이 복합적으로 섞였다는, 세 번째 다층설로 귀착될 수밖에 없는데, 현재로서는 이 역시 단정을 유보하고 있는 상태다.

무릇 언어의 계통 연구는 세 단계의 과정을 거쳐야 한다. 그 시작이

假定의 단계요 그 뒤가 立證의 단계며, 이런 과정을 거쳐 최종적으로 確定의 단계에 이르게 된다. 우리의 경우, 앞서 말한 대로 입증의 단계에 머물고 있다고 할 수밖에 없다. 일찍이 한국어를 알타이 어족에 귀속시키고 그 친족 관계를 증명하려 했던, 핀란드의 어학자 '람스테드(Lamstedt)'의 다음과 같은 언급은 아직도 유효하다.

"序文도 음운 법칙에 대한 설명도 없이 출판하게 된 한국어 어원 연구는 그 전부가 未知의 것에 대한 하나의 시험적인 것이다."

이웃 나라 일본어도 그렇지만 한국어 역시 람스테드의 말처럼 아직도 미지의 상태로 남아 있다. 언제쯤 미아의 신세를 면하게 될지에 대해서 지금으로서는 가늠할 길이 없다. 문헌 자료의 결핍이 그 주된 원인이라지만 연구자의 부족이나 치밀한 연구 방법의 부재도 그만 못지 않은 원인이라 할 수 있다. 흔히 'Korean-Altaic question'이라 일컫는, 한국어의 뿌리 문제는 어쩌면 영원한 question으로 남아 있을지 모른다.

4. 말 뿌리 속에 담긴 것

어휘론의 한 분야로서 특정한 낱말이 애초에 어떻게 생성되어 형태나 의미면에서 어떤 과정을 밟아 오늘에 이르게 되었는가를 살피는 연구를 어원론(etymogy)이라 한다. 앞서 한국어의 계통 문제는 아직 미궁 속에 남아 있다고 했으나 개개 낱말의 뿌리만은 어느 정도 밝힐 수 있음이 그나마 다행이다. 낱말에 따라서는 문헌상 기록으로 남아 있는 예도 있고, 그렇지 못할 때는 내적 재구를 통하거나, 아니면 방언이나 고 지명 등에 화석처럼 남아 있는 흔적을 이용할 수도 있기 때문이다.

語源, 語原, 또는 語根으로 쓰는 어원을 고유어로는 '말밑', '말뿌리', '말찰'이라고도 한다. 어원론 역시 말의 뿌리를 캐는 만큼 역사언어학이나 비교언어학과도 깊이 연결된다. 그런 연유로 한 낱말 뿌리의 실상이 완전히 드러나기 위해서는 계통론 연구가 뒷받침되어야 한다. 그러나 가까운 시일 내에 실현 불가능한 계통론의 정립을 무한정 기다릴 수만은 없다. 제한된 범위에서나마 탐구가 가능하고, 또 어원론은 그 나름의 고유 영역을 가진다.

어원 탐구는 특정한 낱말의 기원을 탐색한다기보다는 거슬러 올라갈 수 있는, 고대의 어느 시기까지 소급하고 그 때로부터 후대의 어느 시기까지의 그 낱말의 형태와 의미의 변화를 기술하는 것이다. 앞서 말뿌리에 대한 흥미나 탐구는 본능적 내지 단순한 지적 호기심에서 비롯된다고 하였다. 이렇게 시작되는 어원 탐구는 한 낱말의 참의미(etymon)를 찾게 되고, 이를 통해 그 말을 만들어 낸 조상들의 사고나 정서, 또는 세계관이나 의식 구조까지도 엿볼 수 있다는 점에서 주목에 값한다. '아름답다'와 '무지개'란 말의 어원 분석을 통하여 美에 대한 우리 조상들의 관점을 알아보기로 한다.

美를 나타내는 고유어로 '아름답다', '곱다', '예쁘다' 등이 있다. 우선 '예쁘다'라는 말을 통해 아름다움[美]을 보는 우리 민족의 시각이나 의식의 일단을 엿보고자 한다. '예쁘-'는 본시 지금처럼 아름답다는 뜻으로 쓰인 말이 아니다. 불쌍하고 가련하다는 의미, 중세어의 어형도 '어엿브다'였다. 조선 초 세종 임금께서 문자 생활을 하지 못하는 어린(어리석은) 백성들을 '어엿비' 여기시어, 다시 말하면 측은히 여기시어 「훈민정음」이란 나랏글을 지으셨다지 않았던가.

한자 '美'를 파자해 보면 '큰 양'〔羊+大〕을 지칭함을 알 수 있다. 우양(牛羊)이 가장 소중한 재산이 되는 유목민들에게는 몸집이 크고 살찐 양이 무엇보다 좋게 보였을 터이다. 여기서 기원하여 중국인들은 大國답게 무언가 큰 것을 아름다운 것으로 인식하게 되지 않았나 싶다. 영어의 경우, beauty나 pretty 등의 아름다움을 뜻하는 말의 어원을 보면 서구인들은 대개 유별난(개성적인) 것을 지목하고 있다. 여기에 비하면 우리말 '어엿븐(예쁜)'은 결코 유별나거나 크고 강한 것이 아니라 한결같이 작고 연약한 것이다. 작고 연약했기에 보기에도 가엾고 안쓰럽게 느꼈을지도 모른다. 측은함을 나타내는 '어엿브다'가 지금처럼 '아름답다'는 의미로 변질된 저변에는 약자로 자처하며 약자 편에 서서 그들과 공생, 공감하는 우리 민족의 심성이 깔려 있다고 하겠다.

아름답다는 말 자체도 작은 것, 약한 것을 지칭한 듯하다. 아름답다와 동의어인 '아리땁다'의 '아리-(또는 '아지')'도 병아리, 송아지에서 보듯 어린 것, 작은 것을 뜻하는 말이다. 예쁘다도 그 의미를 곱씹어 보면 아름답다고 느끼기엔 웬지 정실이 빠진 것 같고, 그저 곱다고 보기엔 응석이 빠진 것 같은 느낌이다. 생활의 무대가 되는 우리 국토가 좁아서 그런지 우리 민족은 본시 작은 것에서 아름다움을 느끼고 적은 성취에도 만족하면서 살아왔다.

美를 보는 관점과 함께 비 갠 후 잠시 펼쳐지는 하늘의 무지개를 우리는 어떻게 보아 왔을까? 영어 '레인보우(rain-bow)', 불어 '아르켄시엘(arcenciel)', 중국어로 '虹霓'라 일컫는, 이 멋진 광경을 우리는 '무지개'라 부른다. 지구상 어디서나 똑같이 펼쳐지는, 이런 자연 현상을 두고 '물(비)의 활〔bow〕'이니 '하늘의 아치〔虹霓〕'니 하여 저마다 보는 시각이 다르다. 그 중에서도 무지개의 그 유려한 곡선을 활〔弓〕과 같은 무기로 본 서구인들의 시각이 놀랍다. 자연을 정복하려 하고, 전

세계를 식민지화하려 했던 그 도전적 자세를 이해할 만도 하다. 반면 하늘의 아치로 본 프랑스 인이나 중국인들의 상상력은 이보다는 풍부하다 할 수 있지만, 그러나 우리말 무지개의 그것에는 미치지 못한다.

우리말 무지개를 분석해 보도록 한다. 이 말의 중세어는 '므지게', 이는 '믈〔水〕+지게〔門, 戶〕'의 구조로서, 비가 와서 그친 이후 그 물방울로 이루어진 문이라는 뜻이다. 영어로 말하면 water-gate가 되겠는데, 이는 단순한 水門이 아니라 피안의 세계인 용궁으로 통하는 문이다. 부연하면 영롱한 색깔의 무지개 문을 통하여 하늘 저 끝에 있다는 전설상의 용궁을 그렸다고나 할까? 하늘의 아치로 보는 미적인 눈이 아니라 이상향을 동경하는 상상의 눈이다. 이처럼 한 낱말이라도 그 어원을 캐보면 그 속에 담긴 언어 주인의 사고나 정서를 읽을 수 있다. 말 뿌리 속에 담긴 것은 바로 그 말을 만든 민족의 정신이요 얼인 것이다.

Ⅱ. 우리말의 이해

우리 말의 특징

1. 눈빛과 기침의 언어

"웅변은 은이요 침묵은 금이다." 서양 속담으로 알려진 이 말은 우리의 전통적 언어 생활을 설명하는 데 더 적합할 것 같다. 예로부터 한국인은 웅변보다는 침묵에 더한 가치를 두었으니, 일상에서 자신의 속내를 은밀히 드러내 보이는 전통적 표현법이 바로 그것이다. 의사 표시에 있어 소리 높여 말하기보다 기침이나 눈빛, 또는 안면 표정이나 몸짓으로 넌지시 드러내는 것이다. 다시 말해 음성 언어보다 제3의 언어인 표정 언어, 몸짓 언어에 더 익숙해져 왔다고 하겠다.

우리 조상들은 자신의 생각을 글로는 곧잘 표현하면서도 말로 하라면 그만 꿀 먹은 벙어리가 되고 만다. 꼭 말을 해야 할 경우를 당해도 머뭇거리기만 하고 공연히 거드름만 피우기 일쑤다. 권위적 화법이라 일컫는, '에~, 저~, 또~'란 상투어(?)가 그래서 생겼다고도 한다. 사람을 두고 평할 때도 말수가 적은 사람을 가리켜 '점잖고, 의젓하고, 무게 있다.'고 하고, 유창하게 말 잘하는 사람을 약장수와 같다 하여 '-꾼'으로 격하시킨다.

보통 사람이 생각하는 선비상은 평소 입을 굳게 다물고 어쩌다 잔

기침을 하거나 수염을 쓰다듬는 정도의 자기 표현이 고작인 사람이다. 쉴 새 없이 조잘대는 서구인의 대화 모습은 이런 한국 선비의 눈에는 가볍다 못해 경망스럽게 보였을 법도 하다. 만약 그 선비가 대화 현장에 있었더라면 "누구 앞에서 감히 말대꾸냐!"라는 식의 추상 같은 호통이 떨어졌을 법하다.

이 같은 우리의 언어 생활은 식사 현장에서도 그대로 재현된다. 한국인에 있어 식사 시간은 단지 음식을 먹는 시간이지 대화의 시간은 아니다. 식사하는 장소부터가 대화를 나눌 수 있는, 그런 구조가 못 된다. 어르신에게는 반드시 독상이 마련되었고, 그 아래로는 엄격한 가계 서열에 따라 좌석이 정해져 있었다. 게다가 식사중에는 절대 말을 해서는 안 된다는 불문율로 인해 식솔들은 마치 서로 싸움이라도 한 듯 오로지 저작 운동에만 몰두한다. 원탁을 가운데 두고 온 가족이 둘러앉아 자유롭게 대화를 나누며 식사하는, 서구인들의 눈에는 이런 우리의 식탁 풍경은 왠지 생소하게 보였을 것이다.

한국인들에게 대화나 토론은 여전히 익숙하지 않은 것이, 토론이라면 아직도 언쟁 정도로 인식한다. 윗분에게 자신의 생각을 분명히 밝히는 행위 자체가 곧바로 말대꾸 내지는 대드는 행위로 간주된다. 윗분에게 말할 수 있는 경우는 그분이 어떤 구체적인 질문을 던졌을 때만 가능하다. 이 땅에 민주화가 늦어진 이유도 이런 대화술 내지는 토론술의 미숙에서 비롯되지 않았나 싶다.

우리 민족은 오랜 세월 음성 언어가 아닌 '침묵의 언어'에 길들여져 왔다. 민족성 탓도 있겠지만 그보다는 천여 년에 걸친 농경문화의 특성으로 이해함이 좋을 듯하다. 어떻든 침묵 속에서도 상호 정감은 흐르기 마련, 그 은밀한 내심을 읽기 위해 눈치라는 게 발달하였다. 눈치란 타인의 의사나 감정을 알아차리는 힘, 또는 마음속에 품은 생각이 자연히 겉으로 드러난 태도로 일종의 독심술에 해당한다. 눈치가 빠르면 절간에서도 젓갈을 얻어먹을 수 있고, 반대로 그것이 무디면 출세에 지장이 있다고 말한다. 이처럼 눈치 빠르기가 도갓집 강아지 수준이 되어 가는 동안 화자 역시 또 다른 표정 언어나 몸짓 언어를 계발하기에 이른다. 한국인은 눈이나 코가 입보다 더 많은 말을 할 수 있다는, 어느 선교사의 지적은 이를 두고 말함이다.

우리 할아버지, 할머니들은 '사랑한다'는 말 대신에 그윽한 눈빛 한 줄기, 혹은 어쩌다 손 한번 잡아 주는 것으로 평생을 해로하셨다. 서양 사람들이 입으로 사랑을 확인할 때 우리는 눈빛으로 사랑을 표현한 것이다. 확실히 사랑 표현은 말보다는 안아 주고, 얼러 주고, 비벼 주는 몸짓 언어가 더 효과적이다. 우리의 몸짓 언어에는 이런 신체 접촉 말고도 기침이나 입맛 다심, 혀차기와 같은 생리적 물리음도 단단히 한 몫을 하게 된다. 일종의 습관음이라 할 수 있는, 이런 물리음은 대가족제도 하의 가정에서 매우 효과적이었을 것이다.

이런 상황을 상상해 보기로 하자. 거적대기를 둘러쳐 놓은 시골집 뒷간에서 갓 시집 온 새댁이 볼일을 보고 있다. 이 때 "어흠, 어흐음~"하는 시아버지의 헛기침은 "내가 들어간다. 거기 누구 없느냐?"하는 경고성 물음이다. 이에 대응하는 "어음, 음~"하는 가냘픈 기침 소리는 "아버님, 제가 들어 있어요, 들어 오지 마세요." 하는 며늘아기의 당황한 응답임은 시아버지도 쉽게 알아차린다. 노크가 사생활의 자유를 중시하는 서양인의 것이라면 기침은 이에 상응하는, 우리 고유의 언어다. 그러나 노크가 의식적이고 인위적 행위임에 반해 기침은 자연적 생리 현상임으로 대면이 이루어진다 해도 상호 어색해하거나 무안해할 필요는 없다. "한국인은 기침으로 백 가지 말을 할 줄 안다."는 서양 선교사의 지적은 이런 점에서 매우 적절하다고 본다.

그러나 우리 사회도 서구화 탓인지 모르겠으나 이 같은 언어 전통은 크게 달라지고 있다. "고기는 씹어야 맛이고 말은 해야 맛이다"는 속담처럼 개인은 개인대로 집단은 집단대로 저마다의 생각을 알리기에 목청을 높인다. 반장 선거에 출마한 초등학교 학생은 기성 정치인 못지않게 능숙한 솜씨로 자신의 소견을 발표한다. 쭈뼛거리며 멋쩍게 뒤통수나 긁던, 지난날의 어린이와는 판이한 모습이다.

　　교통 사고 현장에서는 목소리 큰 사람이 이기게 되어 있다. 내 집 부근에 공공건물이라도 들어설 양이면 우선적으로 반대 투쟁이다. 정당성이나 논리는 뒷전으로 밀리고 되든 안 되든 목소리부터 크게 내고 보는 것이다. 말하는 행위에도 물리 현상에서 말하는 관성의 법칙이란 게 있나 보다. 처음 말문을 열기가 어렵지 일단 말이 시작되면 끝 간 데 없이 이어진다. 마치 처음 말문이 트인 아이처럼 때와 장소를 가리지 않고 마구 토해 놓는 것이다. 오랜 세월 말 못 하고 살아온 백성이 맺힌 한을 한꺼번에 풀어 놓는 형국이랄까.

　　'자기 PR시대'라 일컫는 요즘 사회에서 당연히 할 말은 하고 살아야 한다. 그러나 이만치에서 우리 모두는 지금의 언어 생활을 한번쯤 반성해 볼 필요가 있다. 휴대 전화기 사용 문제만 해도 그렇다. 때와 장소의 구별도 없이, 주변 사람에 대한 아무런 배려도 없이 당사자들 간의 통화에만 몰두한다. 식당과 같은 공공장소에서도 도시 안하무인이다. 동방예의지국이라던 우리가 언제부턴가 타인의 배려가 없는, 지나친 '자기 과시'의 사회가 되고 말았다. 현대 한국인들은 남의 말을 귀담아 듣는 것이 화법(speech)에서 가장 중요가 요소가 됨을 전혀 모르고 있는 듯하다. 이런 의미에서 조상들이 고수해 온 침묵의 언어가 단지 침묵만은 아니었다는 사실을 알아야 한다. 남의 말을 귀담아 듣는 태도에서 자신의 주장을 조리 있게 펼 수 있는, 곧 말하기 훈련이 필요하다. 이런 자세와 수련을 통하여 낮은 목소리, 짧은 표현이 큰 목소리, 긴 표현을 이긴다는 사실을 깨달아야 할 것이다.

2. 된소리로 굳어 가는 말소리
- 소리[音韻]면에서의 특징 -

　음성언어(말)는 기본적으로 하나하나 소리 마디의 연결이다. 뜻을 변별해 내는 개개의 소리가 이어져 한 특정 언어의 틀을 형성하는 것이다. 따라서 한 언어의 구조나 특성을 말하려면 우선 그 말을 구성하는 음성의 특성부터 살펴보아야 한다. 지상에 존재하는 수많은 언어들의 차이는 어휘나 문법 못지않게 음운 면에서도 두드러지기 때문에 우리말 말소리가 지닌 개성부터 찾아보고자 한다.

　우리 말소리는 모음보다는 자음에서의 개성이 더 강한 편이다. 우선 지적될 수 있는 것은 파열음(ㄱ, ㄷ, ㅂ, ㅈ)에서 유성음과 무성음의 구분이 없는 대신 平音과 硬音, 激音의 세 유형이 확연히 변별된다는 사실이다. 유성음과 무성음의 변별면에서 보면 영어에서는 /k/와 /g/, /t/와 /d/, /p/와 /b/, /c/와 /j/가 각각 독립된 음소로 설 수 있지만, 국어에서는 단순히 변이음(變異音)으로 존재할 뿐이다.

　그러나 보통소리, 된소리, 거센소리의 구분, 곧 파열음에서의 ㄱ/ㄲ/ㅋ, ㄷ/ㄸ/ㅌ, ㅂ/ㅃ/ㅍ, ㅈ/ㅉ/ㅊ과 마찰음에서의 ㅅ/ㅆ이 각각 변별적 자질을 갖춘 독립된 음소로 설 수 있다. 예컨대, 첫소리 'ㄷ-(t)'의 경우를 보면 '달[月], 딸[女息], 탈[假面]'에서 그 의미가 구분되고, 'ㅂ-(p)'의 경우, "불[火], 뿔[角], 풀[草]"에서도 최소의 차이에 의해 그 말뜻이 완연히 달라지는 것이다. 이런 삼지적 상관속(相關束)은 중세국어 이후에 드러나는 두드러진 현상이다. 그 이전의 국어는 예사소리[平音]만 있었던 것 같다. 다시 말해 오늘날과 같은 된소리[硬音]나

거센소리〔激音〕는 고대국어에서는 사용되지 않았고, 중세어에서도 극히 일부 어휘에서만 나타난다.

우리말의 이런 부드러운 소리는 세월이 흐름에 따라 점차 거칠고 딱딱한 소리로 변모한다. 우리 민족이 어려운 환경에서 잦은 내우외환을 겪다 보니 심성도 함께 거칠어졌는지 모를 일이다. 어둠을 일컫는 말에 '감감하다가' 어느새 '깜깜하다'로 변하고, 그것도 모자라 '캄캄하다'라고 해야 직성이 풀린다. 이런 强音化 현상은 문헌상의 표기를 보면 중세 이후 조금씩 드러나기 시작하여 전란과 같은 커다란 사회적 혼란기를 겪으면서 심해지고, 최근에 이르러서는 더욱 기승을 부리게 된다.

'얼짱, 몸짱, 얼꽝, 몸꽝, 왕따, 삥이야, 땡이다, 쪽 팔리다, 뽕갔다, 찍싸다, 야리꾸리하다, 싸가지없다…' 등 최근 유행되는 말이 이런 식이다. '짱, 꽝, 삥, 땡'…, 등 온통 된소리 일색의 유행어는 어떤 특정 계층에서만 통용되는 말도 아니다. 이 중에는 지금 당장 국어사전에 등재되어도 손색이 없을 만한 것들도 있다. 언젠가 크게 유행했던, '꿍따리싸바라'라는 신세대의 노래가 있었다. 노래 제목으로는, 이 이상 야릇한 노랫말의 의미는 과연 무엇인가? 어찌 들으면 태국어나 아랍어를 듣는 듯한, 이 된소리 투성이의 말을 두고 곰곰이 그 의미를 되씹어 본다.

어떤 이는 말하기를, 이 노랫말은 별 의미 없이 그저 해보는 소리라고 한다. 별 의미 없는, 이 말이 이토록 큰 호응을 불러일으켰단 말인가? 어찌 보면 어린이 세계에서 한 아이를 왕따시킬 때 상투적으로 내뱉는 '얼러리꼴러리'와 비슷한 듯도 하다. 그런데 '꿍따리', '꼴러리' 따위의 된소리 말이 설사 무의미하다 해도 이것이 유행하는 데는 그럴 만한 이유가 있을 것이다.

이런 생각을 해 본다. 꿍따리와 비슷한 '꿍따다'란 말이 있다. 모르는 척 시침을 떼고 딴소리한다는 뜻인데, 이 노랫말과는 관련이 없어 보인다. 궁상을 떠는 행위를 일러 '꿍떨다'라고 하는데 이 역시 마찬가지, 그렇다면 꿍따리는 '딴따라'와 같은 의성어에서 나온 말이 아닐까 의심한다. 딴따라는 이전 風角쟁이의 별칭으로, 이 말은 '탄타라타'라는 북소리를 흉내 낸 말이다. 꿍따리 역시 노래할 때의 반주 "쿵짝쿵짝, 꿍꽝 쿵꽝" 따위의 악기 소리를 그대로 흉내 낸 말일지도 모른다. 꿍따리와 짝을 이루는 '-싸바라'는 더욱 풀기 어려운 소리다. 대소변을 마구 배설한다는 '싸다'에서 온 말은 아닐 테고, 아니면 싹수머리가 없는 사람을 일컫는 '싸가지', 혹은 여기저기를 배회한다는 '싸지르다, 싸다니다'에서 온 말도 더더구나 아닐 터이니 말이다.

결국 이런 결론에 미친다. 현란한 조명 아래 숨가쁜 템포의 반주음, 괴성에 가까운 노랫말, 그 속에서 현대인들은 목줄까지 차오른 불안과 울분을 토해 내는 것이라고. 이런 스트레스 해소용 노래에 무슨 의미가 필요할까, 그저 극단적 된소리나 거센소리가 제격일 터이니 문제는 된소리의 연속음에서 찾아야 할 것이다. 어떻든 이런 된소리·거센소리가 요즘 사람들의 정서에 그대로 맞았는지 모른다. 그래서 사랑도 '싸랑'이요, 작은 것도 '짝은' 것이며, 사모님도 '싸모님'이라고 해야 직성이 풀린다. 좀더 극단적인 예를 들어 보기로 한다.

"끄 쌔끼 떵친 짝아도 끼(氣)도 있고 썽깔마저 꽤 싸납던데……."

"쯍국집에서 쐬주를 깡쑬로 마셨더니 쏙이 알딸딸하고 간뗑이가 찡한데……."

"쯩(證)도 없고 껀(件)도 없어 못 나가고, 집구석에 틀어 박혀 쩜(點)천짜리 고스톱이나 쳤지 뭐냐."

말소리가 이처럼 거칠게 된 것은 잦은 전쟁이나 사회 혼란에서도 그 원인을 찾을 수 있다. 우리 역사에서도 병자호란이나 임진왜란, 나아가 최근의 한국전쟁 이후에 경음화나 격음화 현상이 현저히 증가됨을 볼 수 있다. 그러나 전쟁도, 절대적 빈곤도 없는 요즘 같은 환경에서 이토록 된소리가 극성을 떠는 현상은 어떻게 설명해야 할까? 이는 상대적 빈곤감 내지는 현대인이 겪는 불안감이나 급변하는 사회에서의 갈등이나 불화에서 찾을 수 있지 않을까 한다. 여기에 덧붙인다면 무질서와 과소비 풍조, 퇴폐나 폭력 사태로 얼룩지는 현 사회의 병리 현상과도 결코 무관치 않을 것이다.

두말할 나위 없이 언어는 그 사회를 반영하는 거울이다. 한 사회의 윤리, 도덕이 붕괴되고 질서가 문란해지면 자연히 언어도 함께 타락하기 마련이다. 얼마 전까지 우리가 그토록 외쳤던 언어순화, 국어순화의 구호는 아직도 여전히 유효하다. 아름답고 고운 심성을 유지하고, 전통의 순박한 고유어를 되살리기 위해서도 일상의 말소리에서 된소리·거센소리부터 자제되어야 한다. '꿍따리싸바라'는 이제 '꿍따리는 제발 사라져라.'는 뜻으로 새기고 싶다.

3. 형태 · 어휘상의 특징

1) 낱말을 만드는 기술

한 낱말의 기본 구조는 뜻을 나타내는 어휘 요소와 문법적 기능을 드러내는 문법 요소의 두 형태소의 결합으로 이루어진다. 간단한 예를 들어 본다. "새가 노래한다. 아이는 잠을 잔다."라는 말에서 '새-, 노래하-, 아이-, 잠-, 자-'가 어휘 형태소이며, '-가, -ㄴ다, -는, -을' 따위의 조사나 어미는 문법 형태소가 된다. 우리말에서는 허사라고도 불리는, 이 같은 문법 형태소가 다양하게 발달해 있고 그 역할도 매우 크다. 한국어를 첨가어(혹은 교착어)라 규정짓는 것도 그런 이유에서다.

　문법 형태소의 발달은 다시 조어법의 발달로 이어진다. 말하자면 손쉽게 새로운 단어를 만들 수 있다는 것인데, 특히 우리말에서는 낱말 만드는 기술이 어떤 다른 언어보다도 우월하다. 이를테면 눈〔目〕에 물〔水〕을 합치면 그대로 '눈물'이 되고, 눈 대신 코를 갖다 붙이면 '콧물'이 된다. 빗물, 비눗물, 샘물, 세숫물, …의 경우도 같은 유형이다. 영어도 그러한지를 생각해 보자. 눈을 뜻하는 'eye'에 물을 뜻하는 'water'가 연결되면 'eye-water'가 되겠는데, 이 말은 정작 눈물을 뜻하는 'tear'를 아는 데 도움이 되지 않는다. 한자어의 경우도 마찬가지다. 눈과 물의 연결, 곧 '目水'나 '眼水'는 눈물을 뜻하는 '涙, 涕, 泣, 泗' 등의 한자를 아는 데 전혀 도움이 되지 못한다.

　조어법의 발달은 손쉽게 새로운 낱말을 만들어 낼 수 있다는 장점이 있다. 그러나 장점이 있는 반면 이런 식의 복합어 형성은 그 낱말의 의미를 불투명하게 만든다는 단점도 있다. 우리말에서의 눈물과는 달리 영어의 tear(涕)와 eye-water(眼藥), 그리고 한자의 眼水와 涙, 涕, 泣, 泗 등은 각기 의미상의 차이가 있다. 이런 단점에도 불구하고 적은 수의 단어만 알면 이들이 만들어 내는 복합어나 파생어를 저절로 알 수 있다는 장점이 더 부각된다.

　우리말 어휘는 70% 이상이 한자어로 되어 있다. 한자는 그 특성상 이런 복합어 형성을 더욱 용이하게 한다. '學' 자의 예를 보더라도 이 한자가 앞뒤에 놓이면서 만들어 내는 어휘는 헤아릴 수 없을 만큼 많다. 이들은 모두 學 본래의 의미와 관련되므로 손쉽게 그 낱말의 의미를 파악할 수 있게 한다. 다만 한자가 갖는 고도의 생산성에도 불구하고 이것이 우리말 어휘에 긍정적으로 작용하는 것만은 아니다. 한자는 글자 자체가 복잡하고 그 수도 많기 때문에 배우기 어려울 뿐 아니라, 이들도 오랫동안 써 오던 우리 고유어를 몰아냈다는 점에서 비난을 면하기 어렵다.

2) 한자어도 우리말

앞서 말한 대로 한자어는 여전히 한국어 어휘의 주종을 이루고 있다. 한자·한문이 유입되던 삼국 초기에는 이를 빌어 쓰는 형식의 차용어였으나, 이후 세월의 흐름에 따라 歸化語로서 뿌리를 내린 것이다. 여자가 다른 가문에 시집가서 오래 살다 보면 자연히 그 집안 식구가 되는 것처럼 말이다. 한자어가 우리말에 뿌리내리는 데도 몇 단계의 과정을 거친다. 우선적으로 이른 시기부터 우리말 속에 들어 온 중국 한자음의 흔적을 들 수 있다. 붓[筆], 먹[墨], 베[布], 대[竹] 등이 그런 예로서 이들은 일견 고유어처럼 보이지만 기실은 [ ] 속의 중국 한자음을 그대로 빌어 쓴 것들이다.

이와는 달리 한자 본음을 그대로 취하지 않고 이를 우리 식으로 변형시킨, 이른바 한국식 한자음을 취한 경우이다. 무명[木綿], 배추[白菜], 상추[生菜], 숭늉[熟冷], 모과[木瓜] 등이 그런 예들이다. 반면 정(情), 한(恨), 기(氣), 신(神), 사랑[思量] 등의 한자어는 또다른 모습을 보여 준다. 한자의 '고유어화'의 극치를 보이는 듯한, 이들 예는 한자어라기보다는 고유어에 한자를 끌어 쓴 듯한 인상을 줄 만큼 토착화한 어휘들이다. 이들 한자어의 의미와 기능을 음미해 보도록 하자.

우리가 원래 한이 많은 민족이라 그랬든지 '恨'은 그 자체로 고유어라 생각될 정도이다. 한도 그렇지만 '情'이란 말도 이에 못지않다. 우리에게는 '미운 정 고운 정'이라 하여 사랑이란 말 이전에 情이란 말이 먼저 자리잡았다. '氣'도 본뜻과 유사한 '끼'란 된소리로 더 많이 쓰이고 있으며, '神' 역시 '신들다, 신내리다, 신바람나다'에서 보듯 본의를 초월하여 '끼'와 같은 의미로 더 많이 사용된다. 그런가 하면 완전한 고유어라 여기는 시늉말(의성어와 의태어)조차도 따져 보면 기원이 한자어인 예가 더러 보인다. '쟁쟁하다, 싱싱하다, 생생하다, 시시하다, 미미하다, 연연하다, 평평하다, 빡빡하다, 쓸쓸하다' 등이 그런 예인데, 이들은 각각 한자어 '錚錚, 新新, 生生, 細細, 微微, 戀戀, 平平, 薄薄, 瑟瑟'에 기원한다면 아마도 놀랄 것이다.

한자어의 토착화는 끝내 고유의 한자어까지 생성해 내기에 이른다. 중국어에서도 사용될 것이라 짐작되는, 이를테면 '感氣', '苦生', '受苦', '福德房' 등과 같은 말은 실은 우리가 만든 고유의 한자어들이다. 그런가 하면 한자어 범람은 때로 '驛前앞', '外家집', '石橋다리'와 같은 고유어와 겹쳐 쓰이는 중복어를 양산하기도 한다. 이런 겹침의 예는 낱말 단위에서 구절 단위로 이어지기도 하니 다음의 예가 그런 것들이다.

"이름있는 有名 메이커, 할 수 있는 可能性, 다시 再發하다, 一見하여 보기에는, 勝戰譜 소식, 어려운 難局, 스스로 自覺하다, 깨끗이 淸算하다, 다함께 同參하다, 진짜 純참기름, ……."

일상 대하는 이런 말들을 곰곰이 생각해 보면 한자어를 중심으로 우리말이 덧붙여지고 있음을 알 수 있다. 또 한 낱말 안에서도 중복되는 경우도 있으니 '拍手 치다'나 '食事 들다'가 그런 예이다. 여기서는 '치다, 들다'라는 서술어가 '박수, 식사'란 목적어와 의미상 중복되는 경우로서 정확히 말하면 '박수하다, 식사하다'가 되어야 할 것이다. 다소 과장되었다 해도 이런 표현은 어떤가, 운동경기 중계중에 "두 兩팀이 得點 없이 0 대 0으로 비겼습니다."라든가, "여러분, 라인 線 줄 안으로 들어오세요."라고 했다면 말이다. 여기 대해 누군가가 이런 핀

잔을 주었다고 한다. "아따 그 사람, 말 重複되게 겹쳐 쓰는 標準 見本 쌤플이네 그려!"라고. 어떻든 이런 예는 한자어와 고유어가 상호 보완이 아닌 팽팽히 맞서는 관계를 보여 준다. 그러나 한편 생각해 보면 이런 식 표현이 반복·강조라는 긍정적인 측면도 없지 않다.

3) 세 종류 어휘의 위상

한자어와의 경쟁에 지친 우리말 어휘는 또다시 최근 홍수처럼 밀려오는 외래어를 맞아 더욱 힘겨운 싸움을 벌이고 있다. 세 종류의 어휘란 고유어와 한자어, 그리고 외래어(주로 서구계)를 가리킨다. 이처럼 어휘의 3중 구조를 보여 주는 현 한국어의 실상을 보도록 한다.

"어린이 雜貨 바겐 세일(bargain sale), 새봄 定期 세일(sale), 아침 T.V 放映, ……."

최근 흔히 쓰이는 말로서 곰곰 따져 보면 세 가지 어휘가 혼합되어 있음을 알 수 있다. 이런 식 표현은 초기에는 약간 어색하게 느껴졌을지 모르지만 지금은 아무렇지도 않게 받아들인다. 이런 3중 구조의 정착에는 방송이나 언론 매체가 큰 몫을 담당하고 거기에 세계화 바람과 상업주의가 가세한 결과로 보인다. 각종 상품명이나 광고 문안에서 새로운 외래어를 받아들이는 우리의 자세는 지나칠 정도로 개방적이다. 이에 부응하여 기원이 다른, 이들 세 어휘를 대하는 우리의 느낌이나 인식도 달라지고 있다. 이를 두고 우리말 어휘에는 고유어와 한자어, 그리고 외래어 간에 위상적 대립이 있다고 말한다.

일반적 경향으로 한자어는 점잖고 고상하나 새로운 맛은 없는 대신, 서구계 외래어는 참신하고 세련미가 있다고 인식한다. 그러나 유감스럽게도 고유어에 대한 현대인의 인식은 결코 좋은 편이 아니다. 점잖

치도 않고 고상한 맛도 없으며, 그저 고리타분하다고만 여기는 듯하다. 비근한 예로 우유에 대한 세 종류의 말에 대한 인식을 생각해 보자. 한자어 우유와 영어 밀크(milk)에 해당하는 우리말은 '쇠젖'이 될 것이다. 그런데 호텔이나 고급 식당 같은 곳에서 "여기 쇠젖 한 잔 주세요"라고 주문했을 때 종업원의 반응은 어떠할까? 또다른 예, '부인-마담-계집'의 관계나 '둔부-히프-엉덩이(궁둥이)', '상여금-보너스-덤삯'의 관계도 이와 결코 다르지 않을 게다. 그리고 보면 고유어는 촌스럽고 외래어는 세련되었다는, 우리의 잘못된 선입견이 문제가 된다.

꽃과 여인은 가꿀 탓이라 한다. 언어의 경우도 마찬가지, 늘 쓰는 말도 사용하는 사람이 애정을 갖고 아름답게 가꾸고 다듬지 않으면 자연 추하게 되어 남에게 천시를 받을 수밖에 없다. 자기 스스로가 귀하게 여기지 않는 한 남들이 이를 귀하게 여겨 줄 리가 만무하다. 우리에게는 고유어에 대한 인식의 전환이 필요하다. 새로운 것, 외래의 것이라면 무조건 선호하는 일종의 언어 사대주의, 이런 우리의 자세부터 바로잡아야 한다. 고유어도 얼마든지 새롭고 아름답고 고상해질 수 있다는 인식 말이다.

4) 감각어의 감칠맛

'시원섭섭하다'는 말이 있다. 함께 지내던 사람이 떠난 뒤에 하는 말로서 평소 보기 싫던 상대가 떠나게 되어 '시원하다'는 의미와 막상 떠나고 나니 그래도 섭섭하다는 의미가 함께 배어 있다. '아쉽다'라는 말로 대신할 수 있는 이 말은 아무래도 섭섭함보다는 시원함, 즉 후련함에 무게 중심이 놓이는 듯하다. 섭섭하다는 말도 참 묘미가 있다.

"섭섭하게 / 그러나 아조 섭섭지는 말고 / 좀 섭섭한 듯 하게……."

어느 시인의 싯귀에서 우리는 새삼 섭섭하다는 말뜻이 지닌 감칠맛을 느끼게 한다. 미각어에서의 '시큼달큼, 달콤새콤, 달착지근, 삼삼하다'에서 풍기는 교묘한 맛의 표현도 이에 못지않다. 우리말 감각어의 감칠맛은 어찌 미각어뿐일까. 시각, 청각, 후각, 촉각에 두루 걸치는 감각적 표현에서 우리말은 단연 타의 추종을 불허한다. 청각면에서 보면 코 고는 소리 하나에도 '쌕쌕, 쌔끈쌔끈, 콜콜, 쿨쿨, 드르릉드르릉' 등과 같이 연령에 따라, 자는 모습에 따라 그 표현법은 각기 다르다. 그 섬세함이란 'Zzz……'란 한 기호로만 표기되는 영어와는 비교도 안 된다. 아픈 증세를 설명하는 데도 마찬가지, '살살, 사르르, 옥신옥신, 욱신욱신, 지끈지끈, 쿡쿡, 콕콕' 등 이 말은 다른 언어로는 결코 정확히 옮길 수 없을 정도이다.

맛을 나타내는 미각어 한 예를 통해 우리말 감각어의 우수성을 증명해 보이기로 한다. '맛[味]'과 매력을 뜻하는 '멋'이란 말은 모음교체로서, 멋있는 사람과 맛있는 음식은 한 뿌리에서 나온 말이다. 이와 관련하여 먹는 일의 '먹-'이나 마시는 일의 '마시-'도 이 '맛/멋'과 어원상 연관성이 있을 듯하다. '먹다'의 용법은 단순히 음식물의 섭취에만 머물지 않는다. 밥을 먹는 데만 그치는 게 아니라 담배도 먹고, 나이도 먹고, 뇌물도 먹고, 귀도 먹고, 욕도 먹고, 앙심도 먹고, 겁도 먹고, 더위도 먹고, 한 방 먹기도 하고, 얼굴에 화장도 잘 먹고,……. 어떻든 먹는 일이 미치는 범위는 이처럼 광범위하다.

먹는 일 못지않게 맛에 관한 표현법도 다양하기 그지없다. 미각에 관한 우리말 어휘 목록은 비교적 단순하다. '달다, 쓰다, 맵다, 싱겁다, 짜다, 시다, 떫다, 밍밍하다, 텁텁하다, 느끼하다, 고소하다, 부드럽다, 깔깔하다, 껄쭉하다' 등 정도, 다른 언어에 비해 결코 많은 것이 아니다. 그러나 실제로 그 쓰임은 무한대에 가깝다고 할 수 있으니, 곧 접사에 의한 파생어나 복합어가 부지기수일 정도로 변화무쌍한 조어법은 단연 타 언어의 추종을 불허한다.

단맛의 예를 보자. 아주 달면 '달디달다'요, 알맞게 달면 '달콤', 약간 달면 '달짝지근', 거기다 달콤하면서도 신맛이 곁들이면 '달콤새콤'이다. 신맛의 경우도 마찬가지다. '시디시다'에서 '시금, 시큼, 시쿰, 새쿰'으로 변용되고, 다시 '시금털털, 시그무레, 새그랍고, 새콤새콤'을 거쳐 약간 싱거운 듯하면서도 맛갈이 있다는 '심심하다'나 '삼삼하다'에 이르면 그 뉘앙스는 절정에 이른다.

'삼삼하다'의 사전적 의미는 약간 싱거운 듯하면서도 맛깔이 있다는 것인데, 이 말은 결코 미각어에만 한정되지 않는다. 때로 잊혀지지 않고 눈에 어린다는 뜻으로도 전이되어 군대 간 아들 모습이 어머니의 눈에 삼삼하고, 떠난 님의 목소리가 연인의 귀에 삼삼할 수도 있다. 뿐인가, 늘씬한 몸매를 자랑하는 아가씨를 대할 때 뭇 남성들은 "참, 삼삼한데……"라면서 탄성을 발한다. 그 의미 영역이 미각뿐 아니라 청각에서 시각까지 확장되는 것이다.

'삼삼한 아가씨' 같은 전방위 감각어 예는 얼마든지 더 들 수 있다. '싱거운 사람, 짠돌이, 달콤한 여인, 질긴 여자' 등에서처럼 사람의 성격을 음식 맛에 빗대어 표현하기도 하고, '쓰디쓴 과거, 매운 날씨, 떫은 표정, 떫은 소리, 신소리, 짠 점수' 등에서와 같이 사물에 대한 묘사나 추상어의 영역까지 미치기도 한다. 그런가 하면 좋은 상태를 일러 '꿀맛'이라고 하면서 그렇지 않을 때는 '밥맛'이나 '죽을 맛'이 되어 온통 얼굴을 찌푸리기도 하는 것이다. 이처럼 우리말은 음식맛을 통해 감각의 근원을 표현하는 것이다. 그 맛이 시의 언어로 구사되면 생생한 삶의 느낌을 전하는 매체가 되기도 한다. 시인의 혀 끝에서 감지된 맛의 표현을 보도록 한다.

"이 히스무레하고 부드럽고 수수하고 슴슴한 것은 무엇인가 / 겨울 밤 쩡하니 익은 동치밋국을 좋아하고 얼얼한 댕기가루를 좋아하고 / ……수육을 삶은 육수국 내음새 자욱한 더북한 삿방 쩔쩔 끓는 아르굿을 좋아하는 이것은 무엇인가" (백석의 「국수」 중에서)

"모밀묵이 먹고 싶다 / 그 싱겁고 구수하고 / 못나고도 소박하게 점잖은……." (박목월의 「적막한 식욕」 중에서)

모음 교체로 인한 음운상의 미세한 차이에도 그 말의 의미는 전혀 다르게 나타난다. '고소하다'와 '구수하다'가 그런 예, 비록 한 뿌리에서 나온 말이라도 그 쓰임은 사뭇 달라짐을 볼 수 있다. 평소 밉게 보였던 친구가 어려운 처지에 놓였을 때는 고소하게 느끼지만, 걸쭉한 입담으로 곧잘 좌중을 웃기는, 인간미 넘치는 사람을 일러 구수한 사람이라고 말한다. 식초나 묵은 김치에서 느낄 수 있는 맛, 곧 '시다'의 쓰임도 매우 다채롭다. 삐끗하여 삔 발목이 밤새 시기도 하고, 아니꼬운 장면을 볼 때면 눈꼴이 시다고 한다. 한 물 간 유행어이긴 하나, 신세대가 기성세대를 가리켜 '쉰(신) 세대'라 부른다고 한다. 말하자면 묵은 김치처럼 맛이 가 버린, 시어 버린 세대이자 쉬고 있는 세대란 뜻인데, 어떻든 나이 든 사람으로서는 듣기에 거북하다.
용법의 다양성이란 면에서 쓴맛의 '쓰다'도 이에 뒤지지 않는다. 쓴 잔을 마시면 기분이 씁쓸하지만 쓴맛이라고 다 부정적인 건 아니다. 쓴 소리나 쓴 약은 행동이나 몸에 이로운 약이 되고, 쓴 맛에서 우러나온 쌉쌀하고 쌉싸름한 맛은 오히려 선호하는 음료수가 되기도 한다. 짠 맛도 마찬가지, 뒷맛이 개운치 않을 때는 찝찔하다며 눈살을 찌푸리지만 일이 잘 되어 쏠쏠히 돈이 들어올 때면 수입이 짭짤하다면서 즐거워한다.

미각어가 그대로 명사로 굳어진 예도 있다. 산삼 캐는 심마니들은 고추를 '맵사리'라고 한다. 맵고 싸한 맛을 '맵싸하다'고 하고, 맵고도 차가운 맛을 '맵차하다'고 하는데 '맵사리'는 여기서 유추된 듯하다. 다시 말하면 맛을 나타내는 형용사가 고추를 지칭하는 명사로 전성된 경우다. 또한 '맵다'는 고추처럼 모질고 독하다는 의미로 쓰여 '매운 날씨'와 같이 추위를 나타내기도 하고, '손끝이 맵다'라 하여 옹골차고 야무진 성격을 표현하기도 한다.

'여물다'도 매운 손끝과 유사하게 쓰인다. 여물다는 본래 속이 꽉 찼다는 뜻인데 형용사 어간 '여물-/야물-'에 '-딱지다'라는 꼬리가 붙어 '야물딱지다'란 재미난 말을 만들어 낸다. 실없는 사람을 가리켜 '싱겁이'라 하고 구두쇠를 일러 '짠돌이'라 하듯 알뜰한 살림꾼을 일러 '야물딱이'라고 하면 어떨까? 요즘처럼 살림살이가 어려울 때면 씀씀이가 헤픈 푼수댁보다 이런 손끝이 매운 야물딱이 주부가 더 바람직하리라 생각된다.

4. 구문상의 특징

1) 서술어 중심의 문장

"나는 당신을 사랑합니다."
"나는 사랑합니다 당신을."
"사랑합니다 나는 당신을."

누구나 하고 싶고 누구나 늘 듣고 싶은 말, 이른바 사랑 고백이다. 한국인들끼리의 대화 현장에서 위의 세 가지 말은 모두 가능할 것이나 아무래도 첫번째 유형이 가장 무난할 듯하다. 모든 언어는 언어마다 그 문장을 구성하는 방식이 서로 다르다. 우리말은 대체로 일본어나 몽골어, 터키 어와 함께 '주어+목적어+동사(S+O+V 형)'의 어순을 취한다. 두 번째 방식(S+V+O 형)을 취하는 영어나 중국어에서 이같은 어순으로 표현했다면 모처럼의 청혼이 허사로 돌아갈 수도 있다.

한국인 청자라면 이 중에서 어떤 식으로 말했든 청혼의 의사를 알아차리지 못할 리는 없다. 곧 우리말이 형태상 첨가어라는 얘기인데, 첨가어라면 제 문법 형태소의 기능이 한 문장 안에서 어순의 자유로운 이동을 가능케 한다. 여기서 문법 형태소라 하면 문장 내에서의 체언의 기능을 드러나게 하는 조사나 용언의 활용 어미 같은 요소를 말한다. 한국어에서는 이런 문법 요소들은 반드시 어휘 요소인 어근이나 어간 뒤에 놓인다. 곧 조사는 체언 뒤에 붙어 쓰이며, 어미는 용언의 어간 뒤에 붙어 쓰이는 것이다. 접사에 있어서도 말의 뜻을 더해 주는 것 중에 어근 앞에 오는 경우도 있으나 문법적 기능을 보이는 접사(접미사)만은 반드시 어근 뒤에 오게 되어 있다.

우리말에서의 문장 구성상 또 하나의 특징은 체언을 꾸며 주는 관형어는 그것이 단어이든 절이든 반드시 꾸밈을 받는 체언 앞에 온다는 점이다. 다시 말해 수식어는 피수식어에 선행한다는 것이다. 아래 예를 보기로 하자.

저 예쁜 꾀꼬리는…….
그녀가 내게 보낸 편지가…….

여기서 '저'나 '예쁜'은 꾀꼬리를 꾸미고, '그녀가 보낸-'은 뒤따르는 '편지'를 꾸미고 있음을 알 수 있다. 이 같은 현상은 'S+V+O' 형의 언어에서 관형절이 체언 뒤에 오는 것과 비교가 된다. 후자의 문장이라면 영어에서는 관계대명사가 쓰였음 직한데 우리말에서는 그런 것이 없이 반복되는 체언이 생략되는 것도 한 특징이라 할 수 있다.

또한 한국어 문장은 주요 성분의 생략이나 중복이 용이하다는 특성도 아울러 가진다. "나는 당신을 사랑합니다."라는 청혼의 말은 다음과 같이 어떤 성분을 생략하여 말한다 해도 상대는 곧잘 그 의미를 알아듣는다.

"당신을 사랑한다."
"나는 사랑한다."
"사랑한다 / 사랑해……."

첫 문장에서는 주어 '나는'이 생략되었고, 두 번째 문장에서는 '당신을'이란 목적어가, 세 번째 문장에서는 주어와 함께 목적어가 모두 생략되었다. 이처럼 핵심 성분의 생략이 다른 언어에서도 가능한지 생각해 보자. 주어가 애매하거나 불필요한 문장에서 일부러 假主語까지 내세우는 영어에서는 이런 생략법은 용납되지 않을 것이다. 우리말에서는 사랑한다는 고백 자체가 중요한 것이지 누가, 누구를 등등의 주체, 객체의 언급은 불필요하다고 생각한다. 사랑하는 두 사람만의 한적한 분위기라면 주·객체를 굳이 들먹이지 않아도 상관 없다고 생각하는 모양이다.

이런 점에서 보면 한국어 문장은 서술어 중심이 분명하다. 이것은 우리가 오랜 세월 농경 민족으로 살아온, 농경문화의 흔적이라 생각된다. 말하자면 전 장에서 언급한 대로 눈빛의 언어, 기침의 언어에 익숙한 한국인 청자의 한 특성으로 보아도 좋을 터이다. 그런가 하면 주요 성분이 겹쳐 쓰이는 현상은 또 어떻게 설명해야 할까?

"이 책은 표지가 색깔이 아름답다."

"그가 나를 등을 밀어 넘어지게 했다."

"그 돈으로 생선을 큰 것을 한 마리를 사는 것보다 작은 것을 두 마리를 사는 것이 낫다."

첫 문장은 주어가 겹치는 예요, 이중 삼중의 서술절을 가진 예이다. 곧 '이 책'이 전체 주어가 되고 그 뒤의 '표지가 색깔이 아름답다.'가 서술절이다. 이것은 다시 '표지가'를 주어로 하고 '색깔이 아름답다.'라는 서술절을 안고 있어 주어가 셋이 나란히 쓰이게 되었다. 이처럼 한 개의 문장이 아무런 변형을 거치지 않고 그대로 서술 기능을 하며, 결과적으로 한 문장의 주어가 여럿이 나타나는 문장 구성법은 우리말과 유형을 달리하는 다른 언어에서는 찾아볼 수가 없다. 두 번째와 세 번째 문장에서는 목적어가 두 번, 또는 세 번씩이나 중복되는데 이 역시 같은 맥락에서 이해된다.

2) 동방 예의지국의 언어

우리말처럼 존대법이 발달하고 그 구조도 복잡한 언어는 없을 듯하다. 동방 예의지국의 면모가 언어에서도 그대로 구현된 결과일 것이다. 말을 높이는 방법도 다양하여 주체 존대, 객체 존대에서 상대존대에 이르기까지 제대로 갖춰 말하기가 여간 어려운 게 아니다. 간단한 인삿말이나 요청의 말에도 상대방의 격에 따른 적절한 존대를 해야 한다. 다음 예를 보기로 하자.

"안녕? > 안녕하세요? > 안녕하십니까?"

"앉아! > 앉아라. > 앉아요 > 앉으세요. > 앉으십시오. > 좌정하십시오"

영어에서라면 "How are you"나 "Good morning", 혹은 "Sit down"을 굳이 존대하여 말하고자 하면 여기에 'Please'나 'Sir' 정도를 추가하면 그만일 터이다. 그러나 우리말은 그것만으로는 충분치 않다. 상대의 나이나 서열, 경우에 따라 상기 예 중에서 적절한 것 하나를 골라 말해야 한다. 뿐만 아니라 압존법이란 게 있어서 존대법을 더 복잡하게 만들기도 한다. 압존법은 높이려는 대상보다 더 상위의 대상 앞에서 억지로 존대를 자제하는 어법이다. 이를테면 할아버지 앞에서 손자가 아버지를 언급할 때 사용되는 그런 어법이다. 이러다 보니 대가족제도 하의 가정에서 아랫사람이 윗사람에게 제대로의 존대법을 구사하기란 여간 어렵지 않다. 반드시 높여야 한다는 강박감에 사로잡힌 나머지 이런 망발도 튀어나올 수도 있다.

"아버님 대갈님에 검불님이 붙으셨습니다."
"사장님의 말씀이 계시겠습니다."

우리말에서 '-시-'는 문장의 주어를 높이는 존칭 접미사로서 후자의 예에서 '사장님이 계신다'면 몰라도 '말씀이 계신다'는 표현은 아무래도 어색하다. 그냥 '말씀하시겠습니다.'라고 하면 무난할 터이다. 아울러 긍정과 부정을 나타내는 표현법에서도 우리말이 갖는 특성이 있다. 보편적 상황에서 화자의 "너 밥 안 먹었어?"라는 물음에 청자는 식사 전이라면 "예, 안 먹었습니다."라고 답한다. 영어라면 Yes가 아닌 No란 부정 대답이 맞는다. 한국어에서는 예, 아니오가 상대방의 말을 긍정하거나 부정하기 위한 것이지만 영어를 비롯한 서구어에서는 대답할 내용의 사실 여부에 초점이 놓이기 때문이다.

서술의 전개 형태도 우리만의 특성이 있다. 우리말의 서술법은 대개 큰 것으로부터 작은 것으로, 전체로부터 부분으로 범위를 좁혀 들어가는 형태를 취한다. 공간과 시간의 표시, 곧 주소나 날짜 적는 법이 대표적인 예가 될 것이다.

"경기도 화성시 봉담읍 와우리 산 5번지"
"우리집 2층 작은 방, 책상 왼쪽 서랍 안"
"해방되던 해 1월 9일, 오후 아홉 시 십 분 경."

이는 화자 자신을 중심으로 가까운 곳에서 먼 곳으로, 작은 것에서 큰 것으로 서술해 나가는 표현법으로 영어에서의 자기 중심적 그것과는 비교가 된다. 이웃을 먼저 생각하고 더불어 살고자 하는, 우리의 공동체 정신이 이런 표현법을 만들게 된 것 같다. 영어라면 '나의 집, 나의 아버지, 나의 마누라'와 같이 'my'가 되겠지만 우리말에서는 그저 '우리 집, 우리 아버지, 우리 마누라'가 되어 'our'가 된다. 이 역시 '나'보다 '우리'를 앞세우는 편이 우리의 정서에 맞는다.

3) 서구화의 새 물결

최근 영어를 비롯한 서구어의 유입과 그 영향으로 우리말 표현법도 눈에 띄게 변하고 있다. 이를테면 서술면에서 時相이나 피동형, 부정형의 표현에서 특히 두드러진다. '생각한다'면 될 말을 '생각된다.' 또는 '생각되어진다.'라고 하고, 또 '집에 간다. / 가고 있다'면 될 말을 굳이 '집에 가는 중에 있다'로 표현한다. 최근 표어나 신문 기사에서 흔히 볼 수 있는, 영어식 예를 들어 보기로 한다.

"불조심, 이는 아무리 강조해도 지나치지 않는다."
" 화재에 의해서 전소된 건물."

"상처의 덧남은 세균에 기인한다."

"그것은 결코 잠을 자기에 충분하지 않는 시간이다."

얼핏 보면 무난한 표현처럼 보이지만 자세히 보면 우리의 전통적 표현법이 아님을 알 수 있다. 오랜 세월 굳어져 내려 온 우리 고유의 문장이 아니라는 얘기다. 서구화의 거센 물결에 휩쓸리는 이런 현상을 어떻게 보아야 할까? 차용어 형식의 어휘의 유입이야 막기 어렵다 해도 우리 고유의 정서나 사고의 기본 틀이라 할 수 있는 문장 형태까지 서양식을 따를 이유가 없다고 본다.

재삼 강조하건대, 전통적 문장 속에는 민족 고유의 사고 방식, 또는 사물을 보고 파악하는 태도나 방법까지 그대로 반영되어 있다. 후손들은 어려서부터 그 언어를 배움으로써 자연스럽게 문화적 전통을 이어받고, 문화적 동질감을 갖게 됨과 동시에 정서적으로 민족적인 유대감을 형성한다. 문화란 사회적으로 습득된 지식이다. 어려서부터 체득된 문화적 특성은 쉬 사라지지 않고 그 토대 위에서 다시 새로운 문화를 창조해 나가는 것이다. 우리 것을 다듬고 간직해 나가야 할 소이가 여기 있는 것이다.

Ⅲ. 말과 우리 민족의 삶

계열별 어원 탐구

　우리말 어휘의 특징을 보기 위해 주요 계열어별로 한 낱말이 생성·발전한 배경을 비롯하여 그 본뜻과 함께 어형의 변천 과정을 추적해 보기로 한다. 系列語란, 한 어휘 체계 안에서 동일 계통에 속하는 單語群(혹은 單語族)을 말한다. 예를 들면 동서남북·위아래와 같은 방위어나, 봄·여름·가을·겨울과 같은 계절어, 아버지·어머니·아들·딸과 같은 친족어가 이런 계열어에 속한다. 낱말 단위가 아니라 계열어 단위로 고찰할 때 특정 언어의 어휘 특성이 더욱 분명히 드러날 것으로 믿는다.

　한 낱말의 생성에는 반드시 거기 합당한 사상적·정서적 배경이 있기 마련이다. 언어 속에는 그 사용자의 생각과 정서, 인생관이나 자연관 등의 의식 구조가 그대로 용해되어 있다. 그런 이유로 말 뿌리를 캐는 일은 바로 조상의 삶의 뿌리를 캐는 일이라 할 만하다. 계절어에는 일년 사계를 보는 우리의 자연관을, 방위어에는 공간을 지각하는 인식 체계를, 친족어에는 가까운 혈족을 대하는 우리의 인식을 엿볼 수 있는 것이다.

　주지하는 대로 어휘 체계는 하나의 구조를 이룬다. 특히 우리말은 조어법의 발달로 동일 계열어 안에서의 어휘들은 상호 밀접한 관련성을 갖는다. 예컨대 머리[頭]에서 머리털·머리카락·머릿수 따위의 파생어가, 가락·가닥[分岐]에서 손가락·발가락·젓가락·가랑이 등의 파생어가 발생한다. 이는 영어에서 hand와 finger, head와 hair가 아무런 관련성이 없는 것과 비교된다. 따라서 한국어 어휘의 특성을 알아보기 위해서는 계열어별로 개개 낱말의 어원을 캐 보는 일이 효과적일 것이다.

1. 농경생활이 남긴 것

1) 농경문화의 언어적 특성

인류 문명의 변천사를 기술할 때 '원시사회 → 노예제 사회 → 봉건사회 → 부르조아 시민사회 → 시민사회'로 나누기도 하고, 혹은 '원시공동체 사회 → 농경사회 → 산업화 사회 → 정보화 사회'로 구분하기도 한다. 후자에서 말하는 농경사회는, 수렵·채취가 끝나는 기원 전 5천여 년 전부터 중세 봉건시대를 거쳐 산업화로 접어드는 18~9세기까지로 보고 있다. 우리 나라는 삼국 초기부터 고려·조선 왕조를 거쳐 서구의 영향을 받게 되는 최근세까지 여기 해당될 것이다.

한국어의 기본 틀은 이 농경시대에 형성되었다. 대체로 삼국 정립 초기에 고유어의 뿌리가 내리고, 이후 중국에서 한자·한문이 유입되면서 기존 고유어와 공존·혼용되면서 지금의 우리말 형태를 갖추게 되었다. 이처럼 농경생활 속에서 우리말이 생성된 만큼 그 바탕을 알려면 한 지역에 정착하여 농사를 지으며 자연과 더불어 삶을 영위했던, 그런 농경문화의 특성에서 찾아야 할 것이다. 안정된 생활을 구가하는 농경사회는 변화가 심한 유목사회와는 상반된 특성이 있다. 안정된 정착 생활과 자연과의 조화라는 농경문화는 대체로 다음과 같은 몇 가지 언어적 특성을 갖는다.

첫째로, 제3의 언어라 할 수 있는 침묵의 언어가 발달한다.

음성언어인 말과 문자언어인 글을 언어의 1, 2위적인 범주라 한다면 이것 이외에 화자의 얼굴 표정이나 손짓, 눈짓, 기침, 입맛다심, 혀차기 등의 전달 수단, 다시 말하면 몸짓언어를 제3의 언어라 할 것이다. 앞서 '눈빛과 기침의 언어(Ⅱ.1)'에서 언급한 바처럼 한국인들은 확실히 입으로 말하는 음성언어보다는 온몸으로 드러내는 몸짓언어에 더 익숙하다. 말소리가 없는 대신에, 소리를 내지 않는 가운데 은밀히 자신의 의사를 드러내는 표현법이기에 이를 침묵의 언어라 이름한 것이다.

'시어머니 센 집의 강아지'라는 옛말도 있고, 콩 타작할 때 콩알이 마당에 박히는 깊이에 따라 주인에 대한 머슴의 불만을 읽는다고 한다. 집에서 기르는 개가 이유 없이 캥캥거린다면 그 집 며느리의 심기가 불편하다는 증거이며, 콩알이 땅 속에 깊이 박히면 주인에 대한 머슴의 불만이 깊은 것으로 알아차렸다. 직접적인 의사 표시인 말 대신 몸짓만으로 속마음을 드러내 보인 것이다.

직설적 표현을 자제하는 이 같은 언어 행위는 민족성 탓도 있다. 뿐만 아니라 대가족제도 하에서 가족 상하 간의 예절을 중시하고, 나아가 공동체 생활에서 질서나 화합을 깨뜨리지 않으려는 배려의 소산일 수도 있다. 여러 세대에 걸쳐 한 마을에 살면서 이웃과 좋은 관계를 유지하기 위해서는 먼저 언어 구사부터 신경을 써야 한다. 한번 뱉은 말은 다시 주워 담을 수 없는 법이다. 말을 잘못하여 오해를 살 수도 있고 그 말로 인해 이웃에게 마음의 상처를 줄 수도 있다. 오죽하면 "가만히 있으면 중간은 간다."고 했을까. 입을 잘못 놀려 야기될 낭패를 미리 염려하여 이런 침묵의 언어가 체질화되었는지도 모른다.

둘째로, 직설적 표현을 자제하고 부드러운 완곡 어법을 사용한다. 더불어 사는 사회에서 공동체의 화합을 위해 오로지 침묵의 언어만을 고집할 수는 없다. "고기는 씹어야 맛이고 말은 해야 맛이다."라고 했듯이 필요할 때면 말도 해야만 한다. 다만 말은 하되 속내를 있는 그대로 드러내는 것보다 넌지시 우회하는 화법을 택한다. 상대 의사에 반할 경우라면 통상 '….마는'이라는 일단 긍정형 화법이나, 아니면 '글쎄요…….'라는 투식어를 써서 상호 충돌을 완화시킨다. 이를테면 "저도 그렇게 생각합니다마는……."이라든가 "그 말씀도 일리가 있습니다마는……." 정도의 전주곡을 동반하는 것이다.

말의 취지도 분명히 드러내기보다는 애매모호한 상태를 유지하려고 한다. 말하자면 불투명한 채로 얼버무리는 화법이다. 예를 들어 '시원섭섭, 시큼달큼, 울그락푸르락'은 어느 한 쪽의 뜻만을 나타내는 게 아니라 마치 비빔밥처럼 두세 가지가 혼합되어 있다. 한국인의 數値 관념도 예외는 아니다. 우리는 '하나, 둘, 셋' 등과 같이 분명한 숫자 표기보다는 '한두 개, 두서너 개, 너더댓 개 등과 같이 不定數로 말하는 법에 더 익숙하다. 어떤 이는 김소월의 詩 '산유화'에 나오는 '저만치'를 우리의 전통적 수치라면서 이것이 바로 한국인만의 人情値라 말하기도 한다.

한 문장 속에서 주어가 생략되어도 표현에 지장이 없고, 단수· 복수가 혼용되어 나타나기도 하며, 긍정 · 부정이 곧잘 혼용되는 현상도 우리말 어휘의 이 같은 불투명성을 반영한다고 할 수 있다. '나의 마누라(my wife)'가 아닌 '우리 마누라(our wife)'로 표현하며, '어디 갈래?'나 '안 갈래?'란 물음이 둘 다 가자는 권유의 뜻으로 쓰인다. '웃긴다.'나 '웃기지도 않는다..'는 말도 웃기고 안 웃기고를 떠나서 공히 그의 언행이 마땅치 않음을 나타낼 뿐이다.

위급한 상황에서 터져 나오는 외마디 비명에도 우리말의 이 같은 특징은 여실히 드러난다. 영어 언중이라면 "Help me!"라고 했을 도움 요청을 한국인들은 통상 "사람 살려!"라고 외친다. 죽어가는 마지막 순간에도 '나를 도와 달라'면서 자신을 내세우는 서구인에 반해 우리는 자기는 없고 그저 죽어가는 사람만 있다. 이를 두고 한국어는 주체성이 결여된 언어라 폄하하는 이도 있다. 그러나 한국어는 어디까지나 서술어 중심으로 나보다는 '우리' 또는 '사람'를 앞세우는 공동체 정신과 인간성 짙은 언어임을 강조하고 싶다.

영어 화자들이 가장 즐겨 쓰는 'I am happy.'나 'I love you.'를 우리의 눈으로 해석해 보기로 하자. '나는 행복하다, 나는 당신을 사랑한다……', 참으로 고귀하고도 좋은 말이긴 한데 그러나 우리에게는 왠지 생소하게만 느껴진다. 이는 우리와의 정서적 차이라기보다는 표현 방식에 관한 차이로서 영어가 너무 직설적이라는 점을 지적할 수 있다. 전통적인 한국인이라면 사랑이나 행복이란 말을 이처럼 직접 대놓고 입에 올리지 않는다.

언젠가 TV 화면을 통해 북한 평양 거리에 내걸린 이 두 문장을 적은 간판을 보고 의아해한 적이 있다. 그들이 말 그대로 어버이 수령을 사랑하고, 그래서 진정으로 행복하다고 느끼고 있는지를 그곳 주민을 만나 직접 물어보고 싶었다. 예로부터 우리는 자신이 행복하다고 입 밖으로 말하는 순간 그 행복은 어디론가 달아나게 되고, 사랑한다고 말하는 순간 그 상대는 불행해진다고 믿은 듯하다. 그런 이유로 부부 사이라도 '사랑한다'는 말 한 마디 없이 평생을 해로하였고, 행복이 무너지는 그 순간 "내 주제에 무슨 복은……"이라며 자조하곤 했다. 조상들은 진정으로 남을 사랑하고 행복을 느낄 때에는 이를 결코 입 밖으로 내지 않았다. 오로지 침묵으로, 온몸으로 이를 드러냈을 뿐으로 그것이 우리 바로 고유의 정서요 전통적 표현 방식이었다.

2) 四季의 고유 이름

'철 그른 동남풍'이란 말이 있다. 버스 떠난 뒤 손든다는 식으로 때를 놓쳤을 때 흔히 하는 말이다. 어떤 일이든 그 일에 맞는 적절한 때가 있기 마련이다. 춘하추동의 사계를 나타내는 우리말 철은 '節〔古音 '철' (한청 12:32)〕'이란 한자음에서 나온 말이다. 철은 계절을 지칭하기도 하고 '철들다, 철나다'에서와 같이 사리를 분별하는 힘을 나타내기도 한다. 제철을 모르고서는 제대로 농사를 지을 수 없다는 데서 그 의미가 전이된 것으로 보인다.

봄은 일 년 사계의 시작이다. 봄을 뜻하는 한자 '春'은 봄 햇살을 듬뿍 쪼인 뽕나무 새순이 뾰족이 머리를 내민 형상을 나타낸다. 영어 'spring'은 개울가 돌 틈에서 퐁퐁 솟는 샘, 혹은 겨울잠에서 갓 깨어난 개구리가 스프링(용수철)처럼 튀어나온다는 뜻을 가졌다. 동양적 절기로 말한다면 봄비 내리는 雨水나 驚蟄이 여기 해당될 것이다.

봄이란 말의 본뜻은 이같이 생동하는 자연 현상을 '본다〔見〕'는 데에서 비롯된 듯하다. 그 어원을 '보-〔見〕+ㅁ(명사형 어미)'의 연결로 보는 것이다. 따뜻한 햇살을 받아 초목에 새 생명이 움트는 경이를 직접 눈으로 확인한다는 뜻, 그래서 봄을 새봄이라 말하기도 한다. 계절의 첫머리를 지칭할 때 어느 철이나 '새-'라는 관형사를 붙일 만한데, 그러나 새여름이니 새가을, 새겨울이란 말은 쓰이지 않고 오로지 봄만 새봄〔新春〕인 것이다.

봄의 어원에 대한 또 다른 의견도 있다. 봄은 따듯한 온기가 전해지는 때라 하여 '*블>불〔火〕+오〔來〕+ㅁ', 또는 '볕〔陽〕+옴〔來〕'의 결합으로 보는 견해가 그것이다. 이 중에서 후자의 '볕'은 볕〔陽〕과 동일어로서 태양의 본뜻을 지닌다고 말하기도 한다. 또 터키 어의 'bahar〔春〕'에서 그 어원을 찾는 이도 있다(강길운, 1990). 곧 봄의 신라 어는 '볼'로서 이는 삼한시대 bahar로 소급될 수 있다는 것이다. 그러 나 봄은 어디까지나 고유어로서 말 그대로 '본다'는 의미로 해석함이 옳을 듯하다. 봄 다음에 이어지는 여름, 가을, 겨울도 모두 순수한 고 유어로 형성되어 있다. 또한 자연의 변화를 객관적 관점에서 바라보 는 서구인들과는 달리 우리 민족은 어디까지나 사람이 주체가 되는 주관적인 관점에서 바라보는 듯하다. 말하자면 좀더 먼 거리에서 자 연 현상을 관조하는, 그야말로 인간 중심의 호칭법이라 할 수 있다.

봄에서 이어지는 **여름**은 따뜻한 기온 속에 지상의 모든 초목들이 여름(열매)을 맺는 계절이다. 옛 문헌에는 여름〔實〕과 녀름〔夏〕을 의 미상 구분 표기하였으나 그 말 뿌리는 같다고 본다. 농사 짓는 일을 '녀름짓다'라 하여 농부를 일컫기를 '녀름지슬아비'라 하였다. 풍성한 결실을 볼 수 있도록 최선을 다해야 한다는 뜻에서 그런 이름을 붙였 을 터이다. 초목에 열매가 맺히는 것은 흘린 땀의 보답인 동시에 자 연의 순리에 따른 조화, 곧 대자연 본래의 모습인 그 내면을 열어 보 이는〔開〕 것이기도 하다. 여름은 옷을 벗어 몸을 열어 보이고, 집안의 모든 문을 활짝 열어 놓는 개방의 시기인 것이다.

무더위가 끝나는 가을은 여름 내내 가꾸어 온 땀의 결실을 수확하 는 철이다. 추수(秋收)를 우리말 방언에서 '가슬한다 / 가실한다'고 하 는데, 이는 '거둬들인다'는 뜻에 다름 아니다. 가을을 중세 문헌에서 'ᄀᆞ슬ᄒ'이라 적었는데, 이는 'ᄀᆞ〔切斷〕'으로 소급된다. 곧 'ᄀᆞ'에 접미 사 '-올'이 연결되어 'ᄀᆞ슬>ᄀᆞ슬>ᄀᆞ올'을 거쳐 지금의 가을에 이른 다. 「華音方言字義解」에서도 가을은 한자 '裁, 收'에 해당하는 의미로 부터 나왔다고 밝히고 있다. 현대어 '가말다〔裁〕'나 '걷다'〔收〕의 어원이 궁극적으로 중세어 'ᄀ-/ᄀ-'에 소급됨은 말할 나위도 없다.

가을은 수확의 계절인 동시에 초록이 종말을 고한다는 점에서 서글픈 계절이기도 하다. 영어에서의 'fall'이나 한자어의 '凋落의 계절'이 그런 정서의 표현이다. 그러나 우리 조상은 다행스럽게도 생명의 소진에서 오는 허무감 같은 정서는 계절 이름 속에 내비치지 않았다. 불가의 윤회설을 믿은 탓인지도 모른다. 말하자면 떨어지는 낙엽을 보며 서구인들은 눈물지을 때 조상들은 결실과 수확의 기쁨을 만끽했던 것이다.

가슬이 가을로 변형된 것처럼 겨울은 '겨슬 / 겨실'이 변형되어 굳어진 형이다. 겨울의 고형 '겨실'은 있다(在)의 존대말 '겨시>겻-'(在, 居)에서 유래한다. 항상 집안에서만 거처하는 여인을 가리켜 '겨집>계집'이라 부르는 것과 같은 경우이다. 겨울은 겨슬 / 겨실에서 '겨슬'을 거쳐 지금의 겨울에 이른다. 한 해를 마무리 짓는 겨울은 이름 그대로 집에 계시면서 편안히 쉬는 휴식기에 다름 아니다. 날씨가 추워지기 전에 곳간 속에 곡식을 잘 갈무리해 두고 한 겨울 동면기에 들어가는 것, 곧 자연이 휴식하는 만큼 이에 순응하여 인간도 쉬는 것이다. 이런 점으로 미루어 타 언어의 계절 명칭이 자연 중심의 직관적 사고에서 나왔다면 우리의 그것은 인간 중심의 주관적 사고에서 나왔다고 보는 것이다.

3) 계절 용어의 감각성

"어정 칠월, 동동 팔월"이란 속담이 있다. 우리네 농가에서 7월 한 달은 하릴없이 어정거리지만 8월이 오면 갑자기 바빠져 동동거린다 하여 일컫는 말이다. '동동 팔월'을 혹은 '건들 팔월'이라고도 하는데, 이는 바쁘긴 해도 건들바람처럼 그렇게 훌쩍 가 버린다는 뜻이다.

"오월 농부 팔월 신선"이란 말도 있다. 보릿고개의 절정인 음력 5월
은 농사짓는 사람으로서는 더할 수 없이 어려운 시기다. 그러나 한가
위가 낀 8월은 그 풍족함이 어떤 신선도 부럽지 않다는 데서 이런 말
이 생겼다.

보릿고개란 말뜻을 모르는 한국인은 없을 게다. 지난해의 묵은 곡
식은 이미 바닥이 났고 보리는 아직 여물지도 않은 4~5월(음력) 경.
흔히 춘궁기라 불리는 이 때야말로 가장 춥고 배고픈 시기였다. 결코
높아서가 아니다. 그러나 세상에서 가장 넘기 힘들다는, 이 보릿고개
를 넘으면서 우리 조상들은 '깐깐 오월'이란 별칭을 덧붙여 주었다.
한편 생각해 보면, 그 어려운 시기 춥고 배고픔을 견디면서 조상
들은 여전히 품위나 마음의 여유를 잃지 않았음을 눈여겨보아야
할 것 같다.

절후에 대한 인식이나 그것을 부르는 명칭은 이처럼 먹고 사는 일,
이른바 농사일과 결부되어 나타난다. 농사일이란 雨順風調란 말에서
보듯 인간이 자연의 질서에 순응해야만 한다. 우리 조상들은 앞서 말
한 대로 비록 고달픈 삶이었지만 그 가운데서 여유나 멋을 잊지 않았
고, 자연과 조화를 이루는 가운데 그 과정에서 섬세하기 이를 데 없는
계절감을 느끼고 살았다. 계절 감각을 잘 드러내는 용어 몇 예를 들어
보기로 한다. 이른 봄, 쌀랑한 추위를 일컫는 꽃샘이란 말이 있다. 한
겨울 추위보다 더 고약스런 봄 추위를, 우리는 이처럼 멋진 이름을 붙
여 주었다. 일종의 감정이입법으로 꽃에 대한 동장군의 시샘을 그렇게
표현한 것이다.

꽃이 피기 전 새싹을 시샘하는 잎샘 바람이란 말도 있지만 유명도
에 있어서나 감칠맛에 있어서는 꽃샘 추위, 꽃샘 바람에는 결코 미치
지 못한다. 잘 안 쓰는 것이지만 **바람꽃**이란 말도 이만 못지않다. 먼
산에 구름이 끼듯 하늘을 덮는 뿌연 기운을 그렇게 부른다. 눈부신

설경을 일러 '눈꽃'이라 하고, 차창에 증기가 서려 생긴 무늬를 '서릿꽃'이라 하는 것도 이와 유사한 표현법이다.

우리말의 감각성은 추위를 나타내는 표현에서도 잘 드러난다. 우선적으로 '춥다'와 '차다'의 의미부터 구분된다. 찬 기운을 온몸으로 느낄 경우를 전자의 '춥다'로 표현하고, 신체 일부에서 감지될 때를 후자의 '차다'로 표현한다. 또한 약간 추위를 느낄 때 썰렁하다라고 하는데, 이 말은 기후의 표현에만 쓰이지 않는다. "참 썰렁하네……."라고 하면 의도적으로 남을 웃기려고 했으나 반응이 좋지 않을 때 객쩍은 웃음과 함께 내뱉는 말이다. 뿐인가, '산산하다, 선선하다, 살랑거리다, 설렁대다, 선뜻하다, 쌀랑하다, 으스스하다, 오싹하다…….' 따위의 감각 형용사들도 그 쓰임이 마찬가지다.

비〔雨〕에 대한 명칭도 다채롭기 그지없다. 계절에 따라, 내리는 양이나 형세에 따라 거기에 맞는 적확한 이름을 붙여 주는 것이다. "는개 속을 거닐며 옷 젖는 줄 몰랐다." 어느 소설에 나오는 이 말의 의미를 정확히 아는 독자는 드물 게다. 는개는 비 중에서도 안개비보다는 굵고 이슬비나 가랑비보다는 더 가는, 가장 적게 내리는 비를 말함이니, 이 얼마나 감각적 표현인가. 보슬비나 단비도 이만 못지않다. 모심기 철에 때맞추어 내리는 단비를 모종비라고도 하고, 또 볕이 잠깐 든 그 틈새를 노려 얄밉게도 살짝 뿌리는 비를 '여우비'라 부르기도 한다. '심술비'라는 이름도 그렇지만 억수〔惡水〕처럼 퍼붓는 '작달비', 장대처럼 쏟아 붓는 '장대비'도 여우비만큼 재미있다.

계절, 절후에 대한 우리말 이름은 이처럼 직설적이고 준말이 대부분이나 그 속에 소박한 우리의 심성이 녹아 있음을 볼 수 있다. 구름이 물러가면서 날씨가 개이는 현상을 일러 벗개다라 하고, 추위가 가시면서 날씨가 풀리면 눅다, 눅지다라 한다. 나무말미란 말도 그 어원을 찾아보아야 진정한 말뜻을 알 수 있다. 곧 긴 장마 끝에 잠깐 날씨가 개어 땔감 나무를 말릴 만한 그런 틈새를 나타내는 말이다.

뿐인가, '자옥하다 / 자욱하다'와 '자오록하다'란 말의 의미 차이를 알면 더욱 놀랄 게다. '자옥하다'면 안개나 연기로 인해 시야가 흐린 상태를 이름이요, 자오록하다면 흐릿하면서도 그 위에 주변이 쥐죽은 듯 고요한 상태를 형용함이다. '풋머리'나 '찬바람머리'과 같은 '-머리' 형 말도 참 운치 있다. 맏물이나 햇것이 나오는 철을 일러 풋머리라 하고, 늦가을 싸늘한 냉기가 감도는 때를 일러 찬바람머리라 이름한 것이다. '지새는 달'이란 표현은 자못 시적이다. 먼동이 튼 뒤 얼마 동안 서녘 하늘에 남아 있는 달을 그렇게 부른다. 어느 소설에 "해미를 뚫고 햇귀가 떠오른다."는 구절이 있다. 바다를 덮은 짙은 안개를 해미라 하고, 해가 솟을 때 맨 처음 발하는 빛을 햇귀라 한다. 애기가 태어난 날을 '귀 빠진 날'이라 하듯 지상에 처음 얼굴을 내민 해를 그렇게 표현한 것이다.

4) 농사 일정에 맞춘 명절

節侯나 고유 명절도 생활의 기반이 되는 농사일과 직결되어 있음은 어쩌면 당연하다. 구전의 민요 '농가월령가'의 구절구절이 이런 우리네 농가 풍속도를 잘 그려 주고 있다. 정초의 새해맞이 제례와 세배 풍속, 정월 대보름의 풍년 기원제, 선농제와 풍신제를 거쳐 팔월 한가위의 풍년 감사제, 섣달 그믐의 연종제에 이르기까지 계절 민속은 어느 것 하나 농사일과 연관되지 않는 게 없다. 우리의 명절은 이런 농사 일정과 함께 전래의 陰陽說에 의해 陽이 겹치는 홀수 월일로 삼는다. 정월 초하루(1. 1, 설날), 삼월 삼질(3. 3, 삼짇날), 오월 수릿날(5. 5, 端午), 칠월 칠석(7. 7, 칠석날), 구월 구일(9. 9. 重陽節)이 바로 그런

날이다.

농사 일정에 맞춘 吉數의 명절, 이들 중 고유어를 유지하는 명절칭의 어원에 대하여 알아보기로 한다. 고려 때 유행했던 달거리노래〔月令體歌〕 '動動'에 나오는, 세시(歲時) 풍속에 대한 기록부터 살펴본다. 5월(음력)과 8월 章에 나오는 수릿날과 한가위에 대한 부분이다.

"五月 五日에 / 아으, 수릿날 아춤 藥은 / 즈믄 힐 長存ᄒᆞ샬 / 藥이라 받줍노이다……."

"5월 5일 아, 수릿날 아침에 드시는 약은 천년만년 장수하실 약으로 알고 바치옵나이다.……." 현대어로 바꾼다면 대략 이런 뜻인데, 여기서 수릿날은 '수리〔頂〕+ㅅ(사이시옷)+날〔日〕'로 분석된다. 타 문헌에서는 수리를 '술위, 술의, 술이'로, 또는 차자표기하여 戌衣日로 적기도 했다. 한자어로 端午, 端陽, 重五節, 天中節이라 하는 수릿날의 '수리'는 맨 위, 꼭대기를 지칭한다. 음의 유사성으로 인해 한때 이 말을 수레〔車〕로 잘못 해석한 적이 있었다. 곧 『東國歲時記』에 나오는 "端午俗名戌衣 戌衣者 東語車也"란 기록을 그대로 믿은 것이다. 그러나 어형만 유사할 뿐이지 뜻이 다른 말이다. 현대어 '봉우리'는 본래 '峯수리'에서 'ㅅ'이 탈락한 어형으로, 한자어와 고유어가 겹쳐 쓰인 말이다. 머리 꼭대기를 가리키는 '정수리'도 마찬가지, 한자 '頂'과 고유어 '수리'가 겹친 중복어임을 알아야 한다.

수릿날은 태양이 머리 꼭대기로부터 똑바로 내리쪼여 지상에는 陽氣로 충만하다. 이 날을 맞아 조상들은 자연의 정기를 온몸에 받아 닥쳐올 무더위와 여름 질병에 대비하여 쑥과 익모초를 뜯어 약으로 먹었다. 여인들은 창포물에 머리를 감고 그 뿌리를 깎아 비녀를 만들어 꽂기도 했다. 별식으로는 쑥을 원료로 하는 수리치떡과 제오탕을 만들어 계절식으로 먹는 풍속이 있었다. 5월 수릿날을 거쳐 팔월 한가위를 맞는다.

"八月ㅅ 보로몬 / 아으, 嘉排나리마론 / 니믈 뫼셔 녀곤 / 오늘낤 嘉排샷다……."

"8월 보름은 아, 가윗날이지만 님을 모시고 다니거든 오늘이 가위로구나.……" 여기서 말하는 嘉排는 고유어의 취음 표기로서(借音表記) 가비, 즉 가운데(中)를 가리킨다. 오늘날의 한가위가 바로 그것인데 한가위는 다름 아닌 한가운데, 곧 계절의 正中央이다. 음력 7, 8, 9월 석달을 우리는 보통 가을이라 이르는데 이 중에서 8월은 그 한가운데가 되고(仲秋節), 또 8월 한달 중에서도 보름(15일)은 날수의 한가운데가 되기 때문이다.

한가위 명절에 행해지는 모든 일정은 그 명칭에 걸맞게 원형 한가운데에서 이루어진다. 원형이 한가위 행사의 상징이랄까, 풍요한 삶과 공동체 생활에서 이웃과의 화합을 이처럼 원형으로 표출하는 것이다. 오곡이 영그는 풍성한 계절의 한복판, 이 날 밤 둥근 보름달이 떠오르고 그 달빛 아래 온 가족이 둥글게 모여 앉아 오순도순 정담을 나눈다. 달빛 아래 모인 이들은 달떡이라 불리는 송편이나 토란 같은 둥근 모양의 음식을 만들어 나눠 먹는다. 마을 아낙네들은 한 방에 둘러앉아 두레 길쌈을 삼으면서 돌림노래를 부르고, 남정네들은 씨름판을 벌이기도 하고 혹은 '쾌지나칭칭나네'라는 놀이판을 벌리기도 한다. 강강술래란 놀이도 역시 둥글게 펼쳐지는 여인네들의 놀이다.

한가위 秋夕은 뭐니뭐니해도 가을 밤 달맞이가 이 행사의 참맛이다. 달맞이라면 정월 대보름도 있지만 팔월 한가위의 보름도 결코 이만 못하지 않다. 보름(중세어 표기 '보롬')의 어원이 '붉(明) + 옴(명사형 어미)'에 있듯 그 본뜻은 밝음[明]에서 찾아야 한다. '블[火]'에서 '붉다[赤, 紅]'와 '붉다[明]'로 분화되고, 붉다는 명사형 '붉옴'의 어형이 '보롬'으로 바뀌는 중간 과정을 거치면서 '브라옴>바람'이 파생되고, 이 브라옴과 '붉+옴>보롬'이 동화되면서 보름으로 변한 것이다. 혹자는 보롬이 만주어의 '볼'에서 유래한 것으로 보아 그 자체로 달[月]을 뜻하는 말이라 하나 입증하기는 어렵다.

원무 형식의 민속 무용 강강술래는 그 기원 문제와 함께 어원에 대한 설도 구구하다. 여러 의견이 있으나 그 중에서도 한가위의 원형 상징과 관련하여 수레[車]에서 유래를 찾는 편이 가장 무난할 듯하다. 강강술래는, 달 밝은 밤 여인들이 둥글게 원을 그리며 이렇게 외치는 노래가 아니었을까?

"감고 감아라, 수레바퀴처럼 감아라……."

손에 손을 맞잡고 돌면서 한 목소리로 부르던 노래가 '감감술래'가 되고, 이 말이 오늘날의 '강강술래', 또는 '강강수월래'로 변형된 것이 아닌가 한다. 한자어에 갖다 붙이기 좋아하는 이들은 이 말까지도 "강한 오랑캐가 물을 건너오니 여기에 대비하라."는 뜻의 '强羌水越來(혹은 '强羌隨月來')'에서 왔다고 한다. 이는 어디까지나 附會일 뿐이고, 혹자는 고려 때부터 행해졌다는, 이 달맞이 놀이를 임진왜란 때 이순신 장군의 전략에서 찾기도 한다. 뿐만 아니라 '강강[圓形]＋술래[環狀行進]'나 '강강(북소리의 의성어)＋수월이(人名)', 혹은 '꽁꽁(숨어라)＋술래(한테 들킬라)' 준말로 보기도 한다.

옛날의 책력, 일 년 삼백육십 일은 설에서 시작하여 설밑(흔히 '세밑'이라 함)으로 마무리 짓는다. 이 중에서 팔월 한가위와 더불어 최고

의 명절은 역시 새해의 첫날 설〔元旦, 正初〕이 될 것이다. 설이란 처음
〔初〕이나 시작〔始〕을 뜻하는 말로서 사람의 나이를 세는 단위 '-살〔歲〕'
과 함께 본 어형 '*서리/사리'의 말모음이 탈락형이다. 또 변이형으로
서리/사리의 모음간 'ㄹ'이 탈락한 '새-', 또는 '쇠-' 형이 공존한다. 현
대어 '샛바람〔東風〕, 새롭다〔新〕, 새벽〔曙〕, 날이 새다〔曉〕, 설을 쇠다〔過
歲〕' 등의 예에서 '새/쇠' 형의 흔적을 본다.

설의 어원에 관해서도 여러 異見은 있다. 새해 첫날 돌아가신 조상
을 생각하여 설운 날이라든지, 새해의 다짐으로 새로 일어설 날, 사람
의 육신을 뜻하는 '술의 날', 묵은 해와 새해의 사이라 하여 '서리
〔間〕+날' 등이 그것이다. 이들은 대개 음의 유사에 구애된 민간어원
설로 볼 수밖에 없다. 다만 설을 중국 한자음 '歲'의 차용으로 보는
견해만은 어느 정도 신빙성이 있어 보인다. 歲의 上古音이 'sîwat'로
서 이는 '셤/셜>설'의 변화일 가능성이 있기 때문이다. 그러나 歲의
한자음과 고유어 '셜'이 단순한 음의 유사인지, 아니면 의식적 차용인
지 단정하기는 어렵다.

설은 태양력을 따른다는 핑계로 일제 때 新正과 舊正으로 분리되고,
해방 후에도 민속의 날이라 하여 서자 취급을 받기도 했으나 얼마 전
부터 민족 최대의 명절로 제자리를 찾게 되었다. 본 이름 '설'을 되찾
은 만큼 동짓날도 그 본 이름 아치설/아찬설(아촌설)도 다시 불러 주면
어떨까 싶다. 아치설/아찬설의 아치는 '*가시>아시'의 변한 말로서
작은 것을 뜻한다. '가시>갓' 어형은 지금도 쓰이는 말로서 '갓 태어
난'에서 보듯 '이제 막 시작'이라는 의미를 가졌다. 또한 어두 'ㄱ' 탈
락형인 '아시>아ㅿㅣ>아이>애'도 현대어에서 小, 弟, 兒, 初 등의 뜻
으로 쓰인다.

아치설 / 아찬설은 정월 초하루 본 설 이전에 맞이하는 작은 설에 다
름 아니다. 현대 방언에서도 두 번째 아이를 볼 때 '아시본다'라고 한

다. 여기서의 '아시'가 '다음[之次]의, 작은[小]'을 뜻하는 말이다. 그런데 아치설이 느닷없이 까치설로 둔갑한 것은 음의 유사에 의한 부정회귀로 보아야 할 것 같다. 이는 설날 아이들이 즐겨 부르는 "까치 까치 설날은 어저께고요, 우리 우리 설날은 오늘이래요……"라는 동요의 영향 때문이라 생각된다.

설 하루 전 날 밤, 곧 한 해의 마지막 날의 밤을 세밑이라 한다. 세밑은 원래 '설밑' 또는 '설아래'였으나 한자말 歲暮나 한자 '歲'의 영향으로 세밑이라 부르게 되었다. 除夜, 除夕이라고 하는, 세밑을 각종 「歲時記」에서는 愼日이라 적기도 한다. '愼日'이란 말 그대로 모든 일에 삼가고 조심해야 하는 날, 이 날은 새해라는 새로운 시간 질서에 맞추기 위한 준비 기간에 해당한다. 실제로 외양간을 치우고 부뚜막을 손질하며, 밭에 남겨 둔 해묵은 거름을 퍼내는 등 집안 정리에 정성을 다했다. 또한 이웃 어른들에게 묵은 세배를 올리고, 해지킴〔守歲〕이라 하여 집안 곳곳에 불을 밝히고 첫닭이 울 때까지 밤을 지새우곤 했다.

세밑의 행사 중 특히 마당을 쓸어 티끌을 모아 모닥불을 피우는 것은 잡귀를 물리친 뒤에 새해를 맞는다는 신앙적인 의미에서였다. 그러나 고래의 이런 전통과는 달리 현대인들은 공연한 일로 분주하다. 한 해를 마무리 짓고 묵은 해를 보낸다는, 送年會란 명목이라면 그런 대로 괜찮다. 그러나 잊어야 할 일이 왜 그리 많은지 忘年會란 명목으로 정신을 잃을 정도로 술기운에 빠져 드는, 근자의 잘못된 풍조를 어떻게 이해해 주어야 할까?

5) 계절에 맞춰 부는 바람 이름

바람은 단순히 대기중 공기의 흐름만은 아니다. '바람나다, 바람들다, 바람끼, 바람살, 바람결, 바람씨, 바람막이, 바람잡이, 신바람, 댓바람, …….' 등 각종 바람 파생어에서 보듯, 이 말의 의미 영역은 의외로 넓다. 한때 바람처럼 유행했던 '바람 바람 바람'이란 대중가요에서 "그대 이름은 바람"이라고 했고, '바람과 함께 사라지다'나 '바람과 라이온' 같은 소설이나 영화도 한 시대를 풍미하다가 제목 그대로 바람처럼 사라지곤 했다.

바람은 그 자체도 가시적이 아닌 만큼 이 말의 의미도 어디까지나 감각적이며 추상적이다. 바람이란 말이 문학 작품에 쓰이면 기대 이상의 격조 높은 분위기를 자아낸다. 시인 윤동주는 잎새에 이는 바람에도 괴로워했고, 미당 서정주는 나를 키운 건 8할이 바람이었다고 자신의 생애를 고백한다. 바람을 뜻하는 한자도 마찬가지, '바람·風' 자가 들어가는 한자말, 예컨대 風土, 風水, 風月, 風流, 風霜, 風俗, 中風 등을 보면 바람(風)은 결코 기류의 이동만은 아닌, 주변 환경과 분위기는 물론 우주의 기운이나 하늘의 숨결까지도 포괄하는 개념이다.

결코 볼 수 없는, 이 바람의 존재를 조상들은 청각적인 소리(또는 울림)로만 인식한 모양이다. 바람은 의성어 '바르 / 부르'에 명사형 어미 '-ㅁ'의 연결이다. 중세 문헌에 '바룸 / ㅂ룸 / ㅂ람' 등으로 표기된 이 말은 본래 '바ㄹ / ㅂㄹ / ㅂ르'라는 소리 흉내말에 '-음 / -암'이란 접미사의 결합으로 형성되었다. 바람의 어원에 대해서도 이견이 있다. 혹자는 어근 '볼' 그 자체가 소리(聲, 音)를 나타낸다고도 하고, 또 어간 'ㅂㄹ- / 불-'을 '부르-'(吹)와 동의어로 보기도 한다.

그러나 '바ㄹ / 부르'는 앞서 말한 대로 바람 소리를 흉내 낸 의성어로 봄이 옳을 듯하다. 바람은 그 본성이 움직임이자 소리 그 자체이므로 노래를 부르고(唱), 누구를 부르고(呼), 나발을 부는 일(吹)까지 모두 같은 개념으로 보아야 한다. 시인 윤동주는 「자화상」에서 "하늘에선가 소리처럼 바람이 불어 온다."고 했는데, 이는 엄밀히 말하여 소리처럼 바람이 부는 게 아니라 소리 그 자체가 바로 바람인 것이다.

바람에 대한 고유 이름을 보면 자연 질서에 순응하려 했던 조상들의 생활 태도나 정서를 엿볼 수 있다. 우리말의 전통적인 風名은 바람이 부는 계절과 그것이 불어 오는 방향에 의해 좌우된다. 농어촌, 특히 섬 지방에서 통용되던 풍명 속에는 계절과 방위에 관한 고유어의 흔적이 화석처럼 남아 있다. 고유 풍명에 담긴 춘하추동 사계와 동서남북 네 방위의 이름을 찾아보도록 한다.

이른 봄에는 대개 동쪽에서 바람이 불어 온다. 봄에 동에서 부는 바람인 春風, 곧 東風을 우리말로는 샛바람이라 한다. 여기서 東을 뜻하는 우리말 '새'를 얻을 수 있어 春風, 東風에 新風을 하나 더 추가해도 무방하다. 앞서 '새'는 '*사리 / 서리'의 어형으로 소급될 수 있으며, 여기서 모음간 'ㄹ'이 탈락하면 '새 / 시 / 쇠'형이 된다고 했다. '새'는 방위로는 동쪽을, 시간상으로는 맨처음, 다시 말하면 새로운 시작을 나타낸다. 동쪽에서 해가 떠올라야 새롭게 하루가 시작되는 것으로 믿은 것이다.

샛바람이 일기 시작할 무렵에는 꽃샘바람 외에도 살바람, 소소리바람도 봄바람 계열에 포함된다. 추위가 미처 가시지 않은 초봄, 아직도 찬 기운이 사람의 살 속까지 파고들기에 살바람이며, 온몸에 소름이 솟기(돋기)에 소소리바람으로 이름한 것이다. 그러나 바람 이름의 멋(맛)은 뭐니뭐니 해도 꽃샘바람을 따르지 못한다. 살바람, 소소리바람이 보다 직설적인 호칭이라면 꽃샘바람이나 잎샘바람은 그보다 은유적이요 낭만적이기에 그러하다.

가을이면 봄과는 달리 서쪽으로부터 서늘한 바람이 불게 된다. 서

풍을 하늬바람, 또는 갈바람, 가수알바람이라 부른다. 하늘 높은 곳
으로부터 불어 오기에 '하늘〔天〕+의(관형격 조사)+ㅂ롬〔風〕', 곧 하
늬바람이요, 가을에 불어 온갖 곡식을 여물게 해 주기에 '가수알바
람>갈바람〔秋風〕'인 것이다. 혹자는 '하늬'란 말 자체가 서쪽을 뜻한
다고 하고, 또 '하늬'는 '크다'란 뜻을 나타내는 '하다〔大, 多〕'라는 말
이 명사화한 것이라 주장하기도 한다.

중국에서 西風이나 西北風을 天風이라 부른다. 이를 직역하면 '하
놀ㅂ롬'이 되어 쉽게 발음하여 '하늬바람'이라 하는 것이다. 따라서
西의 고유어가 하늬가 아니었고, 또 西風이나 南西風을 뜻하는 갈바
람의 '갈'도 그 자체가 서쪽을 뜻하는 우리말이 아님을 알 수 있다.
일부의 주장대로 터키 어의 'garb(西)'와 대응될 수 있을지는 모른다.
그러나 '갈'과 '가수알'이 동일 명칭으로 쓰인 것을 보면 이 말은 가
을〔秋〕이란 계절 이름으로 보아야 할 것 같다. 가을이란 명칭이 '가슬
/가실'로 소급될 수 있음은 앞 장에서 살핀 바 있다.

가을바람도 봄바람 못지않게 계절감에 따른 별칭이 많다. 가을 바
람은 그 강도가 약하여 옷깃을 날리는 정도로 솔솔 불기에 솔바람,
실바람이며, 늦더위를 식혀 주기에 선들/산들바람이다. "가을이라
가을바람 솔솔 불어 오니 푸른 옷은 붉은 치마 갈아입고서……." 많
이 듣던 가을 노래다. 그러나 이들 가을바람은 얼마 안 있어 초겨울
서릿바람에 그 자리를 내주어야만 한다.

"마파람에 게 눈 감추듯 한다."는 말이 있다. 음식 같은 것을 재빨
리 먹어 치운다는 뜻인데, 여기서의 마파람은 마주 선 채 부는 바람,
곧 남향으로 서 있는 사람의 이마에 부딪히는 南風이다. 마파람은 '마
/마ㅎ〔南, 前〕+바람〔風〕', 혹은 '마조/마주>맞〔對面〕+바람〔風〕'의 구
조로 분석된다. 우리의 경우, 생활 근거지가 되는 마을이나 가옥은 반

드시 남향이기 때문에 마파람(南風)은 정면에서 불어 오는 '앞 바람 (前風)'과 결과적으로 같은 말이다. 마파람의 '마-'는 이마(고어로 니마) 의 '-마'와 같은 뿌리로서 이를 속되게 일컫는 '마빡'이란 말에서 그 흔적을 찾는다.

철이 바뀌면 바람의 방향도 바뀌기 마련, 앞에서 불던 바람이 뒤에 서 부는 철이 있다. 곧 겨울로 접어들면 북쪽으로부터 된바람(뒷바 람)이 몰아치는 것이다. 된바람은 '되(北, 胡)+ㄴ(관형형 어미)+바람 (風)'으로 분석되고, 뒷바람은 '뒤(後)+ㅅ(사잇소리)+바람(風)'의 구조 이다. 예로부터 우리 민족은 북쪽 오랑캐를 '되놈, 된놈(北人, 胡人)'이 라 부르곤 했다. 민족의 이동 경로가 북에서 남으로 이어졌기 때문에 우리의 뒤쪽에는 위협적인 만주족이나 여진족이 살았다. 가옥 구조에 서도 화장실은 대개 집 뒤편에 위치하고, 인체에도 항문은 뒷쪽에 있 기 때문에 화장실을 '뒷간(厠間)', 그리고 변(便) 보는 행위조차 '뒤본 다'라 했던 것이다.

이상 언급한 바와 같이 '새-, 하늬-, 가수알>갈-, 마, 뒤-/되-' 따위 의 고유 풍명이 동서남북 방위를 나타내는 어사임을 안다면 섬이나 해변에서 뱃사람들이 말하는 풍명을 쉽게 이해할 수 있다. 곧 샛마가 동남풍이요, 높새가 동북풍, 갈마가 서남풍, 높하늬가 서북풍, 된새 가 북동풍, 된하늬가 북서풍을 지칭하는 것이다. 이 밖에도 등 뒤에 서 불어오는 '꽁무니바람', 이리저리 멋대로 부는 '왜바람', 추운 겨울 문풍지의 바람 구멍을 통해 들어오는 '황소바람', 못자리를 만들 때 실없이 부는 '피죽바람' 등등, 계절 감각을 나타내는 풍명은 얼마든지 더 있다. 이 중에서 피죽바람은 못자리를 설치할 무렵 이 바람이 불 면 흉년이 들어 쌀알로 끓인 죽은커녕 피(稷)로 끓인 죽도 얻어먹기 어렵다 하여 붙여진 이름이다.

우리 경제는 십여 년 전에 'IMF 寒波'라는, 매우 심각한 위기를 맞은 적이 있다. 흔히 북풍[朔風]이 차고 견디기 어렵다 하나 '외환 위기'라는 이 한파는 그보다 더 지독한 찬바람이었다. 위력으로 말한다면 이따금 미 대륙을 덮친다는 토네이도, 이른바 돌개바람에 견줄 만할까? 국가 경제는 '바람맞은[中風]' 환자처럼 운신이 어려워졌고 이웃 나라로부터도 바람맞은 신세로 전락되었다. 우리가 웬만큼 살게 되었다 하여 한때나마 마치 허파에 바람 든 사람처럼 허둥거렸던 것이 이처럼 모진 대가를 치르게 된 것이다. 그러나 우리에게는 신바람이란 비장의 무기가 있어서 그 돌개바람을 쉬 잠재울 수 있었다. 우리는 언제까지나 찬바람에 떨고 있을 연약한 민족은 아니었다. 예로부터 그보다 더한 바람을 맞은 바 있는 민족이었기에 그 바람을 뚫고 댓바람에 다시 일어설 수 있었다. 차가운 웃음을 짓던 이웃들에게 신바람의 가공할 위력을 유감없이 보여 주었던 것이다.

6) 땅 이름에 스며든 방위어

지명은 장소를 지칭하는 이름으로서 이를 통해 자연 환경을 대하는 조상들의 의식이나 정서의 일단을 엿볼 수 있게 한다. 지명 중에는 지형지물의 위치나 형상, 또는 그 특징을 나타내는 '자연 지명'과 함께 인문적 事象에 의해 지어지는 '인문 지명'으로 나뉜다. 조상들은 예로부터 자연과 더불어 살아 왔기에 우리의 지명은 당연히 자연 지명이 대부분을 차지한다.

자연 지명 중에는 지칭하고자 하는 곳이 한 기준점을 중심으로 어느 방향으로 향해 있는가를 나타내는 방위어가 많이 쓰인다. 이를테면 '안말/바깥골'과 같은 內外형 지명과, '윗말/아랫들'과 같은 上下형 지명, 그리고 '앞들/뒷산'과 같은 前後형 지명 등이 그런 예이다. 방위 관련 지명어는 현지명에서도 흔히 볼 수 있는, '새터/새말'과 같은 '新-'

자형 지명 못지않게 높은 빈도수를 보여 준다.

우리말에서 방위를 나타내는 어휘(方位語)라면 동서남북 4방위와 함께 상중하의 3방위가 대종을 이루지만 고유 지명 예에서는 이런 방위어를 찾아보기 어렵다. 동서남북, 상중하를 객관적 방위어라 한다면 전후좌우나 내외 따위는 명명자 중심이므로 주관적 방위어라 할 수 있다. 그런데 우리 지명어는 이처럼 전후좌우 또는 내외와 같은 주관적 개념의 방위어가 대종을 이룬다. 이는 지명 작명의 한 특성으로 그 지역에 살고 있는 주민들이 작명의 주체가 되기 때문이다. 말하자면 그들이 서 있는 지점에서 대상의 방위가 결정되기 때문이다. 따라서 땅 이름에 관한 한 방위어는 객관적인 그것과 반드시 일치하지 않을 수도 있다.

동서남북 4방위에 대한 인식이나 선호도는 지역이나 민족에 따라 각기 다르게 나타난다. 예로부터 우리 민족은 東과 南을 선호하고 대신 西와 北을 꺼리는 경향이 있다. 이런 전통은 북에서 동남으로 이주해 왔던 민족의 이동 경로와 관련이 있다. '東向 대문에 南向 집'은 예나 지금이나 우리가 가장 선호하는 주거 양식이다. 『東國與地勝覽』에 등제된 지명 예에서도 이런 사실은 입증된다. 곧 南山, 南川 및 東山, 東川의 '東南형' 지명이 이와 대칭되는 北山, 北川이나 西山, 西川의 '西北형' 지명에 비해 약 4배 가량 더 많은 분포를 보인다.

방위어로 지명을 대신할 때 호칭의 대상이 기준점에서 안쪽인지 바깥쪽인지가 우선적으로 고려된다. 여기서 기준점이라 하면 명명자가 서 있는 위치, 즉 그들이 살고 있는 집이나 마을이 되겠지만 때로 그곳이 특정 지형지물로 선정되는 수도 있다. 먼저 안[內] 형 지명 예부터 살펴보기로 한다.

'안-' 또는 '-안'으로 표현되는 안[內]형 지명은 호칭자와 가깝고 익숙한 곳이어서 가장 많은 분포를 보인다. 『한국 땅이름 큰사전』(한글학회)에는 전국적으로 약 4500여 곳에 달하는 안〔內〕형 지명이 수록되어 있다. 구체적으로 보면 안산〔內山〕이 1,100여 곳, 안들〔內坪, 內野〕이 400여 곳을 헤아린다. 또 洞名으로 쓰인 안골(꼴/굴)은 990여 곳, 안말〔內里, 內洞〕은 420여 곳을 비롯하여 안마을 / 안마실 / 안촌 / 안심 / 안터 / 안뜸 등이 골고루 분포되어 있다.

안〔內〕형 말고도 이와 유사한 '숩>속〔裏〕'이나 '가비>갑〔中〕'형이 선택되기도 하지만 빈도면에서는 안〔內〕형이 더 많다. 안의 상대어는 '바깥>밖〔外〕'이 되겠지만 실지 지명에서는 잘 쓰이지 않는다. 대신 비슷한 의미의 '가〔邊〕, 너머 / 건너〔越〕, 구석, 모퉁이〔方〕' 등의 지명어가 그 자리를 대신한다. 이는 발음상의 고려도 있겠으나 그보다는 대상 지역이 중심지에서 벗어나 있다는 의미가 더 강조되는 것 같다.

안말, 안골과는 달리 '-안'이 후부에 와서 '어디어디의 안'과 같이 지명 접미사로 쓰이는 예도 있다. 예컨대 대상 지역이 산의 안쪽이라면 모란(뫼〔山〕+안〔內〕)이라 부르고, 들 안쪽이라면 드란(들+안〔野內〕, 벌판의 안쪽이라면 벌안 / 발안〔坪內〕이 된다. 강이나 시내의 안쪽이라면 물안〔水內, 川內〕이요, 육지의 일부가 강이나 바다로 삐죽이 솟은 지형, 곧 고지>곶〔串〕의 안쪽이라면 고잔〔串內〕, 절벽의 안쪽이라면 별안, 또는 벼랑〔崖內〕이다. 마찬가지로 숲의 안쪽이라면 수반〔藪內〕, 솔 숲의 안쪽이라면 소라단〔松內〕, 성이나 궁의 안쪽이라면 성안〔城內〕이나 궁안〔宮內〕이 될 것이다.

안형 말고도 속 내지는 갑형도 자주 등장하는 지명이다. 전북 裡里(현 익산)의 전래 지명은 '솝니'였다. 속의 고형이 숩(기원형은 '*소비')이었으므로 '숩리>솜리>솜니'의 변화일 것이다. 이 밖에도 숩실〔內谷〕, 숩골〔內洞〕, 속말/송말〔內里〕' 등도 속형 지명이다.

현대어 '가운데'는 기원적으로 '*가비>갑[中]+ᄋ(어미)+디[處]'의 구조이다. 한가위의 가위나 기구 가위[箭]도 '가비>갑'의 파생어에 속한다. 경기도 江華의 옛 이름을 '甲比古次'라고 『三國史記』 지리지에서 적었다. 이는 '갑고지>갑곶'의 표기로서 '가운데 곶[中串]'이란 뜻으로 지금도 현지에서는 '가꾸지'라 부른다. 강화 섬이 한강, 임진강, 예성강의 세 강이 합류하는 한가운데 있었기에 붙여진 이름일 것이다. 이 밖에 '갑골[中谷], 갑산[中山], 갑말[中洞]' 등도 갑형 지명에 속한다.

안과 상대어는 밖[外], 그러나 이 말이 직접 지명에 사용된 예는 드물다. 어형이나 의미상으로도 '밖'이란 말을 꺼린다고 할까, 자신이 살고 있는 마을을 중심으로 그 내부(안[內]이나 속[裏], 또는 갑[中] 등)가 호칭의 주요 대상이 되는 반면 이를 벗어난 지역은 관심 밖에 있었기 때문이다. 굳이 외부를 나타낼 때는 '가[邊]'라든가 '너머/건너[越]'와 같은 유의어로 대용하였다. 먼저 가[邊]형 지명 예를 찾아보자. 주변에서 흔히 볼 수 있는 갓골[邊洞], 가실[邊谷], 갓산[邊山]이나 '갓-/가-'의 기원형이라 할 수 있는 가재/가좌/가새형이 바로 그것이다.

현대어 '-가'는 중세어 'ᄀᆞᆺ>ᄀᆞᆽ'으로 소급된다. 고대 국어가 기원적으로 開音節語였고, 또 어느 시기까지 'ㅅ'과 'ㅈ'이 변별되지 않았음을 전제하면 ᄀᆞᆺ의 기원형은 '*ᄀᆞ시>ᄀᆞᄉᆡ'였고 현대어에서도 그대로 쓰인다. 가장자리란 파생어를 비롯하여 방언에서의 '가새/가상(생)이/가재(잿)/가좌' 등이 그것이다. 현지명에서 가좌동이 그런 예로서 차자하여 '加佐/佳佐/佳士/加才/可尺' 등으로 표기된다. 이들은 대개 후대에 생긴 지명으로 기존 마을의 변두리에 있었거나 호칭되는 주요 지형지물의 가장자리에 위치한다.

山水를 경계로 일정한 공간을 두고 그 반대편 저쪽을 너머 / 너미라 이른다. 너머는 '넘다 / 남다'에서 파생된 전성명사, '뫼너미 / 무너미 / 무네미 / 무남미 / 물너미 / 물나미 등이 지명 접미어로 쓰인 예이다. 이를 한자로 표기할 때 水踰 / 水越 / 水南과 같이 '水-'로 차훈하는 관계로 후세인들은 비가 많이 왔을 때 물이 넘치는 곳, 또는 물 건너편 정도로 생각하기 쉽다. 그러나 지역에 따라 '물이 넘치는 곳[水踰]'도 있을 수 있으나 대개는 물과는 아무 상관이 없다. 무너미 / 무네미의 '무-'는 물이 아니라 산의 고유어 뫼의 변음인 것이다. 말하자면 무네미는 산 고개에 붙여지는 이름으로서, 산을 쉽게 넘을 수 있는 고갯마루[鞍部]의 이름이다. 따라서 '뫼너미 / 무너미'는 '모르>뫼[山]+넘-[越]+이(명사형 어미)'의 구조이다.

지명어에서 안팎 다음으로 많이 쓰이는 지명어에 上下형, 즉 '위·아래'가 있다. '윗말 / 웃말 / 윗골 / 웃골 / 웃각단 / 웃거리' 등과 이와 짝하는 '아랫골 / 아랫말 / 아래각단 / 아래거리'가 그것이다. 땅 이름에 동원되는 上中下 고유어는 역시 주관적인 방위 개념에서 비롯된 것이다. 윗골 / 웃말이나 아랫말 / 아랫골은 명명자가 위치한 기존 마을에서 어느 정도 벗어난 지역에 붙는다. 대개 우리의 남향인 취락 형태에서 윗쪽[上]은 북쪽 고지대가 되고, 아랫쪽[下]은 남쪽 강 하류 지역이 된다.

그런데 같은 고지대라 해도 '-골'형 이름과 '-말'형 이름은 취락지의 성격상 어느 정도 구분되었던 듯하다. 곧 '-말'형이 '-골' 형보다는 규모도 클 뿐 아니라 역할도 더 컸던 모양이다. 上下형 지명에서 윗골보다 '윗마을>윗말'의 분포가 많은 것도 이 곳에 인근 지역을 다스리던 관가가 있었기 때문이다. '마실 간다'는 말에서 보듯 '마실 / 마슬'이 본래 관청을 뜻하는 옛말임은 주지의 사실이다. 이처럼 관가가 고지대에 위치한 것은 외부 침입에 대한 방어 차원이었으리라 짐작된다.

'윗골 / 웃말'에서 북으로 더 멀리 떨어진 곳을 일러 '뒤-', 또는 '고마'라 했다. '뒤- / 고마'는 시야를 벗어난 지역에 붙는 이름으로 앞서 말한 너머 / 건너가 눈에 보이는 것과는 비교된다. '뒤'는 앞의 상대어로서 부수적으로 북의 방위어로 쓰였고, '고마' 역시 '니마>마'의 상대어로서 북의 지칭어로 쓰였다. 고려가요 動動에 나오는 '곰비, 님비'의 '곰-'이나 후처나 첩을 일컫는 고유어 '고마', 그리고 뒤꿈치, 발곰(꿈)치에서의 '-곰(꼼 / 꿈)'에서 그 흔적이다.

고마는 지명어로 쓰일 때는 말모음이 탈락한 '곰'형을 취하는데 일반적으로 마을을 둘러싼 뒷산이나 마을 뒤로 흐르는 하천을 지칭한다. 다만 곰〔後, 北〕형 지명이 한자로 차자 표기될 때는 좀처럼 본래의 어형을 드러내지 않는다. 말하자면 본 의미인 北이나 後를 취하지 않고 借訓으로 熊〔고마>곰〕을 쓰거나, 아니면 비슷한 음인 金이나 錦, 琴을 쓰는 것이다. 이런 현상은 지명 표기에서 이왕이면 뜻이 좋은 한자(嘉字라고도 칭함.)를 쓰고자 하는 현지민의 바람에서다. 우리가 잘 아는 金浦, 錦江, 熊津, 公州, 金馬 등의 유명 지명이 모두 그런 예라 할 수 있다.

현대인들은 자신이 거주하는 땅 이름의 속뜻을 알고자 할 때는 표기되는 한자어의 訓〔뜻〕에 구애되어서는 안 된다. 지명에 쓰인 한자는 고유 이름을 문자로 나타낼 때 차자표기 되었기 때문이다. 게다가 가능하면 좋은 뜻의 한자를 택하려는 경향이 있어서 지명 본래의 의미를 잃었기에 한자의 訓만으로 해석해서는 곤란하다. 다만 땅 이름에 나타나는 방위어는 우리 민족의 남행 이주에 기반을 둔 것으로, 주거지와 주택의 남향 선호 사상과 함께 背山臨水를 기본으로 하는 주거 형태에서 비롯되었음을 강조하고 싶다.

7) 가르치고 북돋우고

농사일이란 때맞추어 땅을 파고 부드럽게 흙을 고르고, 거기에 적절한 간격으로 씨앗을 뿌린다. 움이 돋기를 기다려 북을 돋우고 거름을 주고 김도 매어 주고……., 이런 일련의 작업이다. 지극 정성이 요구되는 이 같은 농사일은 가정 안에서도 동시에 진행된다. 곧 자녀를 낳아 키우면서 제대로 자라도록 가르치는 가정 교육을 이름이다. 농작물을 가꾸는 일이나 자식을 키우는 일이 전혀 다를 바 없다고 하여 예로부터 조상들은 '자식농사'라 부르기도 했다.

가르치다(중세어 ᄀᆞᆯ치다)란 고유어를 한자어로는 '敎育'이라 한다. 가르치다는 '갈다[耕, 磨]'와 '치다[育]'의 복합어이다. 교육이란 무엇인가, 가르치다는 말 그대로 원시 상태의 밭을 갈거나[耕作], 제멋대로 생긴 돌을 갈고[鍊磨], 가축을 치듯[養育] 정성껏 자식을 키우는 일이 아닌가. 가르치는 일, 곧 교육은 '사람에 있어 心田의 밭을 가는 쟁기질'에 다름 아니다. 이는 우리말뿐 아니라 영어에서도 마찬가지다.

영어의 agri-culture에서 culture가 본래 식물의 경작이나 재배, 또는 손질한다는 뜻이다. curture의 의미는 여기서 그치지 않고 인간의 품성을 높인다는 修養이나 敎養, 나아가 文化를 지칭하는 말로 발전한다. 말하자면 밭 가는 방식이 곧 세상사에서 삶의 방식이자 그것이 곧 인류의 문화란 것이다. 이처럼 교육이나 수양, 교양, 문화를 뜻하는 말이 모두 이 농사일에 닿아 있음을 알 수 있다.

일찍이 양주동(1966)에서는 'ᄀᆞᆯ치다'를 'ᄀᆞᆯ / ᄀᆞᆯ[分析, 指摘, 言表]＋치(강세 접미사)＋다(어미)'로 분석한 바 있다. 혹은 '갈'을 말[言語] 그 자체의 의미로 보기도 하나(서정범, 2000) 전술한 바와 같이 이 말은 농사일과 관련지어 경작과 양육의 의미로 봄이 옳을 듯하다.

농사를 짓는다는 **짓다**처럼 우리의 농경 용어를 잘 대변하는 말도 드물다. 짓는 일은 농사만이 아니다. 집도 짓고 옷도 짓고 밥도 짓고, 게다가 글까지 짓는다고 한다. 그러고 보면 인간사의 衣食住 전반에 걸치는, 그야말로 모든 생산과 창조 행위가 바로 이 '짓다〔作〕'라는 말 속에 포용된다. 나아가, 짓는 일은 끊임없이 살아 움직이는 인간 행위 그 자체이기도 하다. 한자 作을 파자해 보면 '사람〔人〕이 잠시〔乍〕도 쉬지 않고 무엇인가 만드는 행위'를 나타낸다. '망치질, 쟁기질, 몸짓, 손짓"의 예에서 보듯 행위나 습관을 나타내는 접미사 '-질/ -짓'이 이를 잘 대변해 준다.

동사 '짓-〔作〕'과 명사 집〔家〕과의 어원 관계도 결코 예사롭지 않다. 아마도 '짓-'이란 동사 어간이 그대로 명사로 굳어진 형이 '집'이 아닐까 싶다. 물론 집의 어원에 대한 다른 주장이 없었던 것은 아니다. 예전에 집은 반드시 풀로 지었기에 고유어 '딥{딥· 草, (初上 22), 뒤· 茅 (解例 用字)}'의 구개음화형이라는 주장도 있다. 또는 「內訓(1:77)」에 逆家를 '어즈러운 짓'이라 훈했음을 근거로 현대어 집은 '짓'에서 나왔고, 짓은 다시 '깃〔巢〕'으로 소급되어 구개음화한 형이라고도 한다 (정호완, 1991).

어떻든 '짓'은 사람에게도 붙어 **지아비, 지어미**와 같은 부부 호칭어로도 쓰인다. 지아비가 노래하면 지어미도 이에 장단을 맞춘다는, 夫唱婦隨란 한자숙어도 남편과 아내가 함께 농사일에 종사한다는 의미로 해석될 수 있다. 농사일은 궁극적으로 초목에 열매를 맺는 일이다. 그래서 농사짓다란 말을 예전에는 '**여름짓다 / 녀름짓다**'라 하였다. 아울러 농사꾼〔農夫〕을 일러 '여(녀)름지슬(슬)아비'라 부른 것이다.

북돋운다란 말도 농사일에서 비롯되었지만 마찬가지로 교육 분야에서도 그대로 적용된다. '북'은 초목의 뿌리를 덮고 있는 흙덩이를 지칭한다. 한자말 栽培의 '培'에 해당하는, 북을 돋우는 일은 모든 농작물에서 밑동에 붙은 흙을 긁어 모아 양분이 골고루 퍼지게 하고, 또 작물이 바람에 쓰러지지 않게 막아 주는 일이다. 이는 곧 자식이 잘 자랄 수 있도록 곁에서 뒷바라지해 주고 때로 힘과 용기를 불어 넣는 일과 결코 다르지 않다.

앞에서 계절명을 비롯하여 철 따라 부는 바람의 이름 역시 농사일과 관련된다고 했다. 농사일을 계절풍에 맞추면 다음과 같은 표현도 가능하다. 샛바람 부는 봄에 씨를 뿌리면 마파람 부는 여름에 열매를 맺는다. 이를 갈바람 부는 가을에 거두어 된바람 부는 겨우내 갈무리해 두고 이를 먹으며 집안에 계신다. 앞서 계절명의 풀이에서 새싹을 보기에 '봄'이요, 열매를 맺기에 '여름'이며, 그것을 가실(추수)하기에 '가을'이며, 집에 계시기에 '겨울'이라고 했다. 이 해석이 꼭 맞는 것은 아니지만 어떻든 우리의 계절명은 농사일을 떠나서는 그 해석이 불가능하다.

'북돋우다'처럼 일상 쓰는 말 중에서 농사일과 관련된 용어를 더 찾아보도록 한다. '가실할(가을걷이, 秋收)' 때 흔히 찧고 까분다는 말을 쓴다. 현대어에서는 경솔히 처신한다는, 별로 좋지 않은 의미로 쓰이지만 그러나 본래는 거둬들인 곡식을 절구통이나 확에 넣어 찧기도 하고, 또 키[箕]에 담아 까분다는 데서 유래한다. '찧다'가 곡식의 껍질을 벗긴다는 뜻에서 비롯되었지만 이 말은 절구나 방아를 찧는 데만 국한되지 않는다. 그럴 듯하다면서 고개방아를 찧기도 하고, 보다 적극적으로 맞방아를 찧고, 글을 쓰면서 붓방아를 찧고, 다리를 헛디뎌 엉덩방아를 찧기도 한다. 이 중 붓방아 찧는다는 말은 참 운치 있는 표현이다. 글을 쓸 때 얼른 생각이 떠오르지 않아 공연히 붓만 대었다 떼었다 함을 이르는 말인데, 글 쓰는 이들의 고뇌를 잘 표현한, 참으로 적절한 표현이다.

추수하는 일과 관련된 용어에서 '~친다'란 말도 자주 등장한다. '친다'라고 하면 '팽개친다, 평미리친다, 헹가레친다'는 이른바 '-치다'류 동사가 그것이다. 하던 일을 중도에서 포기한다는 팽개치다는 본래 '팡개질'에서 나온 말이다. '팡개'는 곡식이 여물 무렵 새를 쫓는 데 사용하는 대토막, 이를 한 끝을 네 갈래로 쪼개어 작은 막대를 물려 동였다. 이것을 논바닥에 꽂았다 빼면 그 틈새로 흙덩이가 끼이는데 이를 휘두르면 흙덩이가 튕겨 나가면서 새를 쫓게 된다.

평미리치다의 '평미리(레)'는 됫박에 담긴 곡식을 평평하게 고를 때 사용하는 방망이를 가리킨다. 농가에서 곡식의 분량을 잴 때 대체로 두 가지 방법을 사용한다. 하나는 고봉(高捧)이라 하여 기준으로 삼는 그릇(되나 말)에 낟알을 수북이 담는 경우와, 다른 하나는 평미리칠 때처럼 방망이로 깎아서 담는 방법이 그것이다. 현대어에서 '평미리친다'는 말은 '매사를 공평하게 처리한다.'는 뜻으로 쓰인다. 전술한 쬘고 까불다나 팽개치다는 오늘날 부정적 의미로 쓰이지만 평미리친다는 말은 좋은 의미로 쓰여 그나마 다행스럽다.

헹가래친다는 말도 역시 좋은 의미로 남아 있다. 운동 경기에서 이긴 선수들은 자신을 지도한 감독이나 코치를 하늘 높이 쳐들어 헹가래침으로써 기세를 올리고 승리의 기쁨을 만끽한다. 헹가래는 '헛가래'란 말의 변음이다. 헹가래질은 농사철을 맞아 가래로 흙을 파기 전에 빈 가래로 서로 손을 맞춰 보는 일이다. 가래질의 예행 연습이랄수 있는, 헹가래질은 '헛[虛]+가래(농기구)+질'의 구조로 분석된다.

사람을 높이 들어 올릴 때 거기 참가하는 사람들의 호흡이 맞아야 하는 것처럼 가래질에도 손발을 맞추어 보는 사전 연습이 필요하다. 헹가래는 많이 쳐야 하고 헹가래칠 일이 많으면 많을수록 좋을 것이다. 운동 경기에서도 그렇지만 개인 생활이나 사회 생활에서도 역시 그러하다. 한 사회가 발전하기 위해서는 자라나는 새싹들을 부단히 가르치고 북돋워 주어야 한다. 뿐만 아니라 만인이 더불어 잘 살기 위해서는 제 여건이 평미리쳐져야 하고, 이웃이 좋은 일을 했을 때는 그를 헹가래쳐 주어야 하는 것이다.

집에서 기르는 똥개 이름까지도 이 농사일과 관련된다. 최근에는 개 이름도 서구식 이름 일색이지만 과거 한국의 개는 대개 바둑이라 불렀다. 바둑이는 바둑판[碁]을 말한다. 개의 대명사 바둑이는 털 무늬가 희고 검은 바둑판 모양을 하고 있기에 붙여진 이름이다. 바둑[圍碁]이란 말도 '밭[田]+독/둑[石]'의 변음으로 이 말 역시 농경문화의 소산이다. 일설에 의하면 바둑이 '排+돌[石]'이나 '밭[石]+옥(접미사)'의 구조로 보기도 하나 밭[田]에다 희고 검은 돌을 차례로 놓아간다 하여 붙여진 이름으로 보아야 한다.

우리는 유별나게 좋은 맛을 나타낼 때는 고소한 맛을 들먹인다. '꿀맛'이 서구 유목민들의 것이라면 깨소금이나 참기름에서 맛볼 수 있는, 그 고소한 맛이 바로 농경민들이 느낄 수 있는 최고의 맛이다. 고수레란 짧은 외침에서도 농경문화의 흔적을 찾는 이가 있다. 야외에 나가 음식을 먹거나 무당이 푸닥거리할 때 음식의 일부를 떼서 귀신에게 바칠 적에 흔히 고수레, 또는 고시레라고 외친다. 일종의 주문이라고 할 수 있는, 이 말이 그 옛날 인간에게 불을 얻는 방법과 농사법을 가르쳐 주었다는, 고시(高矢)씨에 대한 감사의 표시라 한다. 고시/구시/고수가 신에 대한 고유 호칭어란 설도 있고 보면 이 해석을 단순히 민간어원설이라 치부할 수만은 없을 것 같다.

2. 원시 종교의 영향

1) 끼와 신, 그 무한대의 잠재력

바람 난 여자보다 바람기 있는 여자가 더 매력적이라는, 어떤 수필가의 글을 읽은 적이 있다. 두 말은 서로 비슷한 듯하지만 곰곰이 따져 보면 풍기는 맛이 사뭇 다름을 알 수 있다. 바람이 들어 이미 김이 새어 버린 여자와, 장차 바람을 피워 끼를 발산할 가능성이 있는 여자와는 구분되어야 한다. 이 두 여성은 눈빛이나 몸짓부터가 전혀 다를 것이다. 어떻든 바람과 짝을 이루는 '기(혹은 '끼')'가 있고 없고에 따라 이처럼 큰 차이를 나타내는 것이다.

'끼'란 무엇인가? 요사이 연예가 일각에서 '끼가 있다, 끼를 발휘한다, 톡톡 튄다, 뜬다'는 표현이 유행한다. 예전 같으면 부정적으로 인식될 법한, 이런 언사들이 요즘은 연예계 지망생들에게는 그렇게 듣고 싶어하는 말이 되었다. 어디 연예계뿐일까. 전문인을 요구하는 현 사회에서는 어느 분야든 끼 있는 사람이 대접 받게 되어 있다. 하긴 사람은 천부적으로 끼가 있어야 튈 수 있고, 튀어야 주변의 이목을 끌어 잠수함이 수면 위로 부상하듯 언젠가 뜰 수가 있을 것이다.

바람기라고 할 때의 접미사 '-기'는 어떤 기질이나 낌새를 뜻한다. 통상 경음화 된 '끼'로 발음되는 이 말은 어떤 일을 잘 할 수 있는 잠재된 능력, 또는 그 일을 해내는 데 필요한 에너지라 정의할 수 있다. 이 말은 접미사만이 아닌 자립 명사로도 손색이 없을 듯하다. 또한 이 말은 연예계나 예술계 같은 특정 분야만이 아니라 평범한 개인은 물론 집단이나 민족에 이르기까지 두루 쓰일 수 있다고 본다.

따라서 어려운 여건 하에서도 경제적 기적을 이룩한 우리 민족을 '끼 있는 민족'이라 규정해도 좋을 것이다. 인종적 체질 특성으로 보아 한국인의 대뇌 구조는 우측 대뇌 반구형이라 한다. 오른 쪽 대뇌가 발달하면 이성적이라기보다는 감성적이라는 특성을 지닌다. 유독 인정 많고 열정적인 우리 민족성이 이런 체질 특성에서 기인한다면 우리는 선천적으로 끼를 타고 난 민족이라 해도 좋을 듯하다.

끼로 발음되는 '기'는 기운을 뜻하는 한자어 氣에서 유래한 말로 생각하기 쉽다. 국어 사전에도 '끼'라고 하면 때[時]나 끼니[朝夕飯]를 언급하고 있을 뿐, 숨은 잠재력으로서의 끼는 무시되고 있다. 필자는 끼가 한자 氣와는 상관 없는 별개의 고유어로 보고자 한다. 그 근거로 '안개가 끼다, 서리가 끼다'에서 보듯 '퍼져서 서리다'라는 뜻의 동사 '끼-'와, 낌새가 있다고 할 때의 낌에서 찾는다. 낌새의 '낌-'은 '끼+ㅁ'의 구조로서 어떤 일이 일어날 수 있는 야릇한 기틀이나 눈치, 곧 한자어 機微(혹은 幾數)와 유사한 말이다.

고유어 끼가 겉으로 드러나지 않는, 내재된 잠재력을 뜻한다면 한자어 氣나 機微란 말과 크게 다르지 않다. 그래서 이런 의미상, 발음상의 유사로 인해 이 말의 어원을 한자어에서 찾게 된 것이 아닌가 한다. 게다가 '바람기'란 말에서는 끼(기)가 통상 '바람'과 함께 쓰이다 보니 단순히 들뜬 마음이나 불순한 행위로만 생각하게 된 것 같다. 그러나 끼의 본래 의미는 앞서 본 바처럼 타고난 능력을 찾아 그것에 몰입하여 끝까지 추구한다는 좋은 의미를 가진 말이다. 특히 요즘처럼 한 분야에 철저한 전문인이 요구되는 시대에는 더욱 그러하다.

우리는 어릴 적부터 "할 때는 하고 놀 때는 놀아라."라는 말을 들으며 자랐다. 여기서 말하는 놀다는 물론 쉰다는 뜻이다. 곧 놀이[遊戱]만은 아닌, 아무 일도 하지 않는 상태를 나타내지만 '놀-'의 진정한 의미는 좀 다른 것 같다. 놀이나 노래의 기원어이기도 한 '놀-'의 본뜻은 윷놀이를 할 때나 무당이 굿을 할 때의 '한판 놀았다'는 표현에서 찾는다. 악기를 연주하는 사람의 표정이나 노래를 부르는 가수의 몸짓에서 우리는 바로 푸닥거리하는, 신들린 무당의 '노는' 모습을 볼 수 있다. 평소의 몸짓이나 표정은 간 데 없이 전혀 딴 사람이 되어 어떤 경지에 든 것 같은, 그야말로 '놀고 있는' 모습 그대로이다. 때론 눈을 까뒤집기도 하고, 때론 일그러진 얼굴로 악기 연주에 몰입하는, 이를테면 정경화나 장한나의 표정에서 우리는 '끼'나 '놀'의 진정한 의미를 찾는다.

끼와 가장 가까운 말에 신이나 신명을 들 수 있다. '신나다, 신바람 나다, 신이 있다, 신들다'라고 할 때의 바로 그 신이다. 신은 어떤 일에 정신이 쏠리거나 흥이 나게 되어 마음속에 일어나는 재미나 기분이라 정의된다. 그런데 사전에는 무당이나 靈이 통하는 사람에게서 볼 수 있는 '신(이) 내리다'나 '신(이) 지피다'라고 할 때의 신을 따로 구분하여 한자어 神에서 온 것으로 보고 있다.

앞서 언급한 끼와 氣의 관계처럼 우리말 신과 한자어 神과의 관계도 문제가 된다. 곧 한자어에서 유래한 말로 볼 수 있기 때문이다. 그러나 신과 神 역시 의미상, 발음상 우연의 일치로 보아 신바람의 신이나 내리는 신이나 같은 고유어로 보고자 한다. 우리말 신, 또는 신명은 분명 어떤 일에 정신이 팔려 흥이 난 상태를 이른 것이지만 한자말 神은 절대자나 귀신을 지칭한다. 또 神明이란 말은 신바람의 신이 아니라 하늘과 땅에 있는 모든 신령을 통칭한다.

신이나 끼가 많아서 그런지 한국인처럼 종교적인 민족도 드문 듯하다. 우리 나라를 다종교 공존 사회의 표본이라고 말하는 사람도 있다. 그도 그럴 것이 기존의 원시종교(巫俗)를 바탕에 깔고 동양의 儒佛道 3교와 서구의 기독교와 함께 여기에 고유 및 신흥 종교와 사이비 종교에 이르기까지 종교 인구가 가히 전체 인구를 능가할 지경이다. 우리가 이처럼 종교적 민족이 된 데는 그만한 요인도 있을 터이다. 종교란 원래 죽음의 공포나 삶의 불안정으로 인한 절대자의 의존도에서 기인한다. 우리의 경우, 지정학적인 숙명론이나 약소 민족이 갖는 안보상의 불안감, 거기다 감성적인 민족성도 큰 몫을 차지한다.

그러나 무신론자를 포함한 어떤 고등 종교의 신봉자들도 고래의 샤머니즘만은 버리지 않는다. 현대를 살아가는 우리의 일상에도 그 밑바닥에는 무속의 흔적이 무수히 깔려 있음을 본다. 최첨단의 신형 컴퓨터를 들여 올 때도 고사 의식을 치름이 예사로 되어 있다. 이사나 여행, 혼사 같은 주요 행사에는 반드시 '손' 없는 길일을 택한다. 해마다 정초가 되면 재미삼아 토정비결을 보고, 가정에서는 저마다 고유의 **지킴이**[靈物]를 모시며, 장승이나 당산나무, 성황당이 그들이 사는 고을을 지켜 준다고 믿는다. 지역에 따라 임산부가 해산을 하면 그 집 대문에 금(禁)줄('인줄'이라고도 함)을 걸어 부정을 막는다. 보통 금줄은 왼쪽으로 꼰 새끼줄에 붉은 고추와 타 버린 숯, 그리고 상록 침엽수인 솔가지 등을 끼워 악귀의 해코지로부터 어린 생명을 보호하고자 한다.

사람은 누구나 신이 나고 신이 내릴 수도 있지만 그 중에서도 직업적, 전문적으로 신을 맞이한(接神한), 그래서 신과 인간 사이를 중재하는 사람을 일러 **무당**(shaman)이라 부른다. 무당을 한자말로 '巫', 또는 '巫人, 巫女, 巫覡 또는 단골, 심방'이라고도 하며, 특히 남자 무당을 일러 '覡', 또는 '박수'라 한다. 무당이란 말은 두말할 나위 없이 한자어 巫堂에서 왔으나 이 역시 고유어로서도 그 어원을 찾을 수 있다. 계통적으로 만주어 mudan(音, 聲, 響)과의 연결도 가능하고, 또 우리말 '묻[問, 혹은 語]+앙(접미사)'의 구조로도 볼 수 있다. '박수' 역시 알타이 제어에서 智者를 뜻하는 'baksi'에서 그 기원을 찾을 수 있고, 우리 방언에서 무당을 '물어 보는 자'란 뜻에서 '묻그리', 또는 '무꾸리'라 불리는 데서도 설명된다.

무당 중에서도 한 집단을 대표하는 최고의 무당이 고대 사회의 통치자였음은 주지의 사실이다. 한민족의 시조 단군이나 신라 초기의 왕칭호인 居西干이나 次次雄도 제사장을 이르는 호칭이었음이 분명하다. 이들에 대해서는 지금까지 많은 연구가 있었으나 아직 정설로 굳어진 것 같지는 않다. 다만 居西干의 居西는 신을 뜻하는 'kVsV'형 어사의 표기로 볼 수 있고, 次次雄혹은 慈充은 현 용어에 쓰이고 있는 스승이나 중이란 말에서 그 어원을 찾을 수 있을 듯하다.

현대는 과거처럼 특별한 사람만이 무당이 되는 건 아니다. 누구든지 한 가지 일에 몰입할 수 있고, 끼 있고 신명 많은 사람이면 언제든지 무당이나 박수가 될 수 있다. 신이 날 때 그 신이 몸에 내리기만 하면 절로 무당이 되는 것이다. 우리 민족처럼 춤과 노래를 좋아하고 절로 흥을 잘 내고, 또 신이 잘 내리는 민족도 드물 것이다. 우리는 곧잘 춤과 노래로 저 심령의 밑바닥에 숨어 있는 신을 청하고, 그 신명과 끼를 풀어냄으로써 삶의 지평을 넓혀 온 것이다.

2) 은혜와 기원의 말씀

"범사에 감사하고 쉬지 말고 기도하라." 너무나 유명한 성경의 한 구절이다. 종교가 있고 없고를 떠나 누구나 일상에서 새겨야 할 좋은 말씀이다. 다만 이 명언을 우리말로 옮길 때 처음부터 쉬운 고유어를 썼더라면 하는 아쉬움은 있다. 사전에도 없는 '범사'란 용어부터가 마음에 들지 않는다. '모든 일'이라고 옮겨도 무난할 것을 굳이 한자어를 끌어 쓸 필요는 없었다. 굳이 한자어를 써야 했다면 '매사' 정도가 될 것이지 '범사'란 말은 아무래도 생소하다. 또한 그 뒤에 이어지는 '감사'나 '기도' 역시 한자말이다.

謝意를 표하는 우리 인사말에 '고맙습니다'와 '감사합니다'의 두 종류가 공존한다. 전자 고맙다가 고유어라면 후자 감사하다는 한자말이다. 똑같은 의미의 두 말이 공존하다 보니 어떤 이는 엉겁결에 '곰사합니다'는 말이 튀어나왔다고도 한다. 최근 일반인을 상대로 두 말의 빈도수를 조사했더니 단연 한자말 사용이 우세하였다 한다. 이 중 '감사합니다'는 중·장년층에서 많이 사용되고, 이를 선호하는 이유도 고유어보다는 점잖고 고상하게 느껴지기 때문이라 한다. 과연 그럴까? 필자는 한자말 사용자가 우리말 '고맙습니다'의 어원을 알게 되면 그런 인식은 바뀔 것이라 생각한다.

　고맙다의 어간 '고마-'는 예사로운 말이 아니다. 인간의 것이 아닌 신의 것, 곧 신령에 대한 경외의 표현이다. '고맙다'는 '고마[神, 敬]＋ㅂ(접사)＋다(어미)'의 구조, 곧 '고맙습니다'의 고형이 '곰업습니다'인데 여기서 '곰업다'는 '신령스럽다, 신령의 은혜를 입었습니다'라는 뜻으로 해석된다. 부언하면 은혜의 대상이 인간이 아니라 위대한 존재에 대한 외경의 표시인 것이다. 따라서 우리말 '고맙다'는 영어 인사말 'Thank you'와는 그 격을 달리한다. Thank you는 단순히 '감사합니다'에 해당된다면 '고맙습니다'는 'Thanks God!'이나 'God bless you!'쯤에 해당한다고나 할까? 다시 강조하건대 고맙다의 어간 고마는 바로 신, 또는 신령을 뜻하며, 여기서 파생한 동사 고마ᄒ다는 '공경한다'는 뜻에 다름 아니다. 옛 자전에 나오는 '고마 敬, 고마 虔, 고마 欽'이라는 훈이 이를 잘 증명한다.

　'기도', '기원'이란 말도 역시 한자말이다. 여기 해당하는 우리말이 빌다와 바라다일 것인데, 이 말의 본뜻이 그저 빌어먹고 공짜나 바라는 것으로 쉽게 생각해서는 안 된다. '빌다, 바라다'는 한자어 '기도, 기원'에 못지않게 깊은 속뜻이 있다. 우선 '빌다'의 속뜻부터 캐내 보기로 한다.

　"비나이다 비나이다, 천지신명께 비나이다. 우리 천씨 장손 수명 장수케 해 주시고……."

　생일날 아침, 필자의 할머니께서는 정화수가 놓인 생일상 앞에서 두 손바닥에서 싹싹 소리가 나게 빌면서 이런 식의 축문을 외우셨다. 출산일이나 생일뿐만이 아니라 선인들은 평생을 두고 천지신명께 복을 빌면서 기원 속에서 살아왔다. 어떤 이는 말하기를, 기도는 인간의 호흡이요, 신에게 나를 붙들어 매는 일이라고 했다. 비는 일, 기도에 관한 한 우리는 어느 민족에도 뒤지지 않을 것이다.

빈다 / 빌다의 정확한 의미는 무엇일까? 이 말 속에는 소망하는 일이 이루어지기를 바라는 것 이외에도 잘못한 일에 대한 용서, 없는 것을 채워 달라는 구걸, 또는 돌려주기로 하고 잠시 빌려 오는 것 등의 많은 의미가 수용된다. 우리의 삶이 늘 기원 속에서 살아왔기에 이처럼 '비다'(기본형은 빌다)의 의미 영역이 넓어진 것이다. '빌다'는 그 자체가 인간적인 행위이자 아울러 가장 종교적인 언어다. 전지전능의 절대자에게 인간적 한계와 무능을 실토하고, 인간이기에 저지를 수 있는 잘못에 대한 용서를 구함이 바로 '비는 일'이기 때문이다.

'빌다'는 또한 '비다, 비우다(空, 無)'란 의미로도 쓰인다. 이 말의 밑바탕에는 절대자에 대한 인간의 무소유, 무능, 무기력의 솔직한 고백이 담겨 있다. 세상 사람들은 어떤 일에 앞서 곧잘 마음을 비운다고 말하곤 한다. 다분히 상투적 표현이긴 하나 인간적 욕심을 버리고 無心의 경지에 들어 최선을 다하겠다는 결의를 보이는 말이다. 이는 곧 인간적인 것의 무가치함이나 공허함이 전제되어 있다. 色卽是空이라 하여, 보이는 현상계는 모두 '빈 것(空)'이라는 불교의 가르침과도 상통한다.

바라다라는 말의 의미도 결코 단순하지 않다. '바라다'는 '원하다, 기대하다'는 뜻 이외에도 바라보다와 동의어로서, '의지하다, 곁따르다'라는 뜻까지도 포괄한다. 바라고, 바라보는 것은 한 마디로 말하여 어떤 대상과 마주하는 일이다. 서로 다른 방향을 보거나 아예 등을 돌리는 경우를 생각해 보면 바라다의 뜻이 한결 명료해진다. 어떤 이는 사랑을 정의하기를 "사랑은 서로 다른 두 사람이 한 방향을 바라보는 것"이라 했는데, 이는 참 멋진 표현이다. 인간이 한마음으로 어딘가를 바라본다면 그 곳은 과연 어디일까? 두말할 나위 없이 세상 사람들이 온갖 정성을 다해 비는 대상, 곧 전지전능한 신(절대자)일 것이다.

유한 존재 인간이 무한적 존재인 신을 바라보고, 바라고, 따름은 지극히 당연하다. 이를 우리말에서는 바라다니다(중세어로 '바라돈니다')라 표현한다. '곁따라 다닌다'와 동의어인 '바라다니다'는 신에 대한 인간의 태도와 자세를 나타낸다. 그래서 '사랑은 바라다니는 것'이란 정의도 가능하다. 이와 비슷한 표현으로 알음이란 고유어도 있다. 알음이란 신의 보호나 그 보호로 인한 보람을 일컫는다. 이 말의 본뜻을 인간관계에서 형성되는 친분으로 알기 쉬우나 실은 신령의 은혜를 나타내는 말이다. "고맙습니다. 그대에게 알음이 있기를 바라오." 정초와 같은 명절에 가까운 이웃끼리 이런 인사를 나눔이 어떨까 한다.

3) 절대자와 귀신의 호칭

원시종교의 기원에 대해서 생각해 본다. 일반적으로 말하기를, 원시종교의 발생은 지상에 있는 모든 존재는 살아 있고 의식이 있다고 믿는 精靈觀(animism), 그리고 특정 동식물을 신성시하여 한 집단의 상징으로 삼는 토테미즘(totemism)과 이와 관련된 禁忌(taboo)에서 유래한다고 한다. 무속신앙이라 불리기도 하는 원시종교는 현재의 고등종교와는 달리 선악에 대한 개념도, 내세에 대한 기원도 없으면서 유일신이 아닌 다신론에 그 기반을 둔다. 우리 민족의 무속신앙도 이같은 보편적 범주를 벗어나지 않을 것이다.

우리 조상들도 태고적부터 많은 신을 모시고 살았다. 그런데 그 옛날 신, 또는 귀신이란 한자말이 들어오기 이전에는 어떤 말이 쓰였을까를 생각해 본다. 앞서 신, 신령을 뜻하는 고유어 **고마**에 대해서 언급한 바 있다. '고마>곰'은 비단 神만이 아니라 '뒤〔後〕'나 '북(北)'을 가리키는 방위어로도 쓰였다. 이들 사이가 동음이의어 관계인지, 혹은 의미의 분화나 轉移 현상인지는 분명하지 않다. 어떻든 고마는 고대 북방 민족의 '곰〔熊〕 토템설'과 관련하여 '고마ᄂᆞᄅ>熊津'와 같은 지명 예에서 보더라도 神을 뜻하는 말임은 확실하다.

고마 이외에 고시 / 구시도 신이나 귀신을 뜻하는 말로 쓰였다. 현대어 '굿'이 이 '고시 / 구시'의 흔적이라 생각된다. 무당이 귀신을 향해 치성드리는 일련의 행위를 '굿'이라 하고, 그 현장을 '굿판'이라 한다. 굿의 본 어형은 두 음절(예컨대 '구시 / 고시 / 거시' 정도의) 'kVsV'(여기서 V는 재구하기 어려운 모음)이라 추정된다. 중세 문헌에 보이는 '굿거시>굿것'은 귀신이나 도깨비를 뜻하는 말로서 여기서 굿거시는 동일어의 중복 표기이다.

굿의 기원을 알려 주는 문헌 기록이 있다. 『三國志』魏志 東夷傳에 나오는 부여의 迎鼓나 고구려의 東盟, 예의 舞天과 같은 제천의식도 일종의 굿판이라 추정된다. 이후 굿에 관한 직접적인 기록은 이규보의 『東國李相國集』에 수록된 장시 「老巫篇」에서 상세히 드러난다. 신들린 무당이 拱手를 내리고 펄펄 뛰는 행위 등의 묘사는 오늘날 중부 지역에서 볼 수 있는 무속 행위와 유사하다. 그렇다면 오늘날과 같은 祭儀 형식은 적어도 고려 이전에 형성되었을 것이다.

식사 때 귀신에게 먼저 음식을 떼어 주면서 외치는 **고수레 / 고시레 / 고스레**도 굿, 굿것 의식과 관련된다. 서정범(1986:203)에서 이 둘의 관련성을 인정하면서 굿은 복이나 행운을 가져다주는 신이라 하였다. 여기에 덧붙여 고대 고유명사 'kVsV'형 어사도 이와 관련이 있다고 본다. 가야국에서 시조를 맞이할 때 불렀다는 龜旨歌(迎神君歌), 그의 탄생지 龜旨峯의 '龜旨'와, 초기 신라의 왕칭어 居西干의 '居西'가 다 같이 이 어형의 차음 표기이다. '거서 / 거시 / 구시 / 고시' 정도로 발음 되었을 이 말이 바로 신의 호칭으로 보기 때문이다.

'고마, 구시 / 거시' 외에 삼이란 말도 신을 칭하는 고유어에 포함시 키고자 한다. 예로부터 생명 탄생의 주관자로 믿고 있는 삼신할머니 의 '삼-'이 바로 그것이다. 임산부가 해산 기미를 보이면 그 집안의 연장자(대개는 할머니)는 산모의 머리맡에 삼신상을 차려 놓고 삼신풀 이로 새 생명의 명운을 빈다. 삼신이란 말은 역전앞과 같은 고유어와 한자어의 중복이다. '삼=神'에서 보듯 삼신의 '삼'은 그 자체가 신을 지칭하는 말로서 무당〔司祭〕을 뜻하는 만주어 saman의 'sam'이나 일 본어 sama(神)와 비교된다. 각종 문헌에서 삼신을 한자어로 '産神' 또 는 '三神'으로 적기도 하는데 이는 어형의 유사로 인한 부회라 여겨 진다. 여기서 전자 '産神'은 한자의 뜻에 이끌린 표기이며, 후자 '三 神'은 우리의 건국신화에 나오는 桓因, 桓雄, 桓儉의 세 신을 염두에 둔 표기일 것이다.

신은 절대자로서의 神과 다신교에서 말하는 雜神, 그리고 死者의 혼령을 칭하는 鬼神으로 나눌 수 있다. '고마, 거시 / 구시, 삼'은 절대 자로서의 신을 전제한 것이지만 앞서 말한 대로 원시종교로서의 보편 성을 넘지 못한다. 다만 잡신이나 귀신, 그 중에서도 산 사람에게 해를 끼치는 악귀와는 구분되어야 하고 실지 호칭상에서도 구분된다. 인간 이 가장 꺼리고 두려워하는 것은 살이나 액, 또는 손과 같은 악귀일 것이다.

살은 독하고 모진 귀신의 독기로서 사람을 해치고 물건을 깨뜨린다 고 믿는다. '살이 가다, 살이 돋다, 살이 끼다, 살을 맞는다'라고 하면 이런 독기가 사람에게 붙는 경우를 이름이다. 흔히 역마살이 끼거나 과부살이 낀다는 것이 그런 예로서 이처럼 살은 한 개인의 운명을 좌우하기도 한다. 게다가 재수 없는 사람은 갑작스럽게 살을 맞을 수도 있다. **급살 맞는다**란 말이 바로 그것인데, 한자어 '急煞'은 다름 아닌 '죽음'을 뜻한다.

인간은 살의 횡포에 두려움을 느끼고 어떻게 하면 그것으로부터 벗어날 수 있을까 온갖 방안을 다 짜낸다. 그 결과 호시탐탐 인간을 노리는 살을 직접 막기는 어렵고 대신 그 살을 달래 주는 방법을 택한다. 그래서 생긴 것이 **살풀이 굿**, 이런 解寃굿도 달라 붙은 살의 유형에 따라 각기 다르게 행해진다.

우리의 삶에서 풀어 주어야 할 것이 어디 살뿐일까, 그것이 무엇이든 일단 신체나 정신에 옮겨 와 쌓이거나 맺히게〔結〕 되면 언젠가는 풀어 주어야 한다〔解〕. 怨도 그렇고 恨도 그렇고 심지어 무료한 상태까지도 그렇다. 통칭하여 '해원굿'이라 일컫는 분풀이, 원풀이, 한풀이, 거기다 '심심풀이'에 이르기까지 한바탕 푸는 행사(푸닥거리)가 벌어지는 것이다. 일본 문화가 '갚는 문화'라면 우리 문화는 '푸는 문화'라는 규정에 공감하지 않을 수 없다.

푸닥거리라는 굿판이 이처럼 맺힌 것을 풀어 주는 제반 의식을 이름이요, 싸움을 말릴 때 "풀어 버려, 풀고 말어!"라면서 두 사람을 진정시킨다. **푸념**이란 말도 푸는 의식에서 나온 말이다. 평소 쌓인 불평, 불만을 길게 늘어 놓는 푸념은, 본래 굿판에서 무당이 신의 뜻이라 해서 정성들이는 사람에게 하는 꾸지람이다. 말하자면 푸념은 死者의 하소연인 셈인데, 푸는 일은 죽은 자에게도 필요하다. 또 하나의 하소연 넋두리는 무당이 죽은 자의 넋을 대신해서 풀어내는 말이다. 본뜻대로라면 푸념이나 넋두리는 결코 산자가 할 수 있는 말은 아니다.

악귀는 그 종류에 따라 막는 방법도 다르다. 살은 풀어 버림이 상책이고 액과 손은 미리 막거나 회피함이 최선이다. '액'은 모질고 사나운 운수를 총칭하는 한자말이다. 액은 액땜이나 액막이를 통해서 사전에 예방하거나, 다른 일로 가벼운 곤란을 겪어 본 액을 모면하기도 한다. 손이란 악귀는 날 수에 따라 네 방위로 돌아다니며 사람의 활동을 방해하는 귀신이다. 이 역시 액과 마찬가지로 미리 손을 쓰거나 회피하는 방법을 택한다. 흔히 이삿날을 정하거나 장거리 여행을 떠날 때는 아무쪼록 손 없는 날을 택하여 그 해코지로부터 벗어나려고 한다.

일반 종교에서 사용하는 절대자의 이름은 원시종교에서 비롯된 대자연에 대한 호칭어의 계승이다. 이를테면 보편적 한자말 天地神明에서 시작되어 시대에 따라 天文, 天帝, 天神, 上帝, 造物主, 萬有主, 聖主 등에 이른다. 천지신명과 같은 호칭으로서 고유어화한, 가장 흔한 호칭이 하느님이다. 중세어 '하ᄂᆞ님' 혹은 '하ᄂᆞᆶ'은 초기 단순히 하늘〔天〕의 지칭어에서 이후 종교적 신앙의 대상으로서 범신론적인 신을 칭하게 된다. 하느님은 '하늘〔天〕+님(존칭 접미사)>하느님'의 구조로서, 말 그대로 하늘에 계시면서 인간을 초월한 절대자로서 우주를 창조하고 주재한다고 믿는, 지극히 추상적이면서 상징적 존재이다.

'하늘(하ᄂᆞᆶ)'의 어원에 대해서는 아직 정설이 없는 듯하다. 하늘은 두 낱말의 결합으로 선행어 '하-' 또는 '한-'은 큰 것〔大〕을 뜻한다는 점에서는 이견이 없다. 다만 후행어의 해석에서 엇갈리는데 그 몇 가지 설을 들어 본다. '-ᄒᆞᆯ〔日〕' 설(전몽수 1938), '-ᄂᆞᆯ〔日〕' 설(허영호 1950), '-ᄇᆞᆯ〔明, 平, 原〕' 설(양주동 1955), '-올〔精, 核〕' 설(남광우 1957), '-ᄇᆞᆯ〔原〕' 설(이남덕 1978), '-울〔蓋〕' 설(안옥규 1989) 등. 따라서 그 본뜻도 '큰 해(날)'를 나타내는 大日, 大光明에서 大國原, 大圓, 큰 덮개 등 다양한 견해를 나타낸다.

하느님을 기독교의 초기 성경에서 하나님으로 쓴 적이 있었다. 하나

뿐인 하느님, 곧 유일신이란 의미로 쓰인 말인데 물론 전통적 호칭이 아닌 일종의 변형이다. 이런 변형은 하나님뿐만 아니라 한울님이나 한얼님에서도 찾아 볼 수 있다. 모두 종교적 원리에 맞게 강론을 위한 의미 부여이긴 하나 어원적인 면에서 보면 분명 어긋난다. '한울, 한얼'에서 접두어 '한-'은 공히 '크고〔大〕, 위대하다'는 뜻이지만 후속하는 '-울'과 '-얼'의 의미는 각기 다르다. 곧 한울님은 우주를 하나의 큰 울타리로 보고 그것을 다스리는 절대자를 칭함이다. 이에 반해 한얼님의 '얼'은 혼이나 정신을 뜻하는 말로서 이 땅을 주재하는 신, 곧 한민족의 시조 단군을 높여 부르는 이름이다.

하느님은 종교의 유무를 떠나 보편적으로 가장 많이 쓰이는 말이다. 그러나 기독교가 전래되면서 성경 번역과 함께 더욱 다양한 호칭이 생성된다. 현재까지 쓰였거나 지금도 쓰이고 있는 예를 들어 보면 萬有王, 全能王, 王中王, 太平王, 天主(님), 主(님), 救世主, 救主, 基督 등이 있다. 이 밖에도 좀더 구체적 종교 색채를 띄는 獨生子, 三位一體, 保惠師, 여호아(하나님), 예수(님), 예수 그리스도, 메시아, 아버지, 임마누엘, 엘로힘, 데우스 등도 들 수 있는데, 이들은 모두 넓은 의미의 하느님의 개념 속에 포함된다.

4) 언어의 주술성

언어 기원에 대한 제설 중에 언어는 조물주 하느님이 인간에게 준 선물이라는 설이 있다. 神授說이라고도 하는, 이 설이 맞는다면 태초 이 지구상에는 오직 한 개의 언어만이 존재했을 터이다. 祖語 내지 原語라 부를 수도 있는, 이 최초의 언어는 하느님이 인간에게 내린 하사품이기 때문에 통역 없이도 하느님과의 직접 통화가 가능하다. 뿐인가, 당신께서 손수 지으신 언어이기에 인간들이 자주 사용하면

할수록 하느님은 더없이 기뻐하실 것이다. 현대의 종교 의식에서 가능하면 조어, 또는 조어에 가까운 古語를 사용하려 함은 이런 이유일 것이다.

실례를 보기로 한다. 힌두교에서는 힌디 어의 조어인 산스크리트 어(梵語)를 사용하고, 이스람교의 聖典인 '코란(Quran)'은 고전 아라비아 어(classic Arabic)로 기록되어 있다. 게다가 코란만은 지금까지도 다른 어떤 언어에로의 번역을 단연 거부한다. 천주교에서도 미사 때에는 얼마 전까지만 해도 라틴 어를 사용하였으며, 개신교 일부에서도 기도할 때는 고어를 고집함이 그런 예이다.

우리의 전통 巫俗인 굿판도 예외는 아니다. 굿을 주관하는 무당들은 그들만이 통하는 무속어를 고집한다. 무속어에서 '말문이 터졌다'는 말이 있다. 巫病을 앓던 여인이 내림굿(入巫式)을 통하여 비로소 무당이 되었을 때 그를 두고 하는 말이다. 말하자면 자신이 믿는 귀신과의 의사소통이 드디어 가능하게 되었다는 의미다. "태초에 말씀이 계셨다."는 성경 구절과도 상통한다고나 할까.

"낮 말은 새가 듣고 밤 말은 쥐가 듣는다."는 속담도 있다. 우리 조상들은 언제 어디서든 사람의 말은 늘 귀신이 듣고 있다고 믿었다. 원시 내지는 고대국어의 언어 주술관 또는 언어 신성관이 여기서 기인한다. 따라서 우리 고유의 신화, 전설 같은 설화들은 이런 언어 주술관의 바탕 위에서 성립되었다. 단군신화에서 곰처녀(熊女)는 하느님에게 "수리수리 마하수리……" 식의 주문(願化爲人 呪願有孕……)을 외워 그 영검으로 단군 할아버지를 잉태하셨다. 부족국가 때의 제천의식, 곧 부여의 '마지구시(迎鼓)', 고구려의 '식볼(東盟)', 예의 '훈볼춤(舞天)', 마한의 '하눌고마(天君)' 같은 굿판도 다름 아닌 신과 교통하는 집단의식이었을 것이다.

무격신앙(shamanism)에서도 절대적 존재인 신령을 모시고 그 신령과 교통하기 위한 수단으로 呪文(혹은 巫語)이란 특수 용어가 사용된다. 고대의 종교 의식은 정치적 수령을 겸한 司祭에 의해 주재되고, 신과 사제 간에는 이런 주문이 사용된다. 보통사람들은 알아들을 수도 없는 이런 주문은 인간의 힘을 넘어선, 어떤 특별한 신통력이 있는 것으로 믿었다. 현전하는 우리의 古代 詩歌 역시 이 같은 언어의 주술성을 도외시하고는 이해하기 어렵다. 한두 예를 들어 본다.

"거붑아 거붑아 머리(혹은 수로부인)를 내어 놓아라, 만약 내놓지 않으면 불에 구워 먹으리라."
"님이여 그 물 건느지 마오. 님은 끝내 물을 건느다가 물에 빠져 죽으셨네. 님이여 나는 장차 어이할꼬"

전래되는 옛시가 龜旨歌나 海歌詞, 그리고 公無渡河歌의 전문이다. 이들 노래는 모두 漢譯으로 전하기 때문에 당시의 정확한 어형을 재구하기는 불가능하다. 뿐만 아니라 가사가 담고 있는 노래 본래의 의미도 정확히 알기는 어렵다. 이는 노래에 등장하는 거북이나 물, 또는 구워 먹는다거나 물에 빠져 죽는다라는 말이 현실적 표현이 아닌 주술적인 관점에서 해석해야 하기 때문이다. 신라 때의 노래인 鄕歌의 일부 구절도 마찬가지다. 융천사가 이런 노래를 지어 불렀기에 기이한 별과 왜병이 물러갔다는 배경설화를 비롯하여, 신충이 怨歌를 써 붙여 잣나무가 말라 죽었다는 信忠掛冠의 설화도 그 바탕에는 주술성을 깔고 있다.

『三國遺事』는 불제자 一然 스님의 저술인 만큼 특히 신통력으로 가득 찬 불교 설화가 많이 수록되어 있다. 희명의 아이가 분황사 천수대비전에서 노래를 부른 영검으로 눈을 뜨게 되었다는 盲兒得眼의 이야기, 밀본법사가 藥師經을 외어 선덕왕 득만의 병을 고쳤으며, 재상

김양도가 어렸을 때 입이 붓고 몸이 굳어지는 병을 經을 읽어 고쳤다는 이야기는 모두 신통력이나 언어의 주술성을 그 바탕에 깔고 있다.

"새해 복 많이 받으십시오." 또는 "새해엔 더욱 건강하십시오."라는 인사말을 흔히 德談이라 이른다. 정초에 이웃끼리 나누는 이런 덕담은 예로부터 내려오는 언어 신성관 내지 권위관의 계승이다. 본래 덕담이란 것은 미구에 이루어지기를 바라는 소망을 마치 과거에 있었던 일처럼 기정사실화하는 화법이다.

예컨대 미혼인 남성에게 "자네 금년에 장가를 갔다지?"라든가, 갓 결혼한 부부에게 "금년에 떡두꺼비 같은 아들을 낳았다지?" 하는 식으로 묻는 일이다. 이 같은 화법은 미처 실현되지 않은 일을 실현된 것처럼 발설함으로써 이 말을 듣고 있을 귀신을 일깨워 준다는 의미가 있다. "새해 돈 많이 버십시오, 새해엔 부자 되십시오, 새해에는 더욱 건강하세요."라는, 요즘같은 인사말과는 분명 그 격을 달리 하는 것이다.

이처럼 사람의 말은 귀신이 듣는다고 확신하기에 우리 조상들은 어떤 일에 좋은 징조가 보일 때는 일부러 입을 굳게 다물었고, 대신 궂은 일이나 좋지 않은 징조에는 가능하면 널리 알리려고 했다. 이를테면 몸에 병이 났을 때 자랑인 양 동네방네 알린 것도 그런 연유에서다. 널리 알려야만 그 병에 맞는 처방을 들을 수도 있고, 또 귀신에게 자신의 처지를 알려 동정을 구할 수도 있었다. 好事多魔도 이와 관련된 한자 숙어다. 귀신은 사람을 도와주기도 하지만 때로는 시기심이 발동하여 잘 되는 일에 훼방을 놓을 수도 있다. "다 된 밥에 코 빠뜨린다."는 식으로 분명 성사되리라 믿었던 일이 막판에 가서 잘못될 수도 있는 것이다.

귀한 집 자식일수록 어릴 때 거지 옷을 구해 입히고, 아이 이름마저 개똥이니 쇠돌이니 하여 일부러 천한 이름을 지어 불렀다. 출생 직후

본가에 처음 들를 때도 아이의 얼굴에 검정칠을 하여 밉게 보이게 한 것도 좋은 일을 시기하는 귀신의 해코지를 두려워함에서였다. 더욱 재미있는 것은 이웃들도 여기에 동조하여 남의 아이를 처음 볼 때면 "아이고, 참 밉상이네."라든지 "왜 이리 못생겼지?"라면서 본심과는 전혀 다른 말을 해 준다는 사실이다. 귀신으로 하여금 그렇게 믿게 하려는 은밀한 공모라고나 할까.

이런 공통의 인식에서 나온 언어 형식이 바로 덕담이다. 시집 못 간 노처녀에게 "금년엔 멋진 총각 만나 가정을 꾸렸다지?"라고 물었다 하자. 귀신도 건망증이 심했던 모양으로 이 말을 들은 뒤 자신이 깜빡 잊은 걸로 착각하여 서둘러 그 일을 성사시켜 주려고 한다. "말이 씨가 된다."든가 "귀신도 제 말 하면 온다."는 말도 언어의 힘을 잘 나타내는 우리 속담이다. 특히 말이 씨가 된다는 속담은 가장 적절하면서도 한편 무서운 말이 될 것이다.

여기서의 '씨'는 재앙의 원천이란 부정적 의미도 있지만, 그보다는 어떤 일이 앞으로 커질 수 있는 근원이자 언젠가 현실로 드러날 수 있는 가능성을 내포하기도 한다. 신체에 이상이 생겼을 경우 "혹시 암이라도 걸려 죽으면 어쩌지?"라며 본심과는 전혀 다른 말을 입 밖에 내면 안 된다. 이런 부정적 사고나 실없는 말이 귀신의 장난에 의해 실제 현실화될 수 있기 때문이다. 그러므로 이런 망발은 입 밖에 내어서는 안 되고, 또 그 이전에 생각조차 하지 않아야 한다. 항상 우리 곁을 지키는 귀신은 사람의 마음속까지 꿰뚫어 보는 신통력을 가졌기 때문이다.

3. 食文化의 전통

1) 먹고 마시는 일
― 부모 호칭어와 관련하여

구조주의 인류학의 창시자 '레비 스트라우스(Lévi-strauss)'는 인간의 식생활을 주제로 하여 인류 문명의 유형을 구분한 바 있다. 지구상의 모든 인류는 오랜 세월에 걸쳐 자신이 거주하는 지역의 기후, 풍토에 맞는 식품을 획득하고 이를 조리, 가공 및 저장술을 습득하여 오늘에 이른다. 민족마다 각기 다른 식생활 형태는 면면히 이어져 오늘에 이르면서 특색 있는 식문화의 전통을 형성해 낸다.

살면서 먹는 일처럼 중요한 일은 없을 것이다. 옛말에도 사람은 하루를 굶으면 거짓말을 하고, 이틀을 굶으면 도둑질을 하며, 사흘을 굶으면 살인까지 한다고 했다. 참으로 금강산도 식후경이요, 잘 먹고 죽은 귀신은 때깔도 좋은 법이다. 옛사람들도 '食者萬物之始 人之所本也'라 하여 먹고 마시는 일의 중요성을 역설하였다. 우리말에서 '살아간다, 생활한다'는 말 자체를 '먹고 산다'라고 한다. 그리고 보면 먹는 일 자체가 생존 및 생활 그 자체라 해도 과언은 아니다.

먹는 일의 중요성은 우리말 동사 '먹다'의 적용 범위에서도 잘 드러난다. '밥'이라 일컫는 음식물만 먹는 게 아니다. 나이도 먹고, 담배도 먹고, 뇌물도 먹고, 귀도 먹고, 축구 시합에서 골(점수)도 먹고, 자동차가 기름을 먹고, 피부에 화장도 잘 먹고, 대패도 잘 먹고, 욕도 먹고, 앙심도 먹고, ……. 그리하여 모 권투선수는 챔피언까지 먹었다고 자랑한다. 먹고 마시는 일은 사람의 입〔口〕을 통해 이루어지지만, 그 중요성이 강조되다 보니 '먹다'란 말이 적용되는 범위가 그만큼 넓어진 것이다.

먹고 마신다는 말의 어간 '먹-'과 '마시-'의 어원에 대해서 생각해 본다. 일찍이 이희승(1950:26)에서는 먹다의 어간 '먹-'을 명사 '목〔項〕'에서 찾은 바 있다. 또 서정범(2000:247)에서는 '먹'이나 마시다의 '맛/맏'이 공히 명사로서 입〔口〕을 뜻한다고 주장한다. 여기서 '먹-'의 뿌리가 목〔項〕인지 입〔口〕인지에 대해서는 단정짓기 어렵지만 다음 두 가지 사실만은 분명하다. 하나는 먹다의 '먹-'이나 마시다의 '마시-'는 기원적으로 뿌리가 같다는 점이다. 나아가 맛이 있다고 할 때의 '맛〔味〕'이나 멋이 있다고 할 때의 '멋〔魅力〕', 그리고 짐승의 먹이감 '모이〔飼料〕(중세어 표기 '모시')'는 모두 '먹/맛'의 파생어일 것이다. 또 하나는 '마시>맛/멋'의 변화에서 보듯 고대국어가 개음절어였음을 감안하면 '먹/맛/멋/못'은 기원적으로 그 어형이 두 음절의 명사였다는 사실이다.

'먹/맛'은 또한 인간 관계에서 가장 중요한 호칭어를 만드는 모태가 되기도 한다. 필자는 먹고 마시는 일과 그것을 표현하는 말이 부모 호칭어의 기원이 된다고 믿는다. 세상에 갓 태어난 아이가 처음 할 수 있는 말이 '맘마' 또는 '밥바'로서 이 말은 곧 먹을거리(보통 '먹거리'라 함.)를 지칭한다. 먹을 것을 달라는 본능적인 의사 표시가 자연스럽게 부모 호칭어로 굳어진 것이다. 구체적으로 말하면 음식물을 칭하는 바바>밥〔飯〕에서 아버지〔父〕의 호칭이, 마마>맘에서 어머니〔母〕의 호칭이 생성되었다고 보는 것이다. 아울러 '마마>맘'에서 먹고 마신다는 '먹/맛'이 파생되었을 것이다. 영어의 어머니 및 여자의 호칭 'mam-ma'가 어원적으로 포유동물의 젖〔乳房〕을 뜻한다고 한다.

먹을거리(흔히 '먹거리'로 사용)를 나타내는 '밥'과 '맘'은 공히 語頭 脣音 'p/m'을 보유하고 있으나 그 순음이 탈락되면 각각 '압/업' 및 '암/엄'형이 된다. 여기에 각종 접사가 연결되면 현 용어 아빠, 엄마,

아버지, 어머니와 같은 부모 호칭어가 형성된다. 그런데 '압 / 암'과는 별도로 始, 源을 뜻하는 '*어시'란 옛말이 있었는데, 이것이 '압 / 업'과 결합하면 또 다른 부모칭 '어버이'가 된다. 어버이는 '업[父]+어시[始, 源]>어이'의 구조로서 '어버시>어버시>어버이'의 변화이다. 부모칭의 기원이 되는 '*어시>어시>어이'는 고려가요 '思母曲'에서 "아바님도 어이어신마ᄅᆞᆫ……."에서의 '어이'로 그 실례를 보인다.

현대어 아버지 역시 '압[父]+어시[親, 始]'의 구조로서 '압어시>아버시>아버지'의 변화이다. 곧 父와 兩親의 호칭이 어원상 동일한 것이다. 어머니는 '엄[母]+어시>엇[親, 始]+님>니(존칭 접미사)'의 구조로 말음절 '-님>-니'는 女兄을 지칭하는 '언니'의 '-니'와 동일한 접미사이다. 어떻든 부모칭은 기원적으로 먹을 것을 지칭하는 말이며, 이들이 공히 어두순음을 보유함은 우리말뿐 아니라 다른 언어에서도 마찬가지란 사실이 재미있다.

계통을 달리하는 타 언어에서도 父는 'ㅂ(p / f / v)'이, 母는 'ㅁ(m),이 기본음임은 주지의 사실이다. 脣音 'ㅂ / ㅁ'은 자음 중에서 가장 먼저 발음된다. 이는 유아가 모유를 빠는 동작에서 입술의 기능이 발달함에 기인한다. 모음에서는 울음 소리에서 분화된 아 / 어가 먼저 발음되는데 開口度가 큰 이 모음과 자음에서의 ㅂ / ㅁ 순음의 결합은 이러한 어형의 생성을 가능케 한다. 영어의 father, papa, 독일어의 vater, 불어의 pere, 라틴어의 pater, 중국어의 父(pu), 爸爸(papa) 등이 父의 호칭이요, mother, mamma, muther, mere, mather, 母(mu), 媽媽(mama) 등이 母의 호칭이다.

아이가 자라면서 어느 정도 변별할 수 있는 발음으로 맘마, 엄마라고 하면 세상 어머니들은 대개 자신을 부르는 줄 알고 그만 감격해 버린다. 그러나 엄밀하게 따지면 이는 어머니를 부르는 호칭이 아니다. 곁에 있는 사람이 누구든 좋으니 나에게 먹을 것을 달라는 본능적인 욕구 표시이다. 말하자면 어머니는 아이의 욕구를 잘못 알아들은 것인데, 그러나 그것이 착각이라 해도 부모 자식과의 애정 어린 대화라는 점에서 필자는 이를 '아름다운 착각'이라고 말하고 싶다.

생명의 원천을 일컫는 부모 호칭어는 인간이 세상에 태어나 맨 처음 내뱉는 말이며, 또한 죽음에 임하여 마지막 되뇌이는 삶의 최종 언어이기도 하다. 그 중에서도 어머니는 자신을 잉태하고 낳아서 길러 주신 분이기에 모자간의 정은 각별하다. 우리가 위기에 처할 때도 부지불식간에 어머니를 찾게 된다. '엄마야 / 어머 / 어마나 / 어머머 / 에그머니나 / 오메' 따위의 짧은 외침에서도 모정을 찾는 본능적 행위를 보게 된다.

2) 여성들이 간직한 음식 조리 용어

음식을 만들어 먹는 데 있어 식품 재료의 채취도 중요하지만 그 재료를 맛있게 요리하는 방법 또한 이에 못지않다. 지역에 따라, 그 곳 사람들의 기호에 따라 선택된 식품 재료의 저장 및 가공, 조리기술 역시 식문화을 형성하는 기반이 된다. 중국요리가 세계적 명성을 얻을 수 있었던 것은 유별난 재료의 발굴 못지 않게 다양한 조리법의 개발에 있다.

중국음식의 조리법은 주로 불을 사용하여 기름에 튀기는 방법이 보편적이다. 조리법에 관련된 한자가 많지만 그 중에서도 '火' 부수를 가진 자가 백여 개를 헤아리는 것만 보아도 이들의 요리가 불에 의존함을 알 수 있다. 그러나 조리에 있어 불에 의해서 튀기고 볶고 찌고 데치는 방법만으로는 단조로움을 벗어날 수는 없다. 조리와 관련된 우리말 용어는 한자와 비교할 수 없을 정도로 가짓수가 적지만 방법 면에서는 오히려 더 다양하다고 자부한다.

우리말 조리 용어로 대략 40여 개를 찾아낼 수 있다. 이 중에서 '굽다, 튀기다, 지지다, 볶다, 부치다, 익히다, 끓이다, 달이다, 찌다, 삶다, 고다, 데우다, 데치다, 졸이다, 덖다' 등이 불에 의한 조리법이다. 반면 '저미다, 다지다, 절이다, 졸이다, 무치다, 삭히다, 익히다, 버무리다, 말리다, 담그다' 등은 불이 아닌 다른 방법으로 음식을 저장하고 숙성, 가공하는 기술이다.

우리의 경우 음식을 조리하고 저장하는 일은 여성의 전유물이었으므로 이 같은 용어들이 대부분 고유어로 형성되고 지금까지도 유지될 수 있었다. 여성들에 의해서 우리말의 순수성이 그대로 보존되었다고나 할까. 조리 용어가 여성적 감각의 소산물이다 보니 남성의 그 무딘 감각으로는 그 미세한 차이점을 알기가 어렵다. 개개의 용어가 각기 고유의 의미 영역을 확보하고 있기 때문인데 이들의 미묘한 차이는 여성의 그 섬세한 감성이 아니면 제대로 이해하지 못한다.

우선 '데우다'와 '데치다'의 차이점을 생각해 보자. 두 말이 다 음식물을 뜨겁게 한다는 점에서는 같지만 데우다가 단순히 뜨겁게 하는 것이라면 데치다는 시금치 같은 야채를 끓는 물에 잠깐 넣어 슬쩍 익혀 내는 방법을 이름이다. 그래서 데친 음식은 항상 뜨거운 게 아니라 먹을 당시에는 식은 상태일 수도 있다. 데우다와 데치다는 달이다와 함께 熱을 뜻하는 '달'에 그 어원을 두는 듯하다. 말하자면 '달-〔熱〕+이(使動素)+다(어미)'의 구조로서 덥게 한다는 뜻을 나타낸다.

아울러 '불에 데다'라고 할 때의 '데-'나 '불을 땐다'라고 할 때의 '때-' 역시 '달'의 파생어로 보인다. 곧 '데- / 때-'는 '달 / 닫+이>다이>대 / 데>때'의 변화로 보기 때문이다. 이와 관련하여 '덥다〔暑〕'라는 말의 어원도 여기서 찾을 수 있을 듯하다. '덥-'이 '달'에로의 소급이 가능하다면 데우다와 데치다의 구조 파악은 더욱 용이해진다. 데우다는 '딥〔熱, 톪〕+이(접사)+우(접사)+다'의 구조로 '더빙우다>더이우다>데우다'의 변화이다. 중세어 표기에 보이는 '더이다'는 형태적으로 현대어 '데다'의 직접적 소급형이지만 현대어 '데우다'의 의미로 쓰였다. 이에 반해 '데치다'는 강세형으로 '딥〔熱, 톪〕+이(접사)+티(강세접사)+다(어미)'의 구조로서 '데티다>데치다'의 변화로 보아야 한다.

지지다와 볶다, 튀기다의 의미 차이, 또는 끓이고 달이고 고는 경우도 비슷하게 보이지만 거기에도 미세한 차이가 있다. 사람을 들볶아 몹시 귀찮게 굴 때 흔히 지지고 볶는다고 말한다. 국을 끓일 때 국물을 조금 붓고 끓인다는 점에서는 두 말의 의미가 같지만 다만 '볶다'는 그 음식이 그릇에 약간 눈도록 익힌다는 점에서 차이가 드러난다. '덖음차'라는 녹차의 제조법을 생각해 보자. 전문가가 아니고는 그 방법을 자세히 설명하기는 쉽지 않을 것이다. '덖다'는 약간 물기가 있는 식품, 예컨대 고기, 콩, 약제 따위에 더 이상 물을 붓지 않고 남비나 솥에 넣어 타지 않을 정도로 익히는 조리법이다.

조리법을 나타내는 동사는 대부분 명사형으로도 쓰여 자연스럽게 음식 이름으로 변신한다. 우리의 음식명이 다행스럽게도 고유어의 순수성을 유지함도 여기에 기인한다. 이런 예는 얼마든지 들 수 있다. '굽다'에서 나온 구이, '지지다'에서 나온 **지짐이**와 **지짐개**, '부치다'에서 나온 부침(이)과 부침개, '무치다'에서 나온 무침(이), '버물다'에서 나온 버물이, '볶다'에서 나온 볶이와 볶음, '고다'에서 나온 고음이나 곰, '졸이다'에서 나온 졸임과 **조라치기**, '튀기다'에서 나온 튀김, '찌다'에서 나온 찌개나 찜, '절이다'에서 나온 절이 따위의 고유어 음식명이 그런 예이다.

이 중에서 '찌개'란 음식 이름은 어원상 두 갈래로 분석된다. 일반적인 찌개는 김치찌개, 된장찌개처럼 생선이나 고기, 채소를 양념한 뒤 바특하게 끓인 음식이다. 이 경우 찌개란 말은 '삐-〔蒸〕+개(접사)'의 구조로 분석된다. 다른 하나는 평북지방에서 말하는 찌개로서 여기서는 '모든 소금기 있는 채소나 고기류의 반찬'을 총칭한다. 여기서의 찌개는 '디히>지〔漬〕+개(접사)'의 구조로서 '디히+개>지이개>지개>찌개'의 변화로 보아야 한다. 디히는 오이지, 짠지에서와 같이 소금에 절인 오이를 말한다. 그런데 이 말이 중세어에서 한자 醬과 결합하여 장아찌라는, 한중 합작의 또 다른 음식명을 만들어 낸다. 장아찌는 장에 절인 오이, 곧 '醬+애(처소격)+ㅅ(사이시옷)+디히' 구조로서 '쟝앳디히>장앗지>장아찌'의 변화를 겪었다.

3) 빗나간 음식 이름

앞서 국어의 음식명이나 조리 용어가 상당 부분 고유어의 순수성을 보존하고 있다고 했다. 식문화 분야에서는 남성들의 간섭이 미치지 못한 탓으로 한자어의 침투를 적게 받은 덕분이다. 식용어가 가정 살림살이를 주관하는 여성들에 의해, 그리고 육류 및 생선류의 명칭이 백정이나 어부 같은 하층민들에 의해 생성, 보존한 데에서도 그 원인이 있을 터이다. 그런데 일반 음식명이 토속적이어서 소박한 맛은 있으나 일면 저속하면서도 장난기 섞인 것도 없지 않다. 게다가 음식 이름은 누구나 지을 수 있다는 인식 탓인지 제멋대로 된 것이나 어법상으로 맞지 않는 이름도 간간히 볼 수 있다.

최근 유행어처럼 널리 쓰이고 있는 먹거리란 말부터가 그러하다. '먹거리'란 식품을 뜻하는 우리말로서, 최근 '먹거리 문화'니 '먹거리 산업'이니 하는 새로운 용어로까지 발전한다. 식품을 굳이 우리말로 바꾼다면 조어법상 먹거리가 아닌 **먹을거리**, 또는 **먹이거리**가 되어야 맞는다. '-거리'는 '일거리, 찬거리'에서 보듯 감(재료)이 되는 물건을 지칭하는 접미사다. 이 말이 '먹다'와 같은 받침 있는 동사와 결합할 시는 어간에 직접 연결될 수 없고 용언의 관형형 어미를 필요로 한다. 이를테면 '읽-거리'가 아닌 '읽을거리'요, '웃-거리'가 아닌 '웃음거리'며, '보-[見]거리'가 아닌 '볼거리'인 것이다.

최근 식당가에서 흔히 볼 수 있는 **닭도리탕**이라는 음식명도 문제가 된다. 닭도리가 어떤 음식인지, 왜 이런 괴이한 이름이 생겼는지에 대해서 생각해 본다. 닭은 좋은 식품이어서 이 고기를 재료로 하는 음식명도 한두 가지가 아니다. 닭곰, 닭탕, 닭국, 닭죽, 닭구이, 닭백숙, 닭전골, 닭김치, 닭저냐, 닭적, 닭조림, 닭지짐…… 등등. 그러나 '닭도리(탕)'이란 이름은 국어사전에도 나오지 않는다. 물론 닭을 '도리한(?)' 탕이어서 닭도리탕이라 불렀을 법한데, 과연 '도리'가 무슨 뜻인가? 사전에 의하면 '도리다 / 도려내다'는 무엇을 둥글게 돌려서 베어내거나 파낸다고 되어 있다. 그러나 우리가 먹는 닭도리탕에 어디 그렇게 둥글게 파낸 흔적이 있는가?

닭고기를 토막 쳐서 양념하여 볶거나, 썰어 기름에 볶은 것을 **닭볶음**이라 하는데, 언필칭 닭도리탕이란 음식이 이를 지칭한 듯하다. 닭에 연결되는 '-도리'란 말은 동사의 명사형이 아님이 분명하다. 여기서의 도리는 새를 뜻하는 일본어 '도리[鳥, 鷄]'로서 옛 일본어의 잔재임을 알아야 한다. 게다가 우리말 닭과 일본어 도리가 기원상 동일어일 가능성이 있다. 닭은 중세어에 '둘 / 둘기 / 둙'으로 표기되었는데, 이 말의 어원을 알타이 제어(몽골어)의 '다라기'와 같은 계통으로 보는 이도 있다. 이 설이 맞다면 일본어 도리는 우리말 '둘 / 둘기'의 계승일 수도 있으므로 '닭도리'는 닭과 도리의 동의 중첩어가 된다.

현대어 닭은 '다라기>둘기>둙'의 변화로 그 고형이 고지명 표기에서도 발견된다. 즉 "刀臘縣 一云 雉嶽城(『三國史記』 지리 4)"이 그 것인데, 여기서 刀臘이 '도라'의 차음 표기로서 이는 雉와 대응한다.

雉는 '꿩·치' 자로서 '도라'라는 어형과는 무관하나 암꿩을 일컫는 까투리를 '又〔始〕+도리〔鳥, 鷄〕'의 구조로 본다면 여기서의 '-도리'와 비교될 수 있다. 따라서 국적 불명의 이름 닭도리를 고집할 게 아니라 이 기회에 '닭볶음'이란 이름으로 바꾸었으면 한다.

아구탕, 아구찜이라는 음식의 '아구' 역시 '아귀'의 빗나간 이름이다. 아귀는 전체적으로 납작한 모양의, 머리통이 넓고 입이 유난히 큰 바다 물고기다. 흔히 입〔口〕을 속되게 이를 때 '아가리', 또는 '아구통'이라 한다. 이 물고기가 유난히 입이 크다 보니 그만 아귀가 아구로 변질된 것이다. 아귀는 그 억센 이빨로 어망이나 찢어 놓을 뿐 맛도 별로 없다 하여 예전에는 거들떠 보지도 않았다고 한다. 그런 물고기가 이제는 그 못생긴 형상에다 '아구탕'이란 저속하고 폭력적(?)인 이름으로 오히려 유명세를 타게 된 것이다.

잘못되기는 돼지의 발을 재료로 하는 **족발**도 이에 뒤지지 않는다. 음식명에서의 '족(足)'이라면 소나 돼지, 개, 양 따위 가축의 무릎 아랫부분이 식용으로 이용될 때 부르는 이름이다. 그런데 한자말로 足이면 足이고, 우리말로 발이면 발이지 '족발'이란 도대체 무슨 말인가? 족발을 사전에서 이르기를 "죽여서 각을 뜬 돼지의 발"이라고 했는데, 이는 문제가 있는 풀이다. 족발 역시 한중 간 동의 중첩어로서 이를 굳이 돼지의 발에만 한정시킬 이유가 없다. 소발이나 닭발, 개발도 있을 수 있기 때문이다. 이런 현상은 족발이 '손발〔手足〕'이란 말에서 유추되었거나, 아니면 역전 앞, 외갓집에서와 같이 고유어가 한자말에 빈대 붙어 형성된 이름이라 그럴는지도 모른다. 어떻든 족발이란 이름은 당연히 '돼지발'이나 '돈족(豚足)'으로 불러 주어야 한다.

육류 가운데 **주물럭**이란 명칭도 일반화된 지 오래다. 아직 사전에 등재되지는 않았지만 주물력을 모르는 사람은 없을 듯하다. 이 이름의 유래에 대해서 정확히 알려진 바는 없다. 다만 떠도는 소문에 의하면, 서울 마포 소재의 한 식당 할머니가 칼로 고기를 썰지 않고 손으로 직접 '주물럭거리며' 뜯었던 데서 이런 이름이 생겼다고 한다. 때마침 칼을 잃어버렸거나 칼이 잘 들지 않아 급한 김에 직접 손으로 고기를 뜯었던 모양이다. 어떻든 대수롭지 않은 일에서 유래하여 이런 식 조리법이 일약 인기 있는 고기 이름으로 부상하게 된 것이다.

경남 통영항에서 유래했다는 '충무김밥'도 이와 비슷한 유래가 있다. 출어하는 선원들을 위해 김밥을 만들어 주던 할머니가 하루는 늦게 일어나 제대로 된 김밥을 만들지 못했다. 다급한 나머지 대충 김으로 밥을 뭉친 뒤에 김치나 깍두기를 따로 담아 주었던 데서 이런 이름이 생겨났다고 한다. 이처럼 정상이 아닌 상태에서 조리된 음식에서 오히려 더한 맛을 느끼고 그것이 결국 유명하게 되었다는 것이다.

주물력의 경우를 보더라도, 칼을 사용하여 고기 속에 철 성분을 남기기보다는 손으로 직접 찢는 편이 더 위생적이다. 뿐만 아니라 손끝에서 우러나오는 맛을 덤으로 맛볼 수도 있다. 주물럭은 손으로 만진다는 주무르다, 또는 주물럭거리다에서 온 말이다. 동사가 직접 명사로 쓰인다는 점도 특이하지만 게다가 숨은 뜻마저도 결코 심상치가 않다. 주물럭이 고기 명칭으로 굳어진 데는 그만한 이유가 있을 것이다. 그 속뜻은 젊은 남성들이 주물럭 고기를 씹으면서 입가에 흘리는 야릇한 미소에서 찾아야 할 것 같다.

음식명 중 개장국처럼 변화무상한 이름도 흔하지 않다. 개고기를 끓인 탕을 보신탕이니 사철탕으로 불리는 것은 적절치가 않다. 補身이나 사철〔四季〕이 꼭 개고기만을 지칭할 수 없겠기 때문이다. 狗肉 곧 개고기를 고아 끓인 狗醬을 우리말로는 개장국이라 한다. 좀더 정확히 말하여 개의 옛말이 '가히'였으므로 '가히국 / 가히탕 / 가히장국' 정도로 불리었을 터이다. 이런 개장국이 어느 시기에 보신탕, 사철탕이라는, 약간은 애매하고도 포괄적인 명칭으로 불리게 된다. 그 변신의 사정에 대해서는 우리가 충분히 납득할 수 있다. 몸보신용이 어디 개고기뿐일까마는 '개-'라는 접두사가 주는 좋지 못한 이미지에서 벗어나고, 또 애완 동물을 먹는다는 외부의 따가운 눈총을 모면하고자 이런 禁忌語가 만들어졌을 것이다.

그러나 보신탕, 사철탕도 점차 일반화되면서 이 이름도 서서히 지하로 숨게 된다. 이후 멍멍탕, 영양탕, 왕왕탕 등의 이름이 대용되더니 급기야 서울올림픽을 앞두고는 '탕 있음', '여전히 계속함', '개시했음'과 같이 극단적으로 추상화, 암호화하기에 이른다. 이처럼 금기어가 생기고 별칭이 늘어나는 것은 그 음식을 먹는 일이 떳떳치 못하다는 증거가 되기도 한다. 인간과 가장 친숙한 가축을 잡아먹는다는 죄책감, 거기에 살생을 금하는 불가의 계율이 우리의 의식 속에 작용하고 있기 때문이다.

그러나 일면, 개고기를 먹는 일이 우리 식문화의 오랜 전통이요, 또 지금도 이를 즐기고 있다면 굳이 숨어서 구차스런 모습을 보일 필요는 없다고 본다. 말하자면 공식화할 필요성이 있다는 얘기다. 북한에서는 개고기집을 '단고기료리집'이라 하여 평양 네거리에 버젓이 간판까지 내걸고 있다. 먹을 수 있는 것과 그렇지 못하는 것과의 구분은 오랜 식생활을 통해서 얻은 조상들의 지혜의 소산이다. 지역에 따라, 생활 습관에 따라 저마다 고유한 식문화의 전통을 가졌으니 이를 두고 남들이 왈가왈부할 문제는 아니라고 본다.

식용어의 경우도 마찬가지다. 그것이 어떤 유래나 경로를 통해 형성되었든 간에 기존의 용어는 존중해 주어야 한다. 다만 그것이 사람이 먹는 음식에 대한 이름이기에 이왕이면 바르고 고운 말로 지어졌으면 하는 바람이 있다. 거칠고 저속하거나 문법에 어긋난 명칭이 있다면 이를 바로잡아야 할 것이다. 국어순화의 차원에서도 식용어는 갈고 닦아야 한다. 식용어 중 도시락이란 말을 통해 국어순화 운동이 성공을 거둔 한 실례를 보기로 한다.

도시락이란 본래 고들 버들이나 대오리를 엮은 타원형의 작은 고리짝으로 밥을 싸 가지고 다니는 휴대용 점심 그릇이다. 이 말은 18세기 문헌에 '도슭'로 표기되었지만 그 정확한 의미는 알 수가 없다. 백문식(1998:117)에 의하면 도슭은 '둘렸다'는 뜻의 동사 '돗다'의 어근 '돗- / 돗-'에 접사 '-악'의 연결이라면서, '도슭+악>도스락>도시락'의 변화라 하였다. 그러나 서정범(2000:184)에서는 도슭을 '돗〔草〕+을(접미사)+ㄱ(첨가음)'의 구조로 보고 그 재료가 어원적 의미라고 했다.

여기서 말하고 싶은 점은 그 본뜻이 무엇이었던 간에 死語가 되다시피한 고유어를 되살려 오늘날의 상용어를 만들었다는 데 의의가 있다. 도시락은 문교부(당시)에서 펴낸 '우리말 도로찾기(1948)'에 제시되어 당시 통용되던 일본어 '벤또(bentō, 弁当)'를 몰아내는 좋은 본보기가 되었다. 그러나 이것으로 끝나지 않고 앞으로 또 하나의 어려운 문제를 남겨 두고 있다. 우리의 도시락은 현재 북한의 문화어인 '곽밥'이란 이름과 한판 승부를 겨루어야 한다. 통일이 되는 그 날 우리는 도시락과 곽밥 중에서 하나를 표준어로 택해야 하기 때문이다.

4) 그릇〔食器〕의 고유 이름

언어란 사람의 생각이나 느낌을 담아 전하는 그릇이다. 언어도 일종의 그릇이기에 그 속에 담기는 내용물의 종류나 분량에 따라 다양한 형태를 가진다. 음식을 담는 그릇, 곧 식기도 이와 마찬가지 담는 음식물의 내용, 분량에 따라 그것의 크기나 모양새가 달라진다. 각 가정은 그 규모에 맞게 상당수의 그릇을 보유하고 있다가 식사 때면 거기에 맞는 그릇이 선택된다. 사람은 일상에서 하루에 세 번 정도 밥상 위에 놓인 여러 식기를 대면한다. 이처럼 늘 대하는 식기들을 우리는 얼마나 의식하며, 그들의 고유 이름을 어느 정도나 알고 있는지 궁금하다.

어느 국가, 민족이나 그들이 속한 문화권에 맞게 고유한 식문화의 전통이 있으니 그릇〔食器〕의 모양이나 명칭도 예외는 아니다. 식생활에서 무엇을 먹느냐도 그렇지만 어떻게 먹느냐 하는 것이 식문화를 구성하는 핵심적 요소가 된다. 진정한 문화인이라면 그릇에 대해서도 관심과 식견을 가져야 한다. 그저 밥을 담으면 밥그릇이요, 국을 담으면 국그릇, 반찬을 담으면 찬그릇 정도로 알고 있다면 곤란하다. 사람이 철에 따라 옷을 갈아 입듯 음식을 담는 그릇도 내용물에 따라 맞는 것이 선택되어져야 하며, 또한 그릇에서 풍기는 멋까지도 가미되어야 한다.

음료수를 마시는 경우도 마찬가지, 술을 마실 때 그 술에 맞는 술잔을 생각해 보기로 한다. 맥주는 컵에 따라 마셔야 제격이며, 포도주는 글라스에, 소주는 곱뿌에, 숭늉이나 막걸리는 사발에 부어 마셔야 격에 맞는다. 만약 맥주나 포도주를 사발에 부어 마시고, 소주를 글라스에, 막걸리를 컵에 따라 마신다면 제 맛이 날 리가 만무하다. 소주에 알맞는 술잔 곱뿌는 포루투칼 어의 'copo'에서 유래한 말이다. 오랜만에 만난 사돈 끼리 시골 장터에서 소주 한 곱뿌나 대포 한 사발로 쌓인 회포를 풀 수 있다. 카페나 호프 집에서 치킨 안주에 양주나 생맥주를 마시는 것보다 그 정경이 훨씬 더 잘 어울린다. 음료수도 그것의 기원지(국적)나 종류에 따라, 또 마시는 곳의 분위기에 따라 어울림의 정도가 달라지는 것이다.

한 사람의 식사를 위해 밥상 위에 차려지는 식기의 표준 세트를 반상기라 이른다. 우리의 식탁 위에도 동방예의지국의 면모가 여실히 드러난다. 비슷한 모양과 크기의 접시 일색인 서양인의 그것과는 비교되지 않는다. 우리네 반상기에는 밥그릇, 곧 바리를 중심으로 크고 작은 여러 모양의 그릇들이 배열된다. 일반적으로 '바리'라고 하면 놋쇠로 만든 여자의 밥그릇이나 절에서 스님들이 사용하는 식기 정도로 알기 쉽다. 그러나 같은 바리라 해도 놋그릇의 바리와 스님들이 사용하는 바리때는 그 모양새가 다르다. 여성용 바리는 바리뚜껑이라 하여 앙징스런 모습의 손잡이 꼭지가 달려 있으나, 스님용 '바리때〔應器〕'는 대접처럼 생긴 단순한 것으로 안팎에 옻칠을 한 나무 그릇이다.

바리란 말은 불교 전래와 함께 인도에서 중국을 거쳐 들어온 차용어이다. 梵語 '바다라(pātra)'가 중국에서 鉢多羅로 차음되고, 이는 다시 鉢이나 鉢盂(혹은 鉢釪)로 약칭된다. 그리고 보면 일상어에서 그릇을 칭하는 한자어 鉢盂는 인도의 범어와 중국 한자의 합작품인 셈이다. 우리 나라에 들어온 '바리 / 발'은 다시 그것을 만드는 재료나 크기에 따라 명칭이 세분된다. 재료상 놋쇠로 만들면 周鉢이요 사기로 만들면 沙鉢인데, 여기에 본래 크기보다 좀 작게 중간 정도로 만들면 中鉢이요, 요령만 하게 더 작으면 鐘鉢이 된다. 거기다 모양새에 따라 연잎 모양으로 만들면 蓮葉주발'이요, 우묵하게 속이 파이게 만들면 '우묵(우멍)주발'이 되는 것이다.

우리의 전통 식기들이 국그릇을 빼고는 모두 뚜껑이 달려 있지만 그 중에서도 바리만은 유별나다. 곧 뚜껑 위에 손잡이용 꼭지까지 달려 있어 이것으로 반상의 주인임을 나타낸다. 흔히 놋쇠로 만든 주발은 부유한 양반들의 것이요, 사기로 만든 사발은 가난한 서민층의 그릇으로 알고 있다. 그러나 주발, 사발은 처음부터 양반용, 서민용으로 만든 것이 아니라 그릇의 실용성에서 구분되어져야 한다.

주발이 추운 겨울 보온을 위한 것이라면 사발은 더운 여름 시원한 음식을 즐기기 위한 것으로 용도상의 구별이 있는 것이다. 그릇의 운명도 세태의 변화에 따라 달라진다. 양반용으로 호사를 누리던 주발은 이제 제사 때를 제외하고는 찬장 속 신세를 면치 못한다. 녹이 잘 쓴다는 이유에서인데, 여기에 비해 서민용으로 천시 받던 사발의 신세는 어떠한가? 사발 중에서도 특히 마구 만들었다는 **막사발**(일본어로 茶碗이라 함.)은 이제 예술품으로 격상되어 값도 천정부지로 치솟게 되었다. 그릇 팔자도 시간 문제임을 실감케 한다.

김치나 깍두기 따위의 반찬을 담는 작은 사발을 **보시기**라 하고, 이와 비슷하나 아구니가 좀더 벌어진(방언으로 바라진 / 바래진) 사발을 말 그대로 **바라기**라 부른다. '보시기'의 어원은 볼록한 형태를 나타내는 '봇+ᄋ>보ᄉ'에서 파생된 말, 여기서 활용되어 첫 글자만 따서 무슨무슨 '-보'로도 쓰인다. 이를테면 조치를 담으면 **조칫보**요 찜을 담으면 **찜보**인데, 조치는 국물을 바특하게 잘 끓인 찌개나 찜을 가리킨다.

바느질이나 조리 용어에서 보듯 이들 고유 생활 용어가 여성들에 의해 잘 보존되어 왔으나 식기명에서만은 예외가 있다. 하긴 음식을 만들고 저장하는 일은 여성들의 것이지만 이를 맛보고 그릇을 만드는 일은 남성의 몫이기도 하다. 그런 탓으로 식기명은 때로 한자로 차음 표기되기도 하고 또는 한자어 이름으로 대체되기도 한다.

보시기란 말은 순수한 고유어라 생각되나 문헌상으로는 甫兒로 표기한다. 뿐만 아니라 **쟁개비**라는 고유 이름도 일본어 '나베〔沿〕'에서 온 냄비에 밀려 지금은 쓰이지 않는다. 또 전골틀을 일컫는 **벙거짓골**도 지금은 신선로로 대체되었으며, 음식을 덜어 먹는 '빈 그릇'마저도 한자어 空器에 그 자리를 내놓았다. 모처럼 안방 마님들에 의해 고이 간직되던 고유 식용어가 진서(眞書, 한자어)를 고집하는 남성들로 인하여 한자어의 침투를 받게 된 것이다.

식용어 중에는 우리식으로 변한 한자말도 끼어 있으니, 보통 '시 / 지 / 주' 등으로 발음되는 접미사 子가 바로 그런 예다. 子의 용례를 보면 楪子는 접시로, 鐘子는 종지로, 盆子는 푼주로 발음된다. 접시에서 한자 '楪'은 넓고 평평한 모양의 그릇으로 이것도 크기에 따라 대접, 중접, 소접으로 나뉜다. 따라서 우리가 사용하는 그릇을 그 크기만으로 분류한다면 '사발(대접)>중발(중접)>종발(소접)>종기'의 순이 될 것이다.

접시와 비슷한 시기에 들어온 錚盤이란 그릇도 있다. 쟁반은 비록 한자말 이름이긴 해도 '錚' 자가 소리를 본뜬 감각어여서 재미있다. 字典에 의하면 錚盤의 '錚'을 '쇳소리 쟁그렁 울릴 쟁'이란 긴 훈을 달아 놓았다. 그런데 쟁(錚)은 소리의 흉내만은 아니고 '쟁쟁하다'고 하여 위세가 당당함을 나타날 때도 쓰인다. 은쟁반에 옥구슬 구르는 쇳소리가 바로 '쟁'이요, 누구나 '쩡 하고 해 뜰 날'이 있기에 그래서 '쩡'이다.

번철(燔鐵)이란 한자말 이름도 외래어 '후라이팬'에 밀린 지 오래다. 서구계 외래어에 밀려 사라진 식기명이 어디 번철뿐일까. 동이, 자배기, 버치, 방구리 따위의 고유 이름도 지금은 옛말이 되고 말았다. 그러나 다행스럽게도 뚝배기라는 이름만은 살아 남았다. "뚝배기보다 장맛이 낫다."는 옛말이 이 말의 생명을 연장시키고 있는지도 모른다. 어떻든 아직도 뚝배기가 살아 있다는 것은 겉모양보다는 그 속에 담긴 멋이나 인정이 여전히 살아 있다는 증거가 되기도 한다. '오가리'라고도 불리는 뚝배기의 참맛은 단연 알뚝배기다. 예로부터 알뚝배기는 그것으로 달걀을 쪄서 백년지객 사위를 비롯하여 귀한 손님을 대접하는, 그야말로 인정의 진수를 담은 우리의 고유 그릇이었다.

5) 전통적인 음료수

① 숭늉과 막걸리

어느 나라 어느 민족이든 그들만이 즐겨 마시는 전통의 음료수가 있다. '음료수 문화론'이란 분야도 있듯이, 마시는 일도 먹는 일 못지 않게 저마다의 기호나 격식, 나아가 고유의 멋〔風流〕을 중요시 한다. 톡 쏘면서도 씁쓸한 맛, 그러면서도 뒷맛의 여운을 남기지 않는 콜라는 고도로 발달한 자본주의의 냄새, 곧 미국을 상징한다. 포도주의 붉고도 투명함 속에는 프랑스 인의 낭만과 예술의 혼이, 독일을 상징하는 맥주는 단순한 음료수로서의 실용성과 함께 흰 거품 속에는 거품처럼 일다 꺼져 버리는 게르만 민족의 야망이 서려 있다.

전통과 품위를 자랑하는 영국인들에게는 은은한 홍차가 제격이요, 맑고 투명하면서도 달착지근한 청주는 청결과 친절을 내세우는 일본인 전통의 술이다. 기름기 많은 음식에 제격인 '배갈〔白干〕'은 중국인의 술이요, 보드카는 민주화 이전 철의 장막 저편에서 추위와 울분을 달래던 러시아 인의 술이다. 그렇다면 한국을 상징하는 음료수는 무엇일까? 두말할 나위 없이 숭늉과 막걸리일 것이다.

누구나 인정하는 대로 숭늉과 막걸리는 오랜 세월 우리 민족과 함께 애환을 같이 해 왔다. 숭늉처럼 한국인의 심성을 잘 드러내는 음료수도 드물다. 한국인의 본성을 은근과 끈기라 규정하는 이도 있지만 숭늉이 바로 그런 특성을 가장 잘 드러낸다. 색깔이 없는 듯하면서도 기실은 장판지 색과 비슷한, 그 노르스름한 색이 배어 난다. 맛 또한 없는 듯하면서도 마신 뒤 여운으로 남는 구수함이 숭늉 특유의 맛이요 멋이다.

그런데 가장 한국적인 음료수이면서도 이에 걸맞는 고유어 이름을 갖지 못했다는 사실이 아쉽기만 하다. 숭늉은 말하자면 누룽지를 울

귀낸 물이다. 고유 이름이 없다 하여 지금 와서 '누룽지물'이라 부를 수도 없는 일이다. **숭늉**은 한자어 熟冷에서 온 말이다. 곧 밥을 푼 솥에 물을 부어 끓인 뒤 이를 다시 식혔다는 뜻이거나, 아니면 찬 물을 익혔다는 뜻으로 붙여진 것 같다. 이 말은 '슉닝>슝닝>슝늉>숭늉'의 변화로 『鷄林類事』에서는 "熟水曰泥根沒, 冷水曰時根沒"이라 적었다. 곧 숭늉[熟水]이 익힌 물(니근믈)이고 찬 물[冷水]이 식은 물이란 뜻인데, 실은 숭늉, 즉 熟水가 식은 물인 것이다.

숭늉이 일반 음료수라면 막걸리는 주류로서 우리 고유의 술이다. 막걸리는 청주를 뜨지 않고 그대로 걸러 낸 술이기에 자연 그대로 색깔이 흐리고 맛도 텁텁하기 이를 데 없다. 흐린 색깔에 텁텁한 맛이기에 이런 점이 한국인의 성품을 잘 나타낸다. 이런 특성은 한자말 이름으로 잘 드러난다. 색깔이 흐리기에 濁酒요, 자연 그대로 발효된 술이기에 白酒 또는 母酒이며, 힘든 일을 하는 농부들이 주로 마시는 서민 술이기에 農酒, 또는 薄酒라고 한다. 그러나 어떤 한자어 이름이라도 말 그대로 '마구>막 걸러낸 것'이기에 막걸리란 고유 이름이 가장 잘 어울린다. 酒母를 쓰지 않고 멥쌀과 누룩에 물을 부어 그냥 발효시켜 빚은 자연 그대로의 술, 다시 말하면 어떤 인공 효소나 향료를 가미하지 않은 술이기에 어떤 한자 이름보다도 그대로의 막걸리가 제격이다.

② 술과 건배 용어

"····밥은 바빠서 못 먹겠고 죽은 죽어도 못 먹겠고, 술만 '수울술' 넘어간다. 얼, 씨구씨구 들어간다. 절, 씨구씨구 들어 간다. 작년에 왔던 각설이가 죽지도 않고 또 왔네······"

누구나 다 아는, 남부 지방 '각설이타령'의 첫 구절이다. 술이란 말의 어원이 이 타령에서와 같이 목구멍으로 술술 잘 넘어가기에 붙여진 이름이라면 좋겠다. 그만큼 어원 풀이가 간단해지기 때문이다. 그러나 술이란 말의 어원을 캐기란 이처럼 간단치가 않다. 문헌상에서 술은 두 음절의 '수블' 형으로 나타난다. 『鷄林類事』에서 '酥孛'로, 『朝鮮館譯語』에서는 '數本二'라 차음 표기하였고, 중세 여러 문헌에서는 "수울(두해:8:28), 수을(석보: 9:37), 술(월석 중: 21:124)"로 적었다. 이를 미루어 보면 술은 '*수블>수볼>수울>술>술'의 변화를 거쳤으리라 짐작된다.

술의 어원에 대해서 지금까지 많은 의견이 개진되었지만 아직 정설에는 이르지 못했다. 어떤 분은 梵語에서 쌀로 빚은 음식을 칭하는 'sura(酒)'에서 왔다고 말한다. 또 일본어 'sake〔酒〕'와 관련짓는 견해도 있다. 곧 음식물이 발효하여 맛이 들었다는 뜻의 우리말 동사 '삭다, 삭히다'의 어근 '삭-'이 그대로 일본으로 전해졌다는 것이다. 다시 말하면 삼국 시대 백제인들이 양조법을 알려 주면서 함께 건너간 우리말이라는 얘기다. 서정범(2000:378)에서는 우리말 술을 일본어 'sasa' (酒의 고형)와 알타이 제어의 sar / sir(酒)과 비교하면서 그 어원적 의미는 물〔水〕이라 주장한다.

필자는 술의 고형 수블이 '수'와 '블'의 합성어라 생각한다. 전술한 여러 견해에서 선행어 '수'에 대해서는 웬만큼 설명을 가하고 있으나 후행어 '블'에 대해서는 아무도 언급한 바가 없다. '수'와 물의 관계는 알타이 어계에 속하는 터키 어의 'su〔水〕', 일본어의 'sosogi(注)', 'susugi(濯, 滌)'와의 비교에서 어느 정도 설명이 가능하다. 그러나 '수-'에 연결되는 '-블'만은 똑같이 물의 의미로 보기는 어렵다. 후행어 '블'의 해석과 관련하여 술을 빚는 과정이나 술의 효능에 대해서 이런 방법으로 접근해 보기로 한다.

술을 만들 때 우선 찹쌀을 쪄서 식히고 여기에 누룩과 주모를 버무려 넣은 뒤 일정량의 물을 붓는다. 진공 상태에서 어느 정도 시간이 경과하면 발효가 시작되는데 열을 가하지 않아도 부글부글 물이 끓으며 거품이 이는 화학 변화가 일어난다. 이런 오묘한 발효 과정이 옛사람의 눈에는 신비스럽게 보였을 것이다. 열을 가하지 않았는 데도 물이 끓어오르는 조화, 또한 이 물을 마시면 희한하게 속에서도 불이 일어나는 현상을 결코 예사롭게 보지 않았을 것이다. 실지로 이런 기묘한 현상에 대해 조상들은 여기에 주술적인 의미를 부여하였다. 곧 양조(釀造)는 자기 암시에 걸리기 쉬운 부녀자들에게 맡긴 것이다. 『周禮』에 의하면 궁중요리는 원래 남자들의 일이었으나 이 중에서 유독 酒人, 醬人, 鹽人과 같은 음식물의 발효와 관련된 일은 여성들에게 맡긴 사실이다.

이런 점에서 술의 고형 '수블'은 물에서 불이 붙는다는 의미로 '수(水)+블〔火〕'의 구조로 보고자 한다. 그런데 술의 본뜻이 '끓는 물'에 있다면 두 고유어의 결합을 감안하면 '믈+블>물블'이 되어야 맞는 말이다. 그러나 이 경우, 선행어 물만은 한자를 취하여 '水+블'이라 하지 않았나 싶다. 수박〔水瓜, 西瓜〕의 경우도 '물박'이라 이르지 않고 '水+박〔瓠〕'으로 부른 것과 같은 맥락이다.

불의 의미를 나타내는 술이라면 燒酒(또는 火酒라고도 함.)가 대표적이다. 소주는 본래 '아라기(만주어 '알키', 아라비아 어 '아락', 중국어 '阿喇吉酒')'라 불렸다. 그러나 훗날 아라기보다는 한자말 소주를 더 선호하게 되었다. 막걸리의 탁주, 농주에 비해 燒酒는 알콜 성분이 강한 데서 붙여진 이름으로 불〔火〕처럼 잘 붙는다는 의미로 '태울 燒' 자를 택한 것이다. 어떻든 술은 좋은 음식임에는 분명하다. 중국의 『食貨志』에서는 술이 百藥의 으뜸이라고 했고, 우리도 술을 가리켜 藥酒라 부르기도 한다. 다만 지나친 음주로 술에 감기거나 술에 먹히지만 않는다면 인체 내에서 이상적인 불(에너지)의 역할을 담당할 것이다.

숭늉과 막걸리는 그 자체로 한 민족의 특성을 잘 드러낸다. 그 속에는 무뚝뚝한 할아버지의 기침소리가, 따스한 할머니의 손길, 이를테면 우리 민족의 애환과 체취가 서려 있다. 숭늉과 막걸리를 마시는 모습 역시 한국인답다. 술 마시는 모습을 자세히 보면 한국인의 스케일이 작다고는 하지 못한다. 앞서 말한 대로 소주는 작은 잔에 따라 홀짝거리듯 마시며 맥주는 글라스(컵)에 따라 마신다. 양주, 그 중에서도 포도주는 투명한 글라스에 반쯤 따라 조금씩 맛을 음미하면서 마신다. 서구인들이 반밖에 차지 않은 포도주를 들고 고양이처럼 코 끝으로 향내를 맡으며 혀 끝으로 맛볼 때 우리는 대형 국사발에 철철 넘치게 따라 사발 바닥이 드러나기까지 단숨에 들이킨다.

수염에 묻은 막걸리 흔적을 손바닥으로 훔쳐 내며 참았던 숨을 몰아쉬는, 그 호방한 모습을 어찌 서구인의 그것과 비교할 수 있으랴. 막걸리 잔을 뜻하는 **대포**란 말도 이와 상통한다. 대포는 큰 잔, 또는 큰 잔으로 마시는 술인데, 이 말은 탄환을 멀리 내쏘는 火器인 大砲에서 '크다'는 뜻만 따 온 것이다. 게다가 크다는 뜻을 더 강조하여 왕대포라 부르기도 한다. 최근 유행하는 말에 자신이 한턱 내고자 할 때 외치는 '쏜다'는 말도 이 같은 발상에서 나온 것 같다.

여럿이 모여 술을 마실 때 조상들은 뭐라고 하면서 잔을 들었을까 생각해 본다. 건배 용어라 할까, 축배 인사말이라 할까. 어떻든 전통적으로 많이 쓰이던 특별한 인사말이 있었을 법도 하다. 그러나 우리의 술자리에서는 외국인들이 흔히 쓰는 '간빠이!'나 '브라보!'와 같은 상투적인 인사말은 없었다. 고대 시가를 비롯한 각종 문헌에서도 고작해야 '먹세 그려'라든가 '드사이다, 먹사이다, 듭세, 드세' 정도가 눈에 뜨일 뿐이다.

"한 잔 먹세 그려, 또 한 잔 먹세 그려, 꽃 꺾어 算 놓고 무궁무진 먹세 그려."

酒仙이라 일컫는 송강 정철의 '술 권하는 노래〔將進酒辭〕'에서도 이처럼 '먹세' 정도의 언사가 고작이다. 어느 구절을 보아도 술잔을 쳐들고 건배를 외쳐 대는 경망스러움은 찾아볼 수가 없다. 위에서처럼 꽃잎을 따서 算 놓아 가며 조용히 술잔이나 비우고 그러다 흥이 동하면 시문이나 읊조리는 정도다. 음주 형태를 自酌과 對酌, 酬酌으로 나눈다면 우리의 주법은 대체로 서로 술잔을 주고받는 酬酌에 가깝다. 그러나 많은 사람이 함께 마시는 경우라면 사람 수만큼 별도의 사발이 갖추기가 쉽지 않다. 여러 사람이 동시에 술잔을 들어 올릴 수 없기 때문에 술자리는 자연 自酌의 형태를 취하게 된다. 말하자면 홀로 자연을 벗삼아 자음 자작하며 즐기던 그런 조용한 자리일 수밖에 없다.

'수작'이라는 말은 현대어에서 좋은 의미로 쓰이지 않는다. "수작 떨다, 수작 부리다"라고 하면 무슨 음모를 꾸미거나 경솔한 언행을 뜻하는 말이다. 따라서 잔을 서로 부딪치면서 쾌재를 부르는 주법은 어디까지나 서양인들의 것임을 알 수 있다. 술잔으로도 대용되는 우리네의 사발은 한 손으로 들어 다른 사람의 것과 부딪칠 수 있는, 그런 가벼운 그릇이 못 된다. 일본의 술잔은 우리 것과는 다르다. 일본의 것은 우리보다 작긴 해도 그네들의 '간빠이(乾杯)'는 서양의 '브라보(bravo)'가 유입된 이후에 생긴 풍습이란 게 통설이다.

우리에게 건배 용어가 따로 없었던 이유는 동방예의지국의 주법에서 찾아야 할 것 같다. 우리 조상들은 손윗분과 대작할 경우 이처럼 술잔을 들어 쨍 하고 부딪치는 행위는 용납되지 않았다. 성인이 되어야만 술을 마실 수 있었으며, 그것도 윗분 앞에서는 무릎을 꿇은 채 잔을 받고 마실 때도 상체를 돌려야만 한다. 어디 감히 어른 앞에서 '브라보 쨍'이니 '위하여 쨍'이니 하는, 그런 경솔한 행동을 보일 수 있겠는가.

브라보에 해당하는 고유 용어가 없음을 서운히 여겨 '위하여!'와 같은, 밑도 끝도 없는 새 말을 조작해 낼 필요는 없어 보인다. 또한 중국이나 일본에서 통용되는 '간빠이'를 우리도 그대로 흉내 내는 일도 모양새가 좋지 않다. 그저 우리 식대로 '듭시다', '드십시오'라면서 상대에게 잔을 권하면 상대는 '네, 드시지오.'라면서 조용히 술잔을 기울이면 족하다. 술자리 풍습 하나에도 그 저변에는 우리 것을 낮잡아보고 남의 것, 특히 문명국이라는 서구인의 문화를 동경하는 인식이 자리한다. 상식적인 얘기지만 저들은 어떻게 하든 우리는 언제나 우리 것을 소중히 여기고 우리식으로 살면 그만이다. "가장 한국적인 것이 가장 세계적인 것"이라는 명언을 재삼 음미할 필요가 있다.

6) 곡물의 고유 이름

① 겉곡식과 알곡식(벼와 쌀)

원시 농경의 역사는 단군 시대까지 거슬러 올라간다. 고문헌에 의하면 고조선, 원삼국 시대부터 북부 산악 지대에서는 조나 기장이 재배되었고, 평원 지대가 많은 남부에는 쌀과 보리가 주로 재배되었다고 기록되어 있다. 『三國志』「魏志 東夷傳」에서도 고구려에서는 밭이 적어 항상 식량 부족에 허덕였으며 해마다 풍년을 기약하며 사직에 제사를 올렸다고 적었다. 社稷이란 말의 '社'가 토지신이요 '稷'이 곡물신임은 누구나 다 아는 사실이다. 그런데 稷이라면 당시에는 정확히 어떤 곡물이었으며, 이를 어떤 명칭으로 불렀는지가 궁금하다.

곡물을 지칭하는 고유어의 어원에 대해서 알아 보기로 한다.

예나 지금이나 우리 민족의 주식은 쌀이었다. 쌀이 그만큼 중요하다 보니 보통 쌀이라 하면 먼저 볍쌀, 다시 말하면 벼의 껍질을 벗긴 알맹이(알곡, 米粒)를 떠 올린다. 알곡 중에서도 겉껍질만 살짝 벗긴 것을 玄米라 하고, 속껍질까지 벗기면 白米 또는 精米라 한다. 그러나 넓은 의미의 쌀은 벼 말고도 보리쌀, 좁쌀, 수수, 옥수수 등과 같이 벼과(禾本科)에 딸린 여러 곡식의 알맹이를 통칭하기도 한다. 이처럼 곡물의 껍질을 벗기고 안 벗기고에 따라 그 명칭이 달라지는 것이다. 한자어에서의 구분은 껍질을 벗긴 알맹이를 米라 하고 껍질 채로의 곡물을 粟이라 한다.「說文解字」註에도 껍질을 벗기지 않은 모든 곡식을 粟이라 하고, 그 겉곡식의 열매를 米, 또는 粟實이라 부른다고 하였다.

粟이라면 우리는 곡물 중에서도 '조'를 지칭하는 것으로 알고 있으나 본 의미는 겉곡식을 이르는 말이었다. 중국 하남성에서 나온 漢代의 낙양 분묘에 "黍粟萬石 黍米萬石"이란 적힌 銘記에 의하면 粟과 米의 차이를 확연히 알 수 있다. 다시 말하면 米가 알곡인 반면 粟은 겉곡식인 것이다. 우리가 말하는 '조'는 한자어 稷으로 표기되었다. 기록에 의하면 중국에서는 한대 이후에 조를 粟으로 쓰게 되었으나 우리 나라에서는 조를 粟이 아닌 '租'로 표기하고 있음을 본다.

예로부터 중국에서는 오곡이라 하면 삼[麻], 기장[黍], 조[稷], 보리[麥], 콩[豆]을 꼽음이 통례이나 남부 지방[華南]을 무대로 한 『楚辭』에서는 기장 대신 벼[稻]를 포함시킨다. 우리의 경우도 마찬가지여서 『三國志』의 弁辰條나 倭條에서 '五穀及稻'라 하여, 오곡에서 벼만은 별도로 취급하고 있다. 벼의 원산지가 더운 남방이었던 관계로 우리 나라는 물론 중국에서도 그 재배법이 남방에서 북방으로 파급되었음을 알 수 있다.

우리 민족은 일찍부터 벼를 재배하여 쌀을 주식으로 삼았던 탓으로 자연 이와 관련된 용어가 여럿 생겨나게 되었다. 쌀과 관련된 용어로 대체로 '모-벼-쌀-밥'을 들 수 있다. 이 곡물의 성장 과정에 따라 명칭도 세분화된 결과이다. 나아가 쌀이란 말이 모든 곡물의 대명사처럼 쓰이게 되고, 또 쌀로 지은 밥이 먹을 것, 또는 먹는 일을 대변하기에 이른 것이다. 앞서 말한 대로 쌀이란 말이 벼(稻)의 껍질을 벗긴 알곡(米)의 지칭으로 이는 두 어사의 합성어라 짐작된다. 반면 껍질을 벗기지 않은 겉곡식을 일러 '벼', 또는 '나락'이나 '우케'로 부르기도 한다. '나락'의 어원에 대해서도 이견이 있었다. 어떤 이는 한자어 유래설을 내세운다. 곧 신라 때 관리들에게 지급하는 녹봉이 알곡 대신 겉곡식을 준 데서 羅祿, 또는 羅落이 되었다는 것이다. 그러나 이는 단순한 한자어의 附會에 지나지 않는다. 나락은 고유어에서 곡물의 단위를 나타내는 낟(穀)에 접미사 '-악'의 연결이다. 낱개(個)를 뜻하는 '낱-'도 여기에서 나온 말로 보인다. 따라서 나락은 '낟(穀)>낱(個)+알(粒)'의 구조로 이 말은 지금도 남부 및 강원 일부 지역의 방언으로 쓰인다. 또 하나의 벼의 별칭으로 중세 문헌에도 보이는 우케는 현 방언에도 쓰이며 일본어에도 비슷한 어형이 있으나 그 정확한 어원은 찾기 어렵다.

벼의 어원 역시 분명치가 않다. 한자어 '稗(돌피·패)'에서 유래했다고도 하나 이 역시 부회이거나 발음상의 유사에서 기인할 것이다. 일반적으로 자연산물은 그 명칭과 함께 전래됨이 통례임으로 곡물명 역시 그것의 원산지의 명칭을 고려해야 한다. 벼의 원산지는 인도 혹은 말레시아 반도로 알려져 있다. 이 지역 말에서 벼를 재배하는 논을 'bending / bendang'이라 하고, 벼의 알곡인 쌀을 'bras', 겉곡식인 벼를 'padi'라 부른다. 영어의 논, 벼, 쌀을 통칭하는 'paddy'도 인도, 말레시아 어의 'padi'에서 유래한 것이라 한다.

우리말 '벼' 역시 padi의 차용어로 본다면 쌀이란 말의 어원도 쉽게 풀린다. 벼의 알곡을 뜻하는 쌀은 중세어에서 '뿔'로 표기됨은 주지의 사실이다. 『鷄林類事』의 "粟曰 田菩薩, 白米曰 漢菩薩"에서 '菩薩'이란 차음 표기가 그 본 어형이다. 여기서 菩薩은 'ㅂ술' 정도로 읽을 수 있는데, ㅂ술의 첫음절 모음 'ㆍ'가 탈락하면 '뿔'이 된다. 따라서 粟은 '조+ㅂ술>조뿔'에서 지금의 좁쌀이 되고, 白米는 '희+ㄴ+ㅂ술>흰ㅂ뿔>흰뿔'에서 지금의 흰쌀이 되었다. 그렇다면 '*ㅂ술>뿔'은 기원적으로 '비(padi, 稻)+스리〔粒〕>술'의 구조로 추정할 수 있다.

쌀의 본 어형이 'ㅂ술'이라면 이는 'ㅂ'와 '술'의 합성어이고 선행자 'ㅂ'는 앞서 말한 대로 원산지 이름의 차용어 'padi'의 약음 내지 변음이다. 그렇다면 남은 문제는 'ㅂ'에 후행하는 '술'의 존재를 설명해야 한다. 결론적으로 말하여 스리는 알맹이를 뜻하는 말이라 생각된다. 일본의 문헌 『物類稱呼』에서 언급하기를 "天竺에서는 米粒을 '舍利'라 하고 佛舍利도 또한 미립과 같으므로 모두 舍利라 한다."고 하였다. 舍利는 불교 전래와 관련하여 梵語 'calih'를 한자어 舍利로 차음하고, 이를 불가에서 득도 고승의 유골에서 나오는 구슬을 지칭한다. 米粒을 뜻하는 범어 calih는 현대 인도어로 'shali', 버마어로 'soru'라 칭함이 참고가 된다.

따라서 우리말에서도 쌀의 원산지인 인도의 '사리라'를 그대로 받아들여 '스리>술'로 부른 것으로 보인다. 菩薩이나 舍利에서 보듯 벼와 쌀의 명칭이 불교 용어와 깊은 관련을 맺고 있음을 알 수 있다. 인도가 불교와 쌀의 원산지이며, 또 쌀이 그만큼 우리에게 귀중한 양식인 만큼 불교를 국교로 삼았던 고려 때 쌀을 보살로 불렀을 가능성은 충분한 것이다.

② 세금과 곡물명(보리와 조)

얼마 전까지만 해도 보리는 쌀에 버금가는 주식이었다. 보리의 원산지는 아시아 북반부의 고원 지대로서 중국을 통해 그 이름과 함께 우리 나라에 유입되었다. 보리에 관한 기록은 고구려의 시조 주몽의 전설에서 발견된다. 『三國遺事』에 주몽이 부여 왕조의 박해를 피해 남하했을 때 그 곳에 남아 있던 생모 柳花가 비둘기 목에 보리씨를 기탁하여 아들에게 보냈다고 한다. 주몽은 활을 쏘아 그 비둘기를 잡아서 보리씨만 빼내고 새는 물을 뿜어 되살려서 돌려 보냈다는 기록인데, 이규보의 『東明王篇』에도 인용되는 전설이다.

보리는 小麥과 大麥으로 구분되는데, 이 중 소맥을 우리 나라에서는 따로 밀이라 부른다. 중국에서도 초기에는 이 둘을 구분하지 않았으나 1세기 말엽 『氾勝之書』에서부터 달리 부르게 되었다고 한다. 보리의 어원 역시 원산지의 명칭에서 유래한 것으로 보인다. 다만 원지명이 중국을 경유하다 보니 자연 중국 한자음의 영향을 받게 되었다. 보리는 중국 문헌에서 주나라 때부터 牟來라 하였는데 이후 점차 麥으로 적게 되었다. 이는 麥이 來와 상통하는 글자이기 때문이다. 麥을 파자해 보면 來와 夕이 결합한 形聲文字로서 여기서 來는 줄기 양쪽에 무거운 이삭을 달고 있는 발 모양을 나타낸다. 이로 인해 麥 자는 하늘에서 내려 왔거나, 혹은 멀리서 온 귀한 물건(곡물)의 의미라 해석하기도 한다.

牟來의 중국 음은 '모리'지만 일부 문헌에는 保利와 같이 읽는다고 하였다. 일본에서는 대맥을 '보시무기〔布止牟岐〕'라 하고, 몽고어에서는 한자로 布亥라 적고 있음도 주목된다. 한자의 牟來, 保利 역시 원산지의 명칭을 차용한 차음 표기일 것이다. 이 같은 현상은 중국어만이 아니라 영어의 'barley(*bare>baerlic>barley)'를 비롯하여, 고트(Goth)어의 'baris'나, 터키 어의 'buğuday' 등의 어형이 이와 유사함이 참고가 된다. 이를 두고 4세기 중엽 중앙 아시아에 살던 흉노족이 남부 러시아로 침입하여 고트족을 정벌하고 이어 서부 유럽까지 진출했던 사실이 있는 만큼 이 때 보리가 그 명칭과 함께 유입되었다는 것이다.

조는 원 종자가 강아지풀로서, 이른 시기부터 중국의 중원 황하 유역 일대에서 재배되었다고 한다. 앞서 언급한 社稷의 稷이 바로 '조'로서 그 역사가 벼와는 비교가 안 될 만큼 오래고, 또 대량으로 재배되었기 때문에 고대에는 조가 모든 곡물을 대표하였다. 우리 나라도 일찍부터 이 곡물이 유입되었을 것으로 보나, 다만 그 명칭에 대해서는 구체적인 언급을 찾기 어렵다. 『三國史記』에 흉년이 들어 백성들이 굶주리게 되면 조정에서 창고에 쌓아 둔 穀으로 진휼했다는 기록이 있다. 그러나 벼나 보리, 콩 같은 곡물명은 표기상 명기하였으나 조의 경우만은 따로 언급하지 않았다. 아마도 조라는 말이 모든 곡물을 총칭한 것이기 때문에 이를 따로 적을 필요가 없었던 것으로 해석된다. 『鷄林類事』에서의 "五穀皆有之 粟最大"란 기록이 참고가 된다.

필자는 조라는 곡물명은 한자 租에서 비롯되었다고 본다. 租는 벼를 칭하는 곡물명(己收禾正)이기도 하지만 토지 사용의 대가로 국가에서 稅로 받아들이는 곡물을 지칭하기도 한다. 이 땅에도 예로부터 조가 많이 재배되었고, 조정에서 거둬들이는 稅도 이 곡물로 대신했기 때문에 세금으로 내는 곡물 그 자체를 아예 '조(租)'로 기록하고, 또 그렇게 부른 것이라 생각한다. 『三國史記』「新羅 本紀」에도 혼례 때 납채로 보낸 품목, 또는 왕이 신하들에게 하사하는 품목명에 米와 함께 租가 따로 기록되어 있음이 주목된다. 어떤 이는 기록에 나오는 租를 보리로 보기도 하나, 또 다른 기록에는 보리를 麥이라 하여 별도로 적었기 때문에 租가 穀과 함께 곡물 조로 보아야 한다. 그런데 곡물명 租는 고려조에 와서 租稅의 租와 구분되지 않는 관계로 租 대신 粟으로 통합하여 표기하게 되었다.

③ 콩, 수수 기타

우리의 곡물명 중에 고유어임이 분명한데 그러나 좀처럼 어원 파악이 되지 않는 것이 콩이란 곡물이다. 콩은 원산지조차 한반도 북쪽 만주 일대로 알려져 있어 쉽게 그 기원을 파악할 수 있을 듯하나 실제로는 그렇지 못하다. 그런가 하면 "콩으로 메주를 쑨다고 해도 믿지 않는다."라든가 "콩 심은 데 콩 나고 팥 심은 데 팥 난다."와 같이 고유의 속담이나 격언에도 자주 등장한다. 도저히 믿을 수 없는 말을 일러 '콩으로 메주를 쑨다.' 해도 믿으려 하지 않고, '소금으로 장을 담근다.' 해도 곧이듣지 않는다고 한다. 반면 '콩을 팥이라' 해도 믿는 경우도 있다. '밭에서 나는 소고기'라 불릴 정도로 곡물 중 가장 영양가가 높다는 콩과 이를 재료로 하는 메주와 간장, 된장 따위의 고유 음식명에 대해서 알아보기로 한다.

콩은 한반도 북부와 만주 일원이 원산지로서 쌀이나 조와는 달리 우리 나라에서 중국으로 건너간 곡물이다. 우리 땅이 원산지인 만큼 명칭도 우리말일 듯하나 본뜻은 물론 이 말의 근거를 찾기가 쉽지 않다. 콩에 대해서만은 방언에서도 이상할 정도로 별다른 이칭이 보이지 않는다. 콩의 한자는 豆, 그 열매가 꼬투리나 나무로 만든 祭器의 '豆' 자를 닮았다 하여 생긴 상형문자이다. 콩에는 두 종류가 있는데 보통의 콩보다 작은 것을 '팥'이라 하고, 이를 한자어로는 小豆라 하여 大豆인 콩과 구별한다.

콩에 대한 기록으로 『鷄林類事』에서 "豆曰太"라 하였다. 여기서 '太'는 차음이 아닌 차훈 표기로서 콩〔大豆〕은 팥〔小豆〕에 비해 알맹이가 크다는 뜻으로 '클 · 太' 자를 빌어 썼을 뿐 그 어형을 재구하는 데는 도움이 되지 않는다. 콩의 본뜻은 과연 무엇일까? 우선 고려해 볼 수 있는 것이 그것의 형태가 둥근 공〔球〕처럼 생겼기에 '공'에서 격음화하여 '콩'으로 변하지 않았나 하는 의심이다. 또 하나의 가정으로 이 말이 의성어에서 나오지 않았을까 하는 점이다. '콩 볶듯한다'는 말이 있다. 뜨거운 가마솥에 콩을 볶으면 그야말로 '콩콩 튀기' 때문에 붙은 이름이 아닐까 하는, 참으로 실없는 의심이다.

그러나 이런 의심이 전혀 무모한 것만은 아니다. 속담에 '콩 튀듯 팥 튀듯'이란 말이 있는데 이는 몹시 흥분하여 팔팔 뛰는 모습의 형용이다. 실제로 콩이나 팥은 조금만 뒤늦게 타작을 해도 꼬투리가 뒤틀리면서 알갱이가 튀어나와 제대로 수확하기 어렵다. 그래서 콩대나 팥대를 미리 꺾어 마당에 세워 놓고 말리는데 햇볕이 따갑게 내리쬐면 꼬투리가 톡톡 튀면서 알갱이를 튀기는 장면을 볼 수 있다. 그래서 도리깨로 두들겨서 떨어내기도 전에 스스로 이리저리 튀어다니는 모습을 형용하여 콩이란 이름을 붙였을지도 모른다.

콩의 원산지가 한국이니 만큼 콩을 원료로 하는 메주 및 간장, 된장도 우리가 개발해 낸 가공 식품일 것이다. 고유어 메주는 만주어 '미순(misun)'과 같은 계통의 말이다. 『鷄林類事』에서 '密祖'로 표기된 미순은 중세어로 며주 / 메조 / 며조 / 매조 등으로 불리었으며, 이 말이 일본으로 건너가 '미소'(miso, 味噌)가 되었다. 메주에 해당하는 한자는 醬, 이 한자어는 메주를 원료로 하는 우리말 가공 식품명에 교묘히 침투하여 간장, 된장, 막장, 고추장, 청국장으로 쓰인다. 고유어로 말한다면 간메주, 된메주, 막메주, 고추메주가 되겠으나 이처럼 한중 합작의 이름을 갖게 되었다. 일찍이 콩의 효능을 알고 여기서 각종 가공 식품을 개발한 것은 오로지 우리 조상들의 지혜의 소산이었다. 간장, 된장의 그 구수한 맛이 예나 지금이나 변함이 없듯이 그 이름까지도 순수한 고유어를 유지했더라면 하는 아쉬움은 있다.

수수는 한자 '黍'에서 그 음을 따서 '슈슈>수수'로 부르게 된 이름이다. 지금은 수수나 옥수수, 그리고 기장이 각기 다른 종으로 취급되지만 이전에는 슈슈(黍)란 이름 하나로 통칭되었다. 이 슈슈를 달리 蜀黍, 唐黍, 高粱이라 부르기도 하고, 특히 옥수수만은 '玉蜀黍'라 불리기도 한다. 기존의 수수보다 알갱이가 더 굵고 탐스러워 본래의 이름에 '구슬· 玉' 자를 접두한 것이다.

옥수수는 기원적으로 아메리카 대륙에서 자생하던 것이 그 종자가 유럽으로 전파되고 다시 16세기 초 포르투갈 상선에 의해 중국으로 전해진다. 우리 나라에는 임진왜란 때 원병으로 파견된 명나라 군사를 통해 유입되었다. 옥수수를 달리 강냉이라고도 부르는데 이는 강낭콩과 마찬가지로 중국 양자강 남쪽에서 전래되었다는 지리적 배경에서 얻어진 별칭이다.

수수와 귀리, 그리고 기장은 분명 종류가 다른 곡물이다. 그러나 그 생김새가 비슷하고 유입 초기 슈슈〔黍〕 하나로 통칭되었던 관계로 지금도 지역에 따라 혼용되어 쓰이기도 한다. 字典에서도 黍를 '기장· 서'라 훈하고 있는데 기장이란 말의 어원은 미상이다. 방언에서도 지역에 따라 귀보리, 기럭시, 기리, 지강, 지정, 수수, 쑤시 등으로 불리는 것을 보면 기장과 수수, 그리고 귀리까지 서로 혼동되고 있음을 알 수 있다. 귀리는 한자어의 耳麥, 즉 '귀보리'의 준말이다. 생긴 모습이 보리와 비슷하나 이삭이 귀가 늘어진 것같이 보인다 하여 붙여진 이름이다. 귀리는 문헌에 따라 '귀우리 / 귀오리' 등으로도 기록된다.

땅 속 뿌리를 주식으로 하는 곡물에 감자와 고구마가 있다. 감자는 한자말 甘藷에서 유래한 말로 '감져>감자'의 변화이다. 감자와 고구마는 생긴 모습이 비슷하여 조선 후기까지 명칭에서도 서로 혼용되었다. 고구마는 18세기경 일본을 통해 유입되면서 그 명칭도 함께 들어왔다. 일본에서는 고구마를 부모를 봉양하는 '효행의 감자'라 부른 데서 그 이름이 유래했다고 한다. 小倉進平(1935)에 의하면 대마도 방언에서의 孝行藷, 곧 'kôkô[孝行]+imo[藷]'에서 비롯되었다는 것이다(海槎日記, 乾隆 29年 6月 18日條 名曰甘藷, 或云 孝子痲, 倭音古貴爲痲).

곡물의 전래 및 그 명칭과 관련하여 일본측 고문헌의 기록에서 우리의 눈길을 끄는 대목이 있다. 그 중에서도 『日本書紀』에 나오는 다음과 같은 곡물신[保食神]에 대한 일화는 매우 흥미롭다. 옛날 보식신이 죽으면서 그 시신에서 각종 곡물이 쏟아져 나왔는데 머리에서는 牛馬가 나오고, 이마에서는 좁쌀이, 눈썹에서는 누에가, 눈에서는 피[稷]가, 배에서는 벼가, 그리고 음부(陰部)에서는 보리, 또는 콩이나 팥이 각각 나왔다고 한다. 여기서 주목되는 것은 그것이 나온 신체 부위와 곡물명 사이에 묘하게도 우리말로 풀리는 대응 관계가 성립한다는 점이다. 이 중에서도 머리에서 나온 말[馬], 눈에서 나온 누에, 배에서 나오 벼, 보지[陰部]에서 나온 보리가 결코 예사롭지 않은 바 이런 관계를 어떻게 해석해야 할지는 잘 모르겠다.

7) 한중 혼합의 채소명

사람이 먹을 수 있는 식물을 총칭하여 푸성귀, 또는 나물이라 하고 한자어로는 菜蔬 또는 野菜라 이른다. 중세어로 'ᄂᆞ믈ㅎ / ᄂᆞ물'로 표기된 나물은 어원적으로 '늠'과 '물'의 합성어이다. 본 어형 '*늠물'은 인간이 식용으로 삼는 草木을 뜻하는 말로 선행어 '늠'(*ᄂᆞ모, 중세어로 '나모 / 남ㄱ')은 나무[木]를, 후행어 '물'[藻]은 식물을 지칭한다. 나물과 동의어로 쓰이는 남새의 후행어 '-새'도 '물'과 같이 풀[草]을 뜻한다. 남새는 'ᄂᆞ모>늠[木]+새[草]'의 구조로 현 방언에서도 나무새 / 남우새란 이름으로 통용된다.

현 우리말 채소명의 주요 특징은 한자와 고유어가 혼용되어 쓰인다는 점이다. 채소명에서도 예이 없이 한자어의 침투를 입었으나 다행스럽게도 이를 고유어화한 것이다. 다시 말하면 많은 나물명이 고유어처럼 보이지만 실지 그 어원은 한자어에서 유래했다는 것이다. 우리말 채소명에 가장 많이 쓰이는 한자로 菜와 椒를 들 수 있다. 菜蔬라는 한자말에서 '菜' 자가 교묘히 고유어 이름 속에 파고 들어 지금은 버젓이 우리말 행세를 하고 있는 것이다. '배추, 상추, 부추, 염부추, 시금치, 순채, 호채, 옹채, 김치' 등이 그런 예이다. 한자 菜는 이들 예에서 보듯 '-채 / -추 / -치 / -초' 등의 어형으로 발음되면서 우리말 나물명 어휘로 자리잡은 지 오래다.

이 중에서 김치와 상추는 菜형 나물명 가운데 가장 빈도가 높다. 같은 나물 이름이라도 김치와 상추는 그 의미가 전혀 다르다. 상추 / 상치(중세어로 '숭치')는 '날 것'을 뜻하는 生菜에서 온 말이다. 생채 중에도 무생채나 오이생채는 生菜의 본 어형이 그대로 사용된 경우다. 말하자면 무나 오이를 삭히거나 익히지 않은 채 즉석에서 날로 무친 생나물인 것이다. 반면 김치는 산〔生〕나물을 오래 두고 먹기 위해 저장했다는 의미의 沈菜란 한자어의 변용이다. 沈菜는 중국 문헌에는 나타나지 않으므로 이는 우리 나라에서 만든 한자어라 볼 수밖에 없다. 김치란 말이 비록 한자에 기반을 두고 있으나 우리 식으로 만든 것이기에 이를 우리말로 취급해도 무리가 없을 듯하다.

김치를 『訓蒙字會』에서 "菹 딤치 조"라 훈하고 있다. 沈菜는 중세어에서 '딤치'란 어형으로 쓰이다가 '딤치>짐치>김치'의 변화를 거쳤음이 틀림없다. 김치를 담그고 저장하는 김장 역시 沈藏이란 한자말에서 유래한다. 고려 때 김치를 저장하는 沈藏庫라는 곳간까지 있었다고 하니 김장의 역사도 오램을 알 수 있다. 그런데 김치의 주요 양념이 되는 고추가 임진왜란 때 우리 나라에 유입되었으니 당시 김치의 모양은 지금과는 사뭇 달랐을 것이다. 고추가 들어 가지 않은 김치라 지금같이 붉은 색깔을 띠지 않았을 것이다. 우리의 고유 음식 김치의 역사는 삼국시대까지 거슬러 갈 수 있다고 한다. 이런 김치가 이제 한국을 대표하는 음식이 되고 나아가 세계인들도 이를 즐기게 되었다니 자랑스러운 일이 아닐 수 없다.

　배추는 白菜에서 유래한 말로 '흰 나물'이란 뜻, 이를 한자말로는 '菘', 또는 '菘菜'라 한다. '菘'을 『訓蒙字會』에서 '비치'라 훈하면서 도 附記하기를 속칭 '白菜'라 적었다. 말하자면 나물의 색깔에 의해 명명된 이름임을 분명히 한 것이다. 중세 문헌에서 '시근치'라 표기되었던 시금치는 그 뿌리가 붉은 색이어서 한자말로 赤根菜라 한다. 그 런데 붉은 뿌리를 가진 이 나물을 왜 시금치라고 부르게 되었을까? 일반적으로 시금치는 뜨거운 물에 슬쩍 데쳐 식힌 뒤에 먹기 때문에 '식은 나물〔冷菜〕'이란 말에서 유래한 것으로 알기 쉽다. 말하자면 '식은채>시근채>시금채>시금치'의 변화로 보는 것이다. 그러나 슬쩍 데쳐 먹는 나물이 어디 시금치뿐일까. 이 말의 어원은 한자말 赤根菜에서 찾아야 한다. 赤은 '치'로 읽히기 때문에 赤根菜는 중국 근대음으로 '치근채'로서 이는 '치근치>시근채>시금채>시금치'의 변화를 거친 말이다.
　무〔菁根〕는 만주어의 'mulsa'와 같은 어원으로 본래 두 음절의 말이었다. 곧 '무수/무시'형이었다가 'ㅅ'이 약화, 탈락하면서 무우가 되었지만 현대어에서는 한 음절의 '무'를 표준어로 삼는다. 무 중에는 청각김치의 원료가 되는 청각무라는 이름도 있다. 청각무를 달리 달랑무라고도 하는데, 이 역시 '총각무'로의 변신과 같은 발상임이 재미있다. 청각무가 왜 총각무로 그 이름이 바뀌었을까? 이는 아마도 무의 형태가 달랑달랑 매달린 총각의 그 무엇을 연상시켰기 때문일 것이다. 청각무가 총각무로, 청각김치가 총각김치로 개칭된 데 대하여 박갑천(1995:286)에서는 자세한 해설을 덧붙인다. 말하자면 무를 다듬고 김치를 담그며 그 이름을 불러 주는 이가 오로지 여성들이다 보니 어떤 연상 작용으로 그런 이름이 생겼다는 설명이다.

아들이 많은 집안의 외딸을 일러 양념딸이라 하고 표준어로는 고명딸이라 한다. 예로부터 보기 좋은 음식이 먹기도 좋다고 한다. 고명이란 말은 음식의 빛깔이나 모양을 보기 좋게 하고 나아가 식욕을 돋구기 위해 그 위에 볼품으로 얹는 각종 재료들 이름이다. 이처럼 음식에서나 쓰이는 말을 귀염둥이 외딸의 별칭으로 끌어 씀이 매우 흥미롭다. 양념이나 고명은 동의어이나 이 중 고명이 고문헌에 보이므로 그 기원이 더 오랜 것 같다. 양념감, 양념거리에서 보듯 이 말은 지금은 死語가 되다시피 한 고명의 뒤를 이어 폭넓게 쓰이고 있음을 본다.

양념은 각종 음식에서 단맛을 내는 감미료, 신맛을 내는 酸味料, 향기로운 맛을 내는 香辛料, 짠 맛을 내는 소금이나 간장 등과 함께 모든 식용 기름류를 총칭한다. 현대어 調味料는 그것이 다분히 인공적 재료임에 반하여 양념은 자연 그대로의 재료라는 점에서 풍기는 맛이 다르다. 우리의 전통적 양념감 중에 유래가 가장 깊고 효능이 탁월하기로 소문난 것이 바로 마늘이다. 마늘은 아득한 옛날 단군신화에서 비롯되어 삼국 시대에도 蒜園이란 재배지까지 두었다고 하니 그 역사가 오램은 미루어 짐작할 수 있다.

마늘을 한자말로 蒜菓, 頭菜, 宗菜, 上菜라고도 부른다. 나물명에 頭, 宗, 上이 접두된 것을 보면 중국에서도 일찍부터 그 효능을 알고 있었던 모양이다. 마늘의 중세어 표기는 '마눌'로서 이는 '마'와 '눌'의 합성어라 생각된다. 선행자 '마'는 나물의 고형 ᄂᆞ물의 '물'과 함께 뿌리를 주식하는 '무〔菁根〕', 그리고 球根食品이라는 '마〔薯〕'와 동일한 어원으로 보인다. 마늘의 어형을 고지명에서 '買尸(買尸達=蒜山)'로 표기하고 『鄕藥救急方』에서는 '亇汝乙'로 차음 표기하였다. 마늘의 효능에 대해서는 현대 의학에서도 속속 밝혀지고 있으므로 여기서 재론할 필요는 없다. 다만 마늘의 신비를 일찍부터 발견하고 藥食同源의 이치를 깨우쳤던 조상들의 현명함에 놀랄 뿐이다.

향신료 중에 매운 맛을 대표하는 것이 고추와 후추이다. 고추는 후추와 함께 앞서 언급한 대로 한자 椒에서 유래한다. 椒는 『詩經』이나 『爾雅』같은 중국의 고문헌에서 진한 향기를 내는 식용 작물이라고 기록하고 있다. 椒는 원산지에 따라, 또는 용도나 특성에 따라 川椒, 山椒, 蜀椒 등으로 분류된다. 이 중에서 고려가요 「동동(動動)」에 나오는 분디나무의 '분디>분지'가 여기서 말하는 산초일 것이며, 일반적으로 조피(죠피>조피)라고 불리는 椒가 천초일 것이다.

후추는 '호도(胡桃)>호두'란 이름과 마찬가지로 胡椒가 변한 말이다. 호초가 인도에서 중국을 거쳐 전래된 까닭에 서역, 곧 오랑캐 땅에서 왔다는 뜻에서 어두에 '胡-'를 붙인 것이다. '호초>후추'란 이름 외에도 몹시 매운 음식이란 뜻으로 苦椒라 부르기도 한다. 『訓蒙字會』를 비롯한 중세 여러 문헌에 보이는 '고쵸'란 이름은 지금의 고추가 아니라 고려 때 전래된 후추인 것이다. 고추의 원산지는 열대 남아메리카로서 우리 나라에는 조선조 임진왜란을 전후하여 포르투갈 상선에 의하여 유입되었다. 초기에는 고초란 이름 말고도 蕃椒, 若椒, 秦椒, 高麗胡椒(일본 측 史書 기록) 등의 다양한 이름이 있었다. 이수광의 『芝峰類說』에는 고추를 南蠻草라 적었는데 이는 남쪽 오랑캐에 의해 전래되었다는 뜻이다.

8) 고기의 고유 이름

① 육류의 고유명

고기라 하면 식용으로 삼는 새나 짐승, 그리고 물고기의 살을 총칭하여 이르는 말이다. 고려 때의 우리말을 기록한 『鷄林類事』에서도 "魚肉皆曰姑記"라 하였다. 그러나 지금은 물고기는 따로 떼어 생선이라 부르고, 대신 짐승 고기인 육류만을 고기라 이른다. 육류 중에서도 한국인은 쇠고기를 최상으로 친다. 肉이라는 한자말은 그 자체로 쇠고기라 인식할 정도인데, 예컨대 육개장이란 이름도 여기서 비롯되었다. 본래 개장(또는 개장국)이라 하면 개고기를 고아 끓인 국을 말함인데, 여기에 소고기를 뜻하는 肉 자를 덧붙여 소고기를 마치 개장국처럼 끓였다는 뜻으로 이름을 삼게 된 것이다.

한국인처럼 쇠고기를 맛깔스럽게 양념하여 불에 구워 먹는 민족도 드물 것이다. 우리 조상들은 일찍부터 소의 각 부위별 고기를 맛맛으로 감별하고 거기에 맞는 독특한 명칭과 함께 적절한 조리법을 개발해 놓았다. 이 같은 조리법은 먼 옛날 수렵 시대로부터 터득해 온 오랜 식생활의 전통이다. 북방계 유목 민족인 몽골어나 만주어에서 유래한 고기 이름, 이를테면 설렁탕의 '설렁'이나 순대(만주어의 'sundà') 등이 그런 예에 속한다.

설렁탕에서 '설렁'의 기원에 대해서는 지금까지 구구한 논의가 있었다. 대체로 先農壇에서 유래하여 先農湯, 設農湯(또는 雪濃湯) 등으로 변모한 것으로 알려져 왔다. 이 중에서도 선농단 유래설은 농경민이었던 우리 조상들의 생활 풍습의 계승이란 점에서 많은 지지를 받는 듯하다. 그러나 계통론적인 면에서 북방계어의 유입설이 만만찮게 제기되기도 한다. 이를테면 설렁, 또는 궁중 용어인 '수라'가 몽골어 'silü', 혹은 'silün', 고깃국물을 지칭하는 만주어 'sille'와는 동원어일 것이라는 추정이다. 이런 주장도 무시할 수 없는 것이 우리 민족이 농경민이기 이전에 북방에서 유목민으로서 수렵 생활도 경험했기 때문이다.

짐승 고기를 불에 구워 먹으면 불고기가 된다. 너비아니라 일컫던 불고기가 언제부턴가 불에 구운 쇠고기만을 지칭하게 되고, 이것이 먹거리 중 최상의 음식으로 인정하게 되었는지는 잘 모른다. 다만 세월 따라 사람의 미각이나 취향도 변하게 마련인가 보다. 불고기도 점차 갈비에 밀리고, 또 얼마 안 있어 갈비도 양념하지 않은 생갈비나 안심, 등심과 같은 보다 세분화된 부위에 그 자리를 내주려 한다. 쇠고기도 쇠고기 나름, 갈비도 갈비 나름으로 고기 맛에서도 전문화 시대가 도래한 것이다.

갈비는 짐승의 가슴통을 이루는 부분의 뼈와 거기에 붙은 살을 지칭한다. 갈비란 말은 동사 '가르다〔分岐〕'에서 파생된 것으로 알려져 있다. 곧 갈비뼈〔肋骨〕가 등뼈에서 갈라진 선이기에 생긴 말이라는 것이다. 그런데 갈비의 어원을 分岐을 뜻하는 '가르->갈-'이라고 보면 후행하는 '-비'에 대한 설명이 필요하다. 그래서 갈비의 어원을 달리 생각하여 중세어에서 나란히 있다는 뜻의 '귋-〔竝〕'으로 상정해 볼 수 있다. 즉 동사 '귋-'에 접미사 '-이'의 연결로 보면 쉽사리 '-비'의 존재가 설명된다. 또한 귋에서 'ㅂ' 음이 약화・탈락하면 '귋+이>귋이>귋이>ᄀᆞ리'를 거쳐 가리가 된다. 소의 갈비를 식용으로 할 때의 "가리구이, 가리찜, 가릿국, 가리볶음"이 그 예가 될 것이다.

육류도 전문화, 세분화의 길을 걷다 보니 부위별 구분과 이에 따른 새로운 명칭이 필요하게 된다. 부위별 이름은 주로 육류를 전문으로 다루는 이들에 의해서 지어졌으리라 짐작된다. 이런 이유로 부위별 이름 중에는 소박하면서도 재미난 것도 많다. 반면 즉흥적인 작명 탓에 일반인들의 오해를 살 만한 것도 있으니 '갈매기살'이 그런 예다. 언뜻 들으면 바다 위를 나는 갈매기를 구운 고기라 생각하기 십상이다. '제비추리'란 특정 부위의 고기명도 마찬가지, 여기서 '초리 / 추리'가 꼬리를 뜻하는 옛말이어서 요즘 사람들은 갈매기뿐 아니라 제비의 꼬리까지 구워 먹는 줄로 착각할 만하다. 서양요리나 중국요리에서 까치집이나 상어 지느러미도 좋은 요리감이 되기 때문이다. '도가니탕'이란 명칭도 예외는 아니다. 도가니라면 쇠붙이를 녹여 내는 가마를 이름이니 그 도가니에서 끓인 고깃국이 바로 도가니탕이 아니겠는가 하는 오해를 살 수도 있다.

갈매기살은 돼지고기에서 가로막〔橫膈膜〕을 이루는 부위의 살이다. 안창고기라는 별칭을 가진 갈매기살은 가로막았다는 '가로막살'이 줄어 된 말이다. 어류명에서 '관목(貫目)'이란 말이 과매기로 변음하는 것과 비슷한 유형이다. 말린 靑魚를 지칭하는 과매기는 청어를 잡은 뒤 고기의 눈이 나란히 놓이도록 꿰어서 말린다고 해서 '貫目'이라 했던 것이 지금의 과매기가 되었다.

제비추리는 쇠고기에서 양지머리의 배꼽 아래 붙은 살코기이다. '추리 / 초리'가 앞서 말한 대로 꼬리의 옛말이므로 고기의 형태가 제비 꼬리를 닮았다고 해서 붙여진 이름이다. 말하자면 사람의 머리 뒷꼭지에 뾰족이 내민 머리털, 곧 제비초리와 흡사하게 보였던 모양이다. 도가니탕의 도가니는 '무릎도가니'의 준말로서, 소의 무릎에 붙은 종지뼈와 그것을 싸고 있는 살덩이를 가리킨다. 종지뼈의 형태가 도가니의 그 우묵한 그릇 모습을 닮았기에 종지뼈 대신 도가니란 말을 택한 모양이다.

육류의 부위별 명칭 중에 저속하다는 느낌을 주는 이름도 흔하다. 이들 명칭이 짐승을 잡거나 가죽을 다루던 백정이나 갓바치, 또는 푸줏간(鋪子+간) 종사자들에 의해 지어진 탓에 우리가 그렇게 인식하는 것이다. '푸줏간'이란 말도 정육점이나 고깃집에 비해 저속하다고 느끼는 듯하다. 그러나 푸주 역시 한자말로서 精肉에 비해 결코 격이 낮은 말은 아니다. 푸주는 한자어 '庖廚(중세어 표기 '푸쥬')'에서 유래한다고 각종 사전에 기술되어 있다. 그러나 푸주는 조항범(2001:222)에서의 주장처럼 '鋪子('푸즈')'에서 온 말로 봄이 옳을 듯하다.

어떻든 육류의 부위별 명칭은 대체로 소박한 맛을 풍긴다. 백정이나 갖바치들의 일상 가운데 자연스럽게 생성된 말이기에 여기에 어려운 한자말이 끼어들 여지가 없었을 터이고 그래서 우리말의 순수성도 보존될 수 있었다고 생각된다. 최근 식당가에서 '뼈다귀 해장국'이란 간판을 대할 때도 거부감을 갖기보다는 오히려 친근감을 느낀다. 한 걸음 더 나아가 뼈다귀를 '뼉따구'라 한다고 해도 마찬가지일 터이다.

② 부위별 명칭

쇠고기는 맛의 차이에 따라 세 부위로 나눈다. 가장 맛이 좋다는 안심과 등심을 상육으로 꼽고, 다음으로 갈비·쇠악지·업진·대접살·양지·채끝살·우둔 등을 중육으로, 그리고 사태·홍두깨살·도가니·꼬리·중치·살·족 따위는 가장 낮은 하육으로 친다. 살코기 이외의 내장으로는 염통을 위시하여 간, 처녑, 양, 콩팥, 허파, 곱창, 딸창, 곤자소니, 지라 따위를 들 수 있다. 이 밖에도 선지, 쇠꼬리, 혀, 골, 등골, 주라통 등이 있는데, 이를 통하여 앞서도 말한 바처럼 그 옛날 백정이나 갖바치들이 사용하던 투박하면서도 소박한 그들의 생활 언어를 엿볼 수 있다.

길짐승〔獸〕의 고기 중 최상품은 단연 안심과 등심이다. 여기서의 안심이나 등심이란 말은 아무래도 고유어로 보아야 할 것 같다. 문제는 후행어의 '-심'인데 우리말 사전에서는 한자 '心'으로 적어 놓았다. 한자어 心은 마음속이나 중심, 또는 근본을 뜻하는 말로서 신체 부위에

서는 '염통[心臟]'을 지칭한다. 그러나 '심'은 힘줄>심줄에서 보듯 '힘
[力]'과 같은 말로서 신체의 살 중에서 근육을 가리키는 고유어로 봄
이 옳을 듯하다. 한자 筋을 字典에서도 '힘 근'이라 훈하고 있으므로
안심은 '안쪽 힘살'이요, 등심은 '등쪽의 힘살'일 것이다.

아롱사태나 뭉치사태도 재미있는 고유어 이름이다. 사태는 두 다리
사이를 가리키는 '삿/산[間]·+다리[脚]'가 줄어서 변한 말이다. 씨름
에서 씨름꾼이 시합에 앞서 사타구니에 매는 '샅바'를 상기해 보면
쉽게 이해된다. 샅은 기원적으로 사이[間]의 옛말인 '*ㅅ시>ㅅㅣ'의
말모음 축약형으로 동물의 몸인 경우 국부를 가리킨다. 소에 있어서
뭉치사태라면 사타구니에 살이 집중적으로 뭉쳐 있는 부위를 지칭할
터인데, 그러나 아롱사태의 아롱만은 선뜻 감이 잡히지 않는다.

아롱사태의 아롱은 어느 부위를 말함인가? 여기서 조금만 더 깊게
생각하면 아리송해보이는 '아롱'의 의미를 '아롱무늬'란 말에서 암시
를 받는다. '아롱-'은 감각어(의태어)로서 점이나 무늬가 총총한 형상
을 일러 아롱아롱/아롱다롱이라고 한다. 따라서 암소의 은밀한 부위
인 사타구니에 이런 무늬가 총총히 박혀 있기에 얻은 이름이 아닐까
한다. 참나무 숯불로 쇠고기를 구울 때 지글지글 타는 연기에 밴 고
기 맛은 단연 일품이다. 갈비나 등심의 맛도 그만이지만 아롱사태나
뭉치사태의 그 묘한 이름 맛까지 첨가되어 한맛을 더하게 한다.

술 안주감으로 즐겨 먹는 고기를 보통 수육이라 부른다. 수육은 근
래 쓰기 시작한 한자말로서 獸肉과 熟肉(숙육>수육)의 두 가지 표기
가 다 가능하다. 그러나 정확히 말한다면 獸肉은 네 발 달린 길짐승
의 고기를 뜻하고, 熟肉은 전자의 의미에서 범위를 좁혀 삶아 익힌 쇠
고기를 뜻한다. 수육은 片肉과 통하는 말로서 특별히 얇게 저민 수육
을 그렇게 부른다. 편육에는 여러 종류가 있지만 앞서 말한 안심, 등

심 이외에 만화(만하), 섯밑(혓밑), 양, 처녑 등도 여기 포함된다.

만화(또는 '만하')는 지라와 이자[脾臟]를 아우른 이름으로 문헌에 따라 이를 沙肝으로 적기도 한다. 그러나 엄밀히 말하여 사간은 닭 종류의 모래주머니로서 포장마차에서 내놓는 '닭똥집'이다. 언젠가 포장마차에서 닭똥집을 '사간'이라고 부르는 점잖은 손님을 본 적이 있다. 주인이 그 고상한 이름(?)을 알아들을 리가 만무한데도 신사는 어찌 '똥'이라는 말을 입에 올릴 수 있느냐면서 굳이 사간을 고집하는 것이었다.

한편 생각해 보면 포장마차와 같은 곳에서 또 그런 시간, 그런 분위기라면 안주 이름을 닭똥집이라 불러도 어울릴 듯하다. 말은 분위기에 크게 좌우한다. 고유어와 한자어의 위상의 문제, 곧 닭똥집과 사간과의 형평을 고려한다면 바꾸어 불러야 할 이름은 얼마든지 더 있다. 이를테면 닭발은 鷄足으로, 닭갈비는 鷄肋으로 말이다. 그러나 분위기론으로 본다면 그럴 필요는 없다고 생각된다.

부화(또는 부아)는 폐장을 일컫는 고유어로서 이 역시 좋은 안주감의 하나이다. 부화는 부위별 명칭이긴 하나 그보다는 여기서 파생된 또 다른 의미를 나타내는 데 더 많이 쓰인다. 곧 '부아나다, 부아돋우다'에서 보듯 '분한 마음'을 뜻하는 말로 쓰이는 것이다. 사람이 화가 나거나 기분이 나빠지면 신체의 장기 중에 폐장이 먼저 반응하는 모양이다. 또 겁을 먹거나 긴장하면 간에서 먼저 감지하는 듯하다. 놀랐을 때 곧잘 하는 "간 떨어질 뻔했다."는 말이 그 증거가 된다.

양은 胃의 고유어로서 식용으로 쓰일 때의 소 밥통의 고기다. 우리가 식사 후에 "양이 차지 않는다."고 말하곤 하는데, 이는 분량이 적다는 量이 아니라 위(밥통)가 차지 않는다는 불평이다. 물론 먹는 양이 적어서 위가 차지 않겠지만, 그러나 한자 量과 고유어 䑋은 구분되어야 한다. 고유어 '양'을 표기하는 䑋 자는 우리 나라에서 만든 고유 한자[國字]이다. 섯밑은 혓밑의 구개음화형으로 혀의 밑부분 고기이다. 섯밑이 고유어인 반면 처녑은 한자말로서 千葉의 동음 생략형이다. 백엽(百葉)이라고도 하는, 이 처녑은 소의 되새김 밥통[反芻胃]의 제3 胃로서 여러 개의 잎으로 형성되었기에 얻은 이름이다.

육류명뿐 아니라 사람의 신체 장기명도 최근 급격히 한자어로 대체되는 중이다. 앞서 든 예처럼 '만화'나 '지라'는 비장이란 한자말에, '부화／부아'는 폐장에, '양'은 위장에, '콩팥'은 신장에, '염통'은 신장에 그 자리를 내주고 있다. 한편 생각하면 이 같은 한자화의 저변에는 인간의 장기와 짐승의 그것과 구분하려는 의도도 깔려 있는 듯하다. 그 옛날 박주산채로 자족하던, 가난했던 시절과는 달리 이제는 누구나 육류 안주를 즐길 수 있게 되었다. 지금은 고기 안주가 양반들의 전유물이었던 시대가 아닌 만큼 이들 안주명도 우리의 고유 이름을 되찾을 때도 되지 않았나 싶다.

③ 생선류의 이름

바다나 강, 시내에 사는 물고기도 인간의 좋은 먹잇감이 된다. 물고기를 한자어로 생선이라 하는데, 둘이 완전히 같은 말은 아니다. 곧 生鮮이라면 물고기[魚類] 중에서도 말리거나 절이지 않는 상태의 것을 이른다. 앞서 언급된 육류명이 서민층에 의해 생성되고 지켜져 온 것처럼 물고기 이름도 어부들에 의해 보존되었음은 이와 다르지 않다. 또한 생선명도 생성 초기에는 순수한 우리말로 지어졌을 것이나 이후 한자어의 침투를 받게 됨도 역시 마찬가지다.

우리 물고기에는 유난히도 '-치' 접미사를 가진 이름이 많다. '갈치, 넙치, 가물치, 꽁치, 눈치, 날치, 살치, 기름치, 멸치, 참치' 등등. 이들 '치'형 이름은 고기의 생긴 모양에 따른 고유한 특성을 나타낸다. 고형이 티라고 추정되는 치의 어원에 대해서는 자세히 알 수가 없다.

'치'의 본 의미는 과연 무엇일까? '티>치'는 물건을 지칭하거나 '이치, 저치, 거러치, 다라치'에서와 같이 사람이나 직업을 나타내는 접미사이다. 이런 접미사를 누군가가 물고기 호칭으로 끌어 쓴 것이 그대로 관용어로 굳어졌는지, 혹은 이 말이 원래 고기(魚)를 뜻하는 고유어였는지는 확언하기 어렵다.

'-치'형 이름 중에 참다랭이의 별칭인 **참치**에 얽힌 유래는 유별나다. 박일환(1994:178)에 의하면 광복 직후 이승만 초대 대통령이 순시차 수산 시험장에 들렀을 때의 일이라 한다. 대통령이 어류학자 정문기씨에게 참다랭이를 가리키며 고기 이름을 물었다. 갑작스런 질문에 당황한 정박사는 "참, 참……" 하면서 망설이던 끝에 우리 어류명에 '-치'형이 많음을 알고 얼떨결에 "참치입니다"라고 답했다는 것이다. 그 이후로 '참치'란 이름이 생겼다는 것인데 그 정황이 분명하여 이를 단순한 민간 어원설로 볼 수만은 없을 것 같다.

갈치(刀魚)는 고기의 생김이 꼭 칼처럼 생겼기에 얻은 이름이다. 칼의 중세 어형이 '갈ㅎ'로서 지금도 지역에 따라서는 현대어에 맞게 '칼치'라 부르기도 한다. **넙치**는 '넙(廣)+치(접미사)'의 구조로 이름 그대로 긴 타원형의 넓적한 바닷물고기이다. 이 넙치를 토막 내어 말린 것을 한자말로 廣魚라 한다. **가물치**는 검은색 물고기로서 중세어로 '가모티'(加母致로도 표기)라 표기하였다. 이 이름은 '감/검(黑)+오(접사)+치(접미사)'의 구조로서 '가모티>가몰티>가물티>가물치'의 변화이다. 또한 '공미리'라고도 불리는 **꽁치**는 양턱이 부리 모양으로 삐죽 나온 바닷물고기이다. 한자말로 針魚, 針口魚라고 불리는, 이 고기를 꽁치라 이름한 것은 그 생김새가 새의 꽁지(꼬리)를 닮았기 **때문**인 듯하다.

바닷고기 중 **명태**만큼 다양한 이름을 가진 물고기도 드물다. 속담에 '북어나 명태나'라는 말이 있다. 이것이나 그것이나 매일반이라는 뜻인데, 속담처럼 북어나 명태나 어떤 이름으로도 그 어원이 명확하지 않다. 어쩔 수 없이 민간 어원설에 의존하는 수밖에 없는데 이를 믿어야 할지 어떨지는 잘 모른다. 5백여 년 전 함경도 明川이란 곳에 太 씨 성을 가진 어부가 살았다고 한다. 하루는 생전 처음 보는 고기를 잡게 되어 군수에게로 가서 그 이름을 물었다. 군수 역시 몰라서 그저 명천의 태(太) 씨가 잡은 고기라 하여 明太라 부르라고 명한다. 그래서 이런 이름이 생겼다는 것인데 『松南雜識』이란 책에도 이와 같은 전설을 적고 있다(……北魚明太 我國元山島所産 而名川地古不捉 矣 名川太姓人 以釣得北魚 大而肥美 故名明太).

도루묵에 대한 전설도 매우 그럴싸하다. 재미있는 전설을 가진 고기는 이름도 많은 법, 도루묵 역시 銀魚, 銀條魚, 木魚, 還木魚, 還麥魚 등의 여러 한자말 이름이 있다. 선조께서 임진년 왜란을 당하여 피난중에 어떤 생선을 먹게 되었는데 '시장이 반찬'이라 그 맛이 보통 별미가 아니었다. 왕이 고기 이름을 물으니 '묵'이라 하므로 그 이름이 맛에 비해 어울리지 않는다 하여 즉석에서 銀魚라 지어 주셨다.

난이 끝나 환궁한 뒤 문득 은어 생각이 나서 청하여 먹었더니 예전 그 맛이 아니었다. 그래서 은어란 이름은 과분하다고 하면서 "도로 묵이라 해라."고 명한 데서 '도루묵'란 이름이 생겼다는 것인데, 어디까지나 민간어원설이다. 도루묵은 '돌[石]木魚'의 변음으로 물고기의 형태나 색깔에서 붙여진 이름이다. 還木이나 還麥이란 한자어 이름은 이 어형의 차음 표기에 불과하다.

어류명에 '치'형 이름 말고도 고등어나 잉어, 붕어와 같은 '-魚'형 이름도 많다. 고등어의 옛 이름은 '고도어', 이를 한자로 '古刀魚, 高刀魚, 高道魚' 등으로 차음 표기하였는데 그 본뜻은 미상이다. 고도어가 '고동어>고등어'로 변한 데는 '魚'의 한자음이 '疑母(ㅇ)'이므로 앞

음절 '도-'에 받침 '-ㅇ'이 발음되는 것이다. 같은 유형으로 잉어, 붕어. 숭어, 농어 등도 있다. 잉어(鯉魚)는 '리어>니어>닝어>잉어'의 변화이고, 붕어(鮒魚)는 '부어>붕어'의 변화, 숭어(水魚, 秀魚)는 '수어>숭어'의 변화, 농어(鱸魚)는 '노어>농어'의 변화로 지금까지 이른다. 이들 이름에 동원된 어두의 鯉, 鮒, 水 / 秀, 鱸 등은 한자의 뜻에 관계없이 고유어의 음을 적기 위해 동원된 차음자일 것이나 그 정확한 본뜻은 알기 어렵다.

4. 의상 용어의 특성

1) 한국의 의상 문화

앞서 우리 문화의 기반이 농경 생활에서 비롯되었고 그 문화의 특성을 대변하는 것이 '짓다 [作]'라는 말이라 했다. 집만 짓는 것이 아니라 옷도 짓고 밥도 짓는다는 말에서 의식주 전반에 걸쳐 짓는 일의 중요성을 느낄 수 있다. 그런데 집을 짓고 관리하는 일 이외에 옷을 짓고 밥을 짓는, 곧 衣食 두 가지에 관련된 일은 모두 여성의 몫이다. 이처럼 衣食 양면의 생활이 여성에 의해 주도되었다는 사실은 이 일에 관련되는 우리말이 한자어의 침투를 덜 받았음을 의미한다. 앞 장에서 다룬 食用語와 마찬가지로 우리의 衣裳語에서도 고유어의 순수성이 유지되었음은 그런 토대에서 가능했다. 옷, 입다, 치마, 저고리, 바지와 같은 고유어가 의상, 착용, 상의, 하의와 같은 한자어 못지않게 통용되고 있음이 그 한 예가 된다.

입는 옷과 관련된 의상 문화도 국가나 민족에 따라 그들이 사는 곳의 기후, 풍토에 적합한 나름대로의 관습과 특성을 가진다. 비슷하게 생긴 옷이라 해도 이를 입는 방식이 서로 다를 수도 있으니 옷깃차례란 말도 그 한 예가 된다. 옷깃을 여밀 때 우리는 통상 오른자락 위로 왼자락을 여민다. 이에 반해 중국이나 북방의 만주족, 여진족의 방식은 우리와는 다르다. 그래서 왼자락이 덮이는 쪽, 곧 시작한 사람으로부터 오른쪽으로 돌아가는 차례를 옷깃차례라 이른다. 이처럼 옷을 입는 방식의 작은 차이 하나가 바로 문화의 차이로 이어지는 것이다. 다만 옷의 모양이 어떠하든 입는 방식이 어떠하든 그 옷을 입는 사람들은 자신들의 것이 가장 좋다는 자부심을 갖는다. 일찍이 중국의 석학 郭沫若은 다음과 같이 양복의 단점을 지적함으로써 중국옷의 우월성을 과시하였다.

"넥타이는 인간의 호흡을 방해한다. 흰 와이셔츠는 자유로운 사고작용을 방해하고, 벨트(혁대)는 소화 작용을 방해한다. 그러나 중국의 의상은 이런 세 가지 방해물이 없다."

이런 식으로 말한다면 우리 한복도 얼마든지 그 우수성을 자랑할 수 있다. 한복의 바지나 치마는 김 서방, 박 서방을 가릴 것 없이 누구나 입을 수 있다. 입고 벗는 데 많은 시간이 걸리지 않으며 보관 또한 간편하다. 여성 한복에서의 우아한 아름다움은 특히 자랑할 만하다. 우리는 한때 스스로를 백의민족이라 내세운 적이 있었다. 흰 옷을 즐겨 입음으로 해서 우리의 심성이 밝고 순수하며 평화를 사랑하는 민족임을 강조하기 위해서다. 지금도 몽골에서는 한국을 지칭할 때 솔롱고의 나라라 부른다고 한다. '솔롱고'란 무지개를 뜻하는 몽골어인데, 이는 우리 어린이들이 즐겨 입는 색동옷을 보고 붙인 별칭이다. 이 별칭은 백의민족과 마찬가지로 의상의 특성으로 그 민족이나 국명을 대신하는 경우이다. 다른 민족의 의상과 비교하여 우리 한복의 특징을 생각해 본다.

우선, 한반도의 지정학적 특성으로 의상의 半開放性을 들 수 있다. 곧 지역의 기후 특성과 관련하여 우리의 의상 문화가 추운 북방의 폐쇄성과 더운 남방의 개방성을 조화시켰다는 점이다. 우리의 의상은 옷으로 온몸을 감싸는 닫힌 구조도 아니요, 그렇다고 요긴한 데만 가리는, 그런 열린 구조도 아니다. 물론 겨울철에 착용하는 장옷이나 너울 같은 폐쇄적인 것도 없지 않으나 반면 모시적삼이나 삼베 바지와 같은 개방적인 것도 함께 존재한다. 가옥 구조에서 창호지를 바른 문이나 돌담과 같은 반개방성이 의상에서도 그대로 반영된 것이다.

다음으로, 형태상 입체적이 아닌 평면적 구조라는 점이다. 옷의 외형이 그만큼 단순하다는 얘긴데, 여기서 여성 옷의 예를 들어 본다. 서양의 드레스나 일본의 기모노는 입체적인 구조여서 걸어 놓기만 해도 옷 그 자체로 훌륭한 볼거리다. 그러나 우리의 치마는 전혀 그렇지 않다. 치마는 하나의 커다란 보자기에 지나지 않으므로 이를 벽에 걸어 놓는다면 전혀 볼품이 없을 것이다. 그래서 치마는 벽에 걸지 않고 접어서 옷장이나 장롱 속에 넣어 둔다. 평면성은 무개성을 뜻하기도 한다. 치마도 그렇지만 남성들이 입는 핫바지도 특정한 주인 없이 누구든지 입을 수 있다. 게다가 앞뒤의 구분조차 없어 바지 앞가랑이가 낡았다 싶으면 언제든지 전후 방향을 바꾸어 입을 수도 있다.

또 하나의 특징으로 용도상으로 외향성을 들 수 있다. 한국인에게 '옷이 날개'란 말은 지금도 유효하다. 우리는 나들이 할 때면 "무슨 옷을 입고 가지?"라면서 고민하는데, 여기서 말하는 옷은 물론 겉옷을 가리킨다. 지나친 겉치레라고 할까. 이와 관련된 철 지난 속설 하나를 소개한다. 한중일 삼국인을 비교하는 다음과 같은 말은 이런 우리의 취향을 잘 대변해 준다.

"한국인은 옷은 자주 갈아입지만 목욕은 잘 하지 않고, 일본인은 옷은 자주 갈아입지 않으나 대신 목욕은 자주 하는 편이며, 중국인은 옷도 안 갈아입고 목욕도 잘 하지 않는다."

우리의 외양성, 즉 겉치레 풍조를 잘 지적한 비교론이다. 한국인은 또한 정장을 선호한다. 가정에서 입는 '허드렛옷'과 외출할 때 입는 '나들이옷'과의 분명한 구분이 있다. 의상 문화에서 이와 같은 정장주의는 심하게 말하면 실속을 뜻하는 속옷의 부재 현상을 초래할 수 있다. 특히 여인들의 속옷이 그러한데 이를 두고 복식 전문가들조차도 '내의 부재론'을 한탄한다고 들었다.

끝으로, 가장 중요한 특징은 우리 옷은 구조상 맺음형〔結束形〕이라는 점이다. 옷이란 베와 베의 연결이자 동시에 옷 전체로는 그것을 입는 사람의 신체와의 결속이다. 서양 옷은 단추나 지퍼로 결합시킨다면 우리의 그것은 고름이나 댕기 같은 끈으로 묶어서 결합한다. 우리 옷의 이런 결속을 대변하는 말이 매다〔繫, 結〕라고 할 수 있다. 중세어 표기 '미다'는 풀어지지 않게 '동여묶는다'는 뜻을 나타낸다. 여기서 매다의 고형 어간 '미'를 최창렬(1986:47)이나 서정범(2000:243)에서는 명사의 동사 전성형으로 보고 그 본 의미를 '貌', 혹은 '실'이나 '끈'으로 보았다.

필자는 한 걸음 더 나아가 미다의 '미'에서 '묶다, 맺다'와 같은 동사가 파생된 것으로 보고자 한다. 뿐만 아니라 매듭이나 맵시, 매무시, 매무새, 마무리 등도 마찬가지다. 옷을 입는 뒤 이를 결속시키기 위해 매고 여미는 뒷단속을 **매무시**라 하고, 옷을 입은 맵시를 일러 매무새라 한다. 매무새는 '매〔繫, 結〕+뭇〔束〕+에(접미사)'의 구조로서 맵시와 함께 보기 좋게 생기거나 곱게 매만진 모양을 일컫는다. **맵시도**

마찬가지로 동어원이다. 문제는 후행어 '-시>-씨'에 대한 설명인데, 중세어에서 사용한다는 뜻의 '쓰다'가 '쁘다'로 표기되었다. 쁘다는 명사화하여 '쓰임새'란 뜻의 '쁴'로 쓰였는데, 이 말은 곧 솜씨(손[手]+쁴[用法])의 '씨' 바로 그것이다. 따라서 맵시는 '미>매[繫 結]+쁴[用法]'의 구조로 분석된다.

여인의 아름다운 자태를 나타내는 우리말 맵시는 분명 곱고 예쁜 옷매에서 왔고, 그 옷매는 옷고름을 단정히 매는 솜씨에서 비롯된다. 옷매, 몸매, 눈매란 말에서 보듯 접미사로 쓰이는 '-매'도 여기서 파생된 말이다. 다시 말하면 옷을 입고 끈을 매어 마무리 짓는다는 뜻에 다름 아니다.

일의 뒷매무새를 **마무리**라고 한다. '매다'는 마지막 마무리를 지어 끝을 맺는다는 뜻의 맺다[結]로 귀착되어 끝을 맺고, 열매를 맺는 것이다. 끈을 매고, 줄을 매고, 고름을 매고, 댕기를 매고, 허리띠를 매고……. 이처럼 매는 일은 맺는 일과 묶는 일과 더불어 바로 우리의 생활이자 삶이다. 입는 옷이 그러하듯 사회는 인연이라는 보이지 않는 끈으로 이어져 있고, 또 더불어 살기 위해서는 서로서로 맺어지고 하나로 묶어져야 한다.

2) 한복의 고유 이름

한 벌의 옷은 저고리와 바지로 짝을 맞추고 거기에 머리에는 갓이, 발에는 신이 신긴다. 이처럼 저고리, 바지가 의상 용어의 기본이지만 애석하게도 이 두 말의 어원을 찾기는 어렵다. 바지는 발[足]에서 유래한 듯하나 단순한 추측일 뿐이며, 여성용의 치마는 더욱 오리무중이다. 한자어 고의(袴衣)는 우리말의 바지와 치마를 아우르는 말이다. 바지와 치마는 그 형태에서 나누어진 것이지 처음부터 남성용, 여성용의 구분이 있었던 건 아니다. 옛 문헌에 여자 바지와 남자 치마란 말이 공존하여 나타나기 때문이다..

저고리(중세어로 져고리 / 져구리)와 바지, 그리고 치마(중세어로 쵸마 / 츄마)는 그 어원은 잘 모르지만 고유어였음은 분명하다. 저고리는 '뎌>져+고리 / 구리'의 합성어라 짐작되며, 치마 역시 '쵸 / 츄>치+마'의 합성어로 보이나 그 본뜻은 알 수가 없다. 의상 용어에서 저고리, 바지 같은 이름이 고유어인 만큼 여기에 딸린 세부적인 용어도 마찬가지라 생각된다. 저고리의 몸통을 이루는 부분을 길이라 하고, 몸을 감싸기 위해 덧댄 천을 섶이라 한다. 또 '길'의 위쪽에서 앞으로 여미게 덧대는 천을 깃〔襟〕이라 하는데, 이 깃이 비스듬히 섶에 이어지는 부분에 다는 끈이 고름(옷고름)이다.

저고리에도 그 유래나 용도에 따라 여러 종류가 있다. 홑겹으로 직접 살에 닿는 '적삼', 여름철 농사일에 편리하도록 만든 홑으로 된 짧은 소매의 '등거리', 만주인들이 말 탈 때 입었던 '마고자', 개화 바람을 타고 양복과 함께 유입된 '조끼'나 '조끼적삼', 그리고 저고리와 같은 구조로 무릎 아래까지 내려오게 한 '두루마기' 따위가 그것이다. 이 중에서 마고자는 만주어 馬褂子에서 왔고, 조끼는 포르투갈어의 jaque, 영어의 jacket에서 차용된 말이다. 그러나 두루마기만은 '두르-〔圍〕+우(접사)+막〔防〕+이(접사)'의 구조로서, 사방이 두루 막혔다는 뜻으로 붙여진 고유 이름이다.

원래 남녀 혼용이던 바지는 어느 시기에 와서 남성용과 여성용으로 구분된다. 남성용 바지는 胡服系의 가랑이를 달아 아랫도리에 입게 한 것인데, 여기에도 형태나 용도에 따라 그 종류가 다양하다. 이를테면 여름에 입는 홑겹의 '고의', 바짓가랑이가 좁아 활동하기에 편한 '홀태바지', 기독교 전래 직후 유행했던 '십자바지', 어린 아이들이 입도록 뒤가 터진 '풍채바지'와 '두렁이', 여름철 농사일에 편리하도록 만든 '잠방이' 등이 그것이다. 여자 바지는 여성의 신체적 특성을 감안하여 바지 허리로 젖가슴을 동여맨 채 용변을 치를 수 있도록 만들었다. 곧 두 가랑이를 따로 만들어 달아 복판에서 겹치며 싸이게 되어 남성용과는 구분된다.

　우리 나라를 '모자 왕국'이라 칭하는 이도 있다. 그만큼 머리에 무엇을 쓰기를 좋아하고, 또 머리에 쓰는 그것을 귀하게 여긴다는 뜻이기도 하다. 이는 머리를 보호하려는 의도도 있지만 그보다는 모자로서 신분을 나타내기에 더욱 그랬던 듯하다. 한국이 모자 왕국이 될 수 있었던 것은 우리의 모자인 갓은 두 개(갓과 망건)씩이나 쓰지만 어떤 외국의 모자보다도 가볍고, 또 갓끈으로 인하여 바람에 절대 날리지 않는다는 차이점에서다. 게다가 서양에서는 손윗분이나 여성 앞에서는 모자를 벗지만 우리는 임금님 앞에서도 이를 벗지 않는다는 점에서 신사의 나라 영국보다 더 모자를 귀하게 여긴다는 것이다.

　한 나라의 문명이나 문화를 衣冠文物이라 칭하기도 한다. 어떤 모자를 쓰고 어떤 옷을 입느냐 하는 것이 그 문화를 말하는 핵심이 된다는 뜻이다. 또한 의관이라면 그 말 자체로 문물이 열리고 예의가 바른 풍속을 나타낸다. 예로부터 나들이할 때 '의관을 갖춘다'고 하는데, 그 의관이란 게 옷이나 갓을 지칭한 말이며 그만큼 머리에 쓰는 모자를 귀히 여겼던 것이다.

　우리말 '갓'을 대신한 말이 한자어 帽子이다. 모자가 신분 표시로 이용되면서 모자를 일컫던 고유어가 한자말 일색으로 변하고 만다. 남자들이 쓰는 冠帽는 대개 '冠→巾→帽→粒'의 순서로 서열과 품위가 정해 진다. 모자를 일컫던 고유어로는 갈모나 고깔, 삿갓, 패랭이, 깔때기와 같이 그것을 만든 재료에서 나온 명칭이 대부분이다. 갈모는 비 올 때 갓 위에 덮어 쓰던 모자로서, 이 말은 '갇 / 갈〔冠〕+모(帽)'의 한중 합성의 구조이다. 고깔(곳갈)은 중이나 무당, 농악꾼들이 머리에 쓰던 巾의 일종으로 '곳 / 곳[錐, 串] + 갈[冠]'의 구조이다. 여기서 갓의 중세 어형은 '갇'이었으므로 '갇↔갈'은 'ㄷ'과 'ㄹ'의 호전(互轉)으로 설명된다.

삿갓은 '삳[簟] + 갓 / 갇[冠, 笠]'의 구조다. 갈대로 거칠게 엮어서 비나 볕을 피하기 위해 쓰는, 우산 대용의 비교적 큰 모자이다. 그러나 갈모, 고깔, 삿갓 등은 어디까지나 실용적인 서민용으로 격식을 갖춘 모자[冠]와는 구분된다. 모자 말고도 남녀 구분 없이 머리에 쓰는 것이 많은데 이들은 대개 고유어와 한자어의 혼용이다. 예컨대 볼끼, 만선두리, 조바위, 가리마, 너울, 족두리, 쓰개수건, 남바위[揮項], 풍채[風遮], 아얌[耳掩], 친의(襯衣) 등이 그런 것들이다.

머리에 갓을 썼다면 발에는 버선을 신는다. 『鷄林類事』에서 버선을 '背戌'로 차음 표기하였고 중세어에서는 '보션'으로 표기하였다. 버선은 '발을 보호하는 것'이라 하여 保跣이란 한자말에서 그 어원을 찾는 이도 있으나 이는 부회에 불과하다. 버선은 '베[布]로 만든 신'이란 뜻으로 '*비[布] + 신[靴] > 보션 > 버션 > 버선의 변화를 거쳤다. 버선에 해당하는 한자는 襪, 현대어 洋襪은 서양에서 들어온 버선이라는 뜻이다.

버선이나 양말 위에는 신발을 신는다. 신발은 '신-[着] + 발[足]'의 구조로서 발에 신는 것이란 뜻으로 생긴 말이지만 신이나 신발 어떤 말이나 같은 의미로 쓰인다. 그 옛날 발싸개에서 비롯된 신발은 볏짚으로 삼은 '짚신'이나 나무로 만든 나막신 (나모 > 남[木] + 악(접미사) + 신[靴]), 짐승 가죽으로 만든 '갓신', 삼으로 삼은 '미투리' 등에서 오늘날과 같은 신발로 발전하였다. 이 중 옛날의 갓신은 오늘날 구두로 계승된다. 일본어에서도 'kutu'라 부르는 **구두**는 몽골어 '구틀(蒙語類解 상45)'의 차용으로 갓신[皮靴]이긴 하나 서양식으로 만든 현대적인 신발이다.

3) 여성용 장신구와 속곳

귀엽게 보이려고 일부러 지어 보이는 교태를 '아양'이라 한다. 아양이 작위적인 행위이다 보니 '(아양을) 떤다 / 부린다 / 피운다'라는 서술어가 동원된다. 아양을 떤다면 대개 여자가 남자를 유혹하는 일이지만 이 말은 때로 남자에게도 쓰일 수가 있다. 아양은 고유어처럼 보이지만 실은 한자어 '아얌'에서 유래한 말이다. 아얌은 본래 여자들이 겨울 나들이할 때 추위를 막기 위해 머리에 쓰던, 일종의 모자였다. 남성의 그것과 차이가 있다면 위가 트였고 좌우에 붙은 포근한 털 끝에 아얌드림이라 하여 비단 댕기를 늘인 점이다.

옛 여인들에 있어 일종의 호사라고나 할까, 현란한 무늬의 아얌드림은 걸을 때마다 살랑살랑 흔들려 주위의 시선을 끌기에 충분했다. 멋을 부리고 싶은 여성, 특히 바람기 있는 여성이라면 더욱 심하게 출렁거리며 거리를 활보했을 것이다. 아얌의 본 어형은 액엄(額掩)으로 말 그대로 '이마를 가린다'는 뜻이다. 남녀가 유별하던 그 시절 여인들의 얼굴을 가리기 위해 만들어진 일종의 장신구였다. 액엄과 비슷한 장신구로 耳掩이라는 것도 있다. 額이 아닌 耳, 즉 이마가 아닌 귀를 가리는 방한구로, 주로 남성들의 관복에서 사모 밑에 받쳐 쓰던 것이다.

이슬람 문화권의 중동에서는 지금도 여인들은 얼굴을 드러내지 않는다. 예전에는 우리도 마찬가지로서 여성들은 신체를 드러내지 않는 것을 미덕으로 삼았다. 화류계에 몸 담은 여성일지라도 자신의 발을 내보이는 것을 수치로 알아 한여름에도 버선을 벗지 않았다 한다. 그러나 얼음장 밑에서도 물은 흐르는 법, 이런 엄한 분위기 속에서도 넌지시 자신을 내보이거나 남녀 간의 애정 표현은 은밀히 이루어지고 있었다. 아얌드림의 흔들림도 그런 행위 중의 하나라 여겨진다.

아얌드림이 옛 여인의 은근한 교태라면 현대 여성의 행태는 어떠한가? '얼짱'은 물론 '몸짱'이 되기 위한 일념으로 신체 일부를 뜯어 고치는 일은 예사이고, 가능하면 신체의 많은 부위를 노출시키려 애쓴다. '섹시하게' 보인다는 말이 얼마 전까지만 해도 금기시되었으나 지금은 전혀 사정이 다르다. 버선은커녕 양말조차도 신지 않으려고 한다. 님이 오시던 날 버선발로 달려 나가던 모습도, 버선코의 그 날렵한 선도, 버선발을 좁게 만든 그 외씨버선의 멋도 이제는 찾아 볼 길이 없다. 특히 효도버선의 그 아름다운 풍습이 사라진 게 못내 아쉽기만 하다.

효도버선은 시집 간 딸이 처음 친정 나들이(觀親)할 때 문중 어르신네들에게 바치던 예물을 이름이다. 이 버선은 보통 버선과는 달리 짝이 서로 섞이지 않게 켤레마다 가운데 실로 떠서 묶는데, 거기에는 오래 사시라는 뜻에서 붉은 실로 '八十'이란 숫자를 새겼다. 시댁으로 올 때도 똑같은 선물을 드리는데, 이 때 웃어른들이 '효도 봤다.'는 인사말로 치하한 데서 이런 이름이 생겼다. 친정 부모들은 그 버선을 신을 때마다 출가한 딸의 그 애틋한 심정을 되새겼을 것이다.

중동 지역 여성들이 쓰는 '차드르'와 비슷한 것이 우리의 장옷이나 너울, 만선두리, 조바위, 츤의, 쓰개수건과 같은 머리에 써서 얼굴을 가리는 장신구이다. **장옷**은 두루마기를 소매 옷고름까지 달아 머리 위에서부터 뒤집어쓴 것이며, 하녀들이 주로 사용하던 **너울**은 검정 주머니 같은 천으로 몸 전체를 감싸던 겉옷이다. **쓰개수건**은 얼굴을 가린다기보다는 일할 때 머리에 쓰는 수건의 일종이었다. 주로 평안도 지방의 여인들이 머리를 틀어 올리고 위에다 쓰는 하얀 수건인데, 고구려 고분 벽화에서도 이와 유사한 수건을 쓴 여인의 모습을 볼 수 있다.

　앞서 우리의 의상이 겉옷에 치중되었다는 외향성을 지적한 바 있다. 겉치레에 신경 쓰다 보니 자연 **속옷**에 대해서는 등한시할 수밖에 없다. 특히 여성들의 속옷에 이르면 참으로 빈약하기 이를 데 없다. 속옷 중에서도 속곳에 이르면 무조건 감추기만 하고 그 이름조차 입 밖에 내기를 꺼린다. 속옷과 속곳은 같은 말처럼 보이나 의미상의 차이가 있다. **속옷**〔內衣, 內服〕은 겉옷의 상대어로서 겉옷이 직접 피부에 닿지 않게 속으로 받쳐 입는 옷이다. 이에 비해 **속곳**〔袴衣, 單衣〕은 직접 피부에 닿는 속옷으로서 한복 차림에서 여자의 아랫도리에 걸치는 옷이다. 속곳도 다시 세분되어 치마 속, 바지 위에 덧입는 **단속곳**과 아랫도리의 속에 입는 **속속곳**, 그리고 그 속속곳 속에 받쳐 입는 다리속곳으로 나눈다.

　속담에 "고쟁이는 열두 벌 입어도 보일 것은 다 보인다."는 말이 있다. 고쟁이는 속속곳의 위, 단속곳의 아래 입는 여자의 속옷이다. 이 말은 아무리 여러 번 감싸도 정작 가려야 할 요긴한 곳은 가리지 못했음을 비유하는 말이다. 말기는 여자의 가슴을 동여매는 띠로 지금의 브래지어에 해당되며, 다리속곳으로 통칭되는 **서답**이나 **개짐**〔月布〕은 오늘날의 생리대를 지칭한다.

　속곳에 대한 이런 고유 이름은 오늘날의 여성들에 의해 서구 외래어로 교체된 지 오래다. 고쟁이라면 몰라도 말기나 서답, 또는 개짐 같은 말은 요즘 여성들은 알지 못한다. 속속곳에 해당하는 속잠방이는 팬티나 팬츠로, 치마 속이나 바지 위에 덧입는 단속곳은 슈미즈로, 이 밖에도 거들, 코르셋, 스타킹 등으로 대신 부르게 되었다. 입 밖에 내기를 꺼렸던 이름을 이처럼 외래어의 힘을 빌어 고유어의 그 부끄러움을 떨쳐 버리게 된 것이다.

현대 젊은 여성들은 발이나 허벅지는 물론 배꼽까지 드러낸 채 백주에 대로를 활보한다. 출생의 비밀을 간직하고 있다는 배꼽까지 거리낌없이 내보이는 세상이다. 개방화, 세계화의 거센 파고 속에 고유어 용어마저도 이에 휩쓸린다. 잃어 버린 고유 이름과 함께 그 옛날 "모시 적삼 안섶 안에 연적 같은 그 무엇을……." 이라던 그 은은한 운치와 멋은 이젠 영영 사라지고 만 듯하다.

4) 다듬이질 하는 여인
― 바느질 용어

「다듬이질 하는 여인」이란 소설이 있다. 모 재일동포 여류작가가 쓴 소설인데, 제목에서부터 옛 한국 여인의 상징임을 쉽게 알아차린다. 지금은 이런 다듬이질 하는 여인도 찾아보기 어렵고 이처럼 문학 작품의 제목이나 그림으로서나 대할 뿐이다. 선말 순조 때 兪氏 부인이 쓴 「弔針文」이라는 국문 수필을 상기해 본다. 글의 내용은 부인이 평소 분신처럼 아끼던 바늘이 부러지자 이를 의인화하여 애통한 심정을 토로한 祭文 형식의 수필이다. 고등학교 시절 필자는 이 글을 배우면서 본문 속에 나오는 바느질 용어를 외우느라 고심한 적이 있다.

여성들이 하는 바느질이라면 그저 '깁다'라는 표현 하나로 족하다고 생각한다. 그러나 이 글에서는 박고, 호고, 누비고, 공그르고, 시치고, 감치고, 뜨고, 사뜨고, 휘갑치고, 아퀴짓고 등과 같은 다양한 기술적 표현들이 등장한다. 어릴 적에 바느질하시는 어머니를 위해 바늘에 실을 꿰어 드린 경험 밖에 없는 나로서는 이들 용어의 차이점을 이해하기는 매우 어려웠다. 조침문뿐 아니라 이와 유사한 「閨中七友爭論記」란 규방문학도 예외는 아니다. 이런 종류의 안방 마님들의 글에서 받는 느낌은 대체로 엇비슷하다. 대수롭지도 않은 일이나 사물에 대해 공연히 침소봉대한다는 느낌 말이다. 그러나 그 가운데 여성

특유의 풍부한 감성이나 섬세한 표현에 매료되기도 한다.

안방 장롱 속에 고이 간직해 둔 가보를 대하는 기분이랄까, 이런 생활 용어가 고유어의 순수성을 보존한다는 점에서 우리는 옛 여인들에게 경의를 표하지 않을 수 없다. 앞 장의 조리 용어 편에서 주옥 같은 우리 고유어들을 살핀 바 있다. 바느질 분야에서도 음식명이나 조리 용어 못지않게 좋은 우리말이 많이 살아 숨쉬고 있다. '깁다'나 '매다'와 같은, 앞서 언급한 동사 이외에도 땀이나 솔기, 마름질, 매듭, 뜨개질, 시접, 박이옷, 누비옷, 가름솔, 곱솔, 쌈솔, 뒤웅솔, 반짇고리 등도 여인들에 의해 간직되어 온 귀한 우리말의 유산들이다.

바늘을 사용하여 옷을 깁고 박고 하는 일련의 작업을 바느질이라 한다. 이 일에는 바늘 이외에 몇 가지 기구가 더 동원되지만 그 중 바늘의 역할이 가장 크기 때문에 바느질이라 이름한다. 중세어 '바늘'로 표기된 바늘은 '바'와 '늘'의 이음동의어의 합성이다. 바늘은 기원적으로 '발[刀物]＋늘[刃]'의 연결로 이는 '발늘>바놀>바늘의 변화를 거친 말이다. 곧 '칼[刀, 刃]'의 뜻을 가진 두 어사의 겹침인 것이다.

바늘의 재구형 발늘에서 선행어 '발'은 일본어에서 針을 뜻하는 hari의 'har-(*par)과도 비교된다. 또한 칼로 벤다[斬]라는 말의 '베다'(중세어 표기로 '버히다')가 이 '발'의 파생어다. 바늘로 하는 일, 곧 바느질은 '발늘＋질(접미사)'에서 두 음절의 'ㄹ'이 탈락한 어형이다. 바느질에서 파생된 다른 말로 반짇고리를 들 수 있다. 반짇고리는 바늘이나 실, 골무 따위의 바느질 도구를 담아 두는 그릇으로, 이는 '바늘[箴]＋질(접사)＋ㅅ(사잇소리)＋고리[簞]'가 'ㄷ↔ㄹ'의 호전에 의한 변화형이다.

"바늘 구멍으로 황소바람 들어온다."는 속담에서 보듯 가장 작은 것으로 비유되는 바늘이지만, 그 작은 물건이 하는 일은 결코 작지가 않은 것 같다. 바늘이 하는 일은 이 헝겊과 저 헝겊을 꿰매어 서로 이어 주는 일이다. '구슬이 서말이라도 꿰어야 보배'라 한다. 바늘이 하는 일을 인간 사회의 일로 빗대어 말한다면 공동 생활에서 나와 남, 그리고 우리 모두를 이어 주고 맺어 주고 기워 주고 꿰매 주는 역할이라 할 수 있다. 사람은 저 혼자서는 살 수가 없고 다른 사람사이에 어떤 끈으로든 연결되어 더불어 살아야 한다. '맺는 일'은 이 세상을 사는 데 있어 그만큼 중요하다. 옷고름이나 넥타이만 매는 게 아니라 사람 사이에 인연을 맺고, 우정을 맺고, 사랑을 맺고……그리하여 마침내 인간 관계의 열매가 맺어지는 것이다.

'바늘 가는 데 실 간다.'고 바늘과 실은 결코 떨어질 수가 없는 필연의 관계다. 실(絲)이란 말은 고유어처럼 보이지만 실은 차용어라 한다. 게다가 전혀 관계가 없을 듯한 영어와 동어원이라는 사실이 놀랍기만 하다. 실은 몽골어의 sirgek, 만주어의 sirgə, 라무트 어의 siran, 에벤키 어의 sirəktə와 동계어임은 이기문(1991:24)에서 지적된 바 있다. 영어에서 비단을 뜻하는 'silk'도 우리말 '실'과 함께 이런 알타이계어의 차용이다. 그 옛날 알타이계어가 한반도는 물론 실크로드(silk-rord)를 통해 서방 세계로도 전파된 결과라는 것이다.

'실'은 우리말에서 가늘고 긴 것을 상징한다. 가늘게 흐르는 작은 물줄기를 '실도랑'이라 하고, 그릇의 밑바닥에 가늘게 둘러쳐진 받침을 일러 '실굽'이라 한다. 그런가 하면 끊어질 듯하면서도 끊어지지 않는, 가냘픈 희망을 '실낱 같은 희망'이라고 말한다. 바느질에서 바늘은 기본 도구라 한다면 실은 그 바탕인 기본 재료라 할 수 있다. 좋은 옷을 만들기 위해서는 우선 감(재료)이 좋아야 하고 여기에 만드는 이의 정성과 기술이 보태져야 한다. 다시 말하면 감의 올 하나하나가 곧고 질겨야 하며 거기에 한 땀 한 땀, 솔기마다 정성이 덧붙여져야 한다.

실이나 줄의 가닥〔絲條〕을 일러 올이라 한다. 좋은 옷이 되기 위해서는 두말할 나위 없이 올부터 곧고 질겨야 한다. 그런 이유로 '올'이란 말은 실이나 줄에만 국한되어 쓰이지 않는다. '올곧다'라고 하면 사람의 마음이 곧고 정직함을 나타낸다. 올이 촘촘이 짜여 바닥이 질긴 옷감을 '올되다'라 하는데, 이 말 역시 사람의 성품을 나타내는 데도 활용된다. 밖음질한 줄, 다시 말하면 옷이나 이부자리의 두 폭을 맞대고 꿰맨 줄을 솔기(또는 솔)라 한다. 이 말은 '솔〔小、細、窄〕+ㄱ(접사)+이'의 구조로 앞서 예로 든 곱솔, 쌈솔, 뒤웅솔, 가름솔 등도 여기서 파생되었다.

올과 솔기의 중간 과정에서 쓰이는 말로 땀이란 게 있다. 솔기가 바느질에서 실로 꿰맨 줄을 지칭한다면 실을 꿴 바늘로 한 번씩 뜬 자국이 바로 '땀'이다. 땀은 동사 '따다'의 명사형으로 '뜨다'와 동어원이다. '따다'와 '뜨다'는 모음 교체로서 '따다'에서 '땀'이 나오고, '뜨다'에서 뜨개질이 파생되었다. 뜨다의 사전적 의미는 실이나 줄로 코를 얽어서 그물이나 장갑 따위를 만드는 것이라고 했다. 땀과 뜨개질은 동어원에서 파생된 말이지만 이처럼 다른 용도로 쓰인다.

바느질 용어는 위에서 말한 올, 땀, 솔기에서 비롯되어 깁다, 꿰매다, 감치다, 시치다, 호다, 박다 등과 같은 기술을 일컫는 용어로 발전한다. 기술 용어 중에서도 '깁다'란 말이 보편적으로 많이 쓰인다. 깁다는 피륙에서 떨어지거나 해어진 부분에 조각을 대거나 또는 그대로 꿰맨다는 뜻이다. 그러나 여기서 한 걸음 더 나아가 어떤 내용을 더 충실히 하기 위하여 부족한 것을 보충한다는 뜻으로도 쓰인다. 깁다는 비단을 뜻하는 명사 '깁〔繒, 絹〕'이 동사로 전성된 말이다. 깁에서 길쌈〔紡績〕이란 말의 '길-'이 유래했다는 설이 있으나 깁과 길은 음운상의 연관성은 희박해 보인다. 다만 최창렬(1987:76)에서의 '길게〔長〕

잇는다.'라는 해석이 주목된다. 곧 길쌈이란 삼밭〔麻田〕에서 삼을 재배하여 그 삼으로 짜내는 '삼베'를 얻기 위하여 '삼을 길게 잇는다'는 말에서 나왔다는 것이다.

'깁>깁다'와 같이 **누비다** 역시 명사에서 전성된 동사의 예이다. '누비'란 말은 본래 승의(僧衣)로서 장삼을 뜻하던 한자 납의(衲衣)가 어원임이 이희승(1955:209)에서 지적된 바 있다. 차음하여 樓緋라 적기도 하는, '누비>누비다'는 피륙을 두 겹으로 포개어 안팎을 만들고 그 사이에 솜을 넣어 죽죽 줄이 지게 박는 바느질이다. 이런 방식이 바로 누비질이요, 누비질로 만든 것이 누비옷, 누비이불, 누비포대기다.

신라 시대 백결 선생의 옷도 그랬지만 이 시대의 도승 성철 스님도 누더기나 다름없는 누비옷을 걸치고 평생을 정진하셨다. 그 분들이 입었던 누비옷이 비록 누더기였다 하더라도 어느 누구도 이를 추하게 여기지 않았을 터이다. '누빈다'는 말 역시 바느질 방식의 표현만은 아니다. 뒷골목을 누비고, 세상을 누빈다에서 보듯 여기저기 거리낌 없이 다니며 활동한다는 뜻이기도 하다. 모 자동차 회사의 '누비라'라는 상품이 있었는데 이 차로 세상을 누비고 다녀라는 뜻으로 그런 이름을 붙였다고 한다. 뿐인가, '누비 혼인'이란 말까지 있다. 겹사돈과 동의어로서 두 姓 사이에서 겹쳐서 하는 혼인, 곧 누비질을 하듯 두 집안의 겹친 혼인이라 하여 생긴 말이다.

바느질에서 여러 겹을 맞대어 듬성듬성 호는 방식을 **시치다**라 한다. 시치는 방식의 바느질을 시침이라 하는데, 이는 중세어 '슻'〔縫〕에 명사형 '-음'이 연결된 어형이다. 곧 '슻음>스츰>시침'의 변화이다. 반면 **꿰매다**는 말 그대로 '꿰다〔貫〕'와 '매다〔結〕'의 합성어이다. 바늘로 구멍을 내어 실로 꿰어 매는 일도 그리 단순하지 않으니 촘촘히 꿰맬 때는 '박음질'이며, 듬성듬성 성기게 꿰맬 때는 '홈질'이다. 또한 맞대어 성기게 홀 경우는 앞서 말한 '시침질'이 되고, 그 사이 솜을 넘어 죽죽 줄이 지게 박을 때는 '누빈다'고 한다. 이 밖에도 실땀이 겉으로 드러 나지 않게 기술적으로 **공고르기**를 할 수도 있고 경우에 따라 사 **뜨기**나 **휘갑치기**도 할 수 있다.

이런 갖가지 용어 중 **감치다**는 말 그대로 참으로 감칠맛이 있다. 감 치다는 두 헝겊의 가장자리를 맞대어 감아 꿰매는 방식인데 이 말 역 시 바느질 용어로만 그치지 않고 맛의 영역으로도 파급된다. 음식이 입에 당기는 뒷맛을 일컫는 '감칠맛'에서 일이나 물건이 사람의 마음 을 끌어당기는 힘으로까지 발전한다. 총총히 눌려 꿰맨다는 **박다** 역 시 바느질 용어로만 끝나지 않고 말뚝도 박고 사진도 박고 책까지 박 아 낸다고 한다.

우리의 문화가 깁는 문화답게 한국 여인들의 깁는 기술은 단연 뛰 어나다. 그것도 해지고 찢어진 피륙을 단순히 땜질식으로 깁는 게 아 니라 고도의 미학적 경지에 이른 기움이라는 데 의미가 있다. 이런 기움은 이웃과의 불화나 사회 병리 현상을 치유하는 데까지 이어질 것이다. 다만 이런 바느질 문화, 깁는 문화가 점점 사라지려는 데 대 한 아쉬움이 있다. 이제 바느질하는 여인도, 다듬이질하는 모습이나 그 규칙적인 음률도 들을 수 없게 되었다. 세태의 변화에 따라 어쩔 수 없이 바느질은 사라진다 해도 그 감칠맛 나는 바느질 용어만은 그 대로 보존되었으면 한다.

5. 놀이 문화의 특성

1) 민속 놀이

예로부터 한국인은 놀이를 좋아한다. 가난 속에서 힘든 세월을 살아오면서도 항상 웃음을 잃지 않았음은 감성적이고 낙천적인 민족성을 타고 난 덕분이다. '논다'는 말의 동사 어간 '놀-'의 진정한 의미를 생각해 본다. 놀다는 '놀고 먹는다'나 '먹고 논다'처럼 아무 일도 하지 않고 그냥 쉰다는 의미도 있다. 또한 '놀아난다'는 말처럼 제멋대로 군다는 부정적인 의미를 나타내기도 한다. 그러나 논다는 어떤 일을 좋아하여 그 일에 몰두한다는 긍정적인 의미도 있다. 무당이 한판 굿을 벌일 때나 윷놀이할 때도 '한판 놀았다.'고 말한다. 이처럼 흥과 신명으로 잠재된 '끼'를 발휘하는 것도 '놀-'이라 하기 때문이다. 놀다란 말의 본뜻은 어떤 일에 집중하여 재미를 느끼며 흥겨워하는 상태로서 개인적인 놀이에서부터 많은 사람이 함께 즐기는 집단적 놀이도 이에 해당한다.

우리말에서 놀이만이 아니라 노래, 노리개, 놀음, 노름 등도 '놀-'에서 파생되었다. 조상들이 노래나 놀음, 노름 같은 놀이를 얼마나 좋아하고 즐겼는지는 문헌상의 기록으로도 여실히 증명된다. 중국 史書에서 동이족 곧 우리 민족을 소개할 때면 으레 飮酒歌舞가 언급되곤 한다. 지금도 연간 술 소비가 과히 세계적이며, 전국 어디서나 노래방이 성업 중인 현상을 보면 그 전통이 여전히 이어지고 있음을 알 수 있다.

조상들이 즐긴 놀이로 음주가무와 같은 춤과 노래만 있는 게 아니었다. 씨름이나 활쏘기, 그네뛰기, 널뛰기, 연놀이 같은 힘과 기를 겨누는 놀이가 있는가 하면 윷놀이, 꼭두각시놀이, 산디놀이, 강강수월래와 같은 절기에 맞춘 민속 놀이도 있다. 뿐만 아니라 잡기라 일컫는, 갖가지 여흥 놀이도 여기 추가된다. 이들 각종 놀이들은 생활 속에서 저절로 생겨난 것이므로 이를 지칭하는 용어들도 자연 일상적 고유어가 주종을 이룬다. 우선 민속 경기인 씨름에 쓰이는 용어부터 살펴보기로 한다.

씨름은 겨루고자 하는 두 사람이 서로 맞잡은 채 걸거나 당기거나 들거나 밀치거나 하여 상대를 바닥에 먼저 넘어뜨리는 시합이다. 중세어로 '실홈'이라 표기된 씨름의 본뜻은 분명하지 않다. 다만 두 사람이 서로 맞잡아 오랫동안 겨룬다는 뜻의 방언 '씨루다 / 씨르다'에서 온 말이 아닌가 한다. 어떻든 '씨루는 일'에 동원되는 기술을 들어 보기로 한다. 덧걸이, 호미걸이, 발걸이, 낚시걸이, 코걸이, 배지기, 들배지기, 들낚시, 무릎치기, 되치기, 허리꺾기, 당겨치기, 밀어치기, 후리기, 뒤집기 등은 어느 하나 고유어가 아닌 것이 없다. 이들은 전문 용어라 할 수 없을 만큼 우리에게 익숙하여 별다른 설명이 없어도 쉽게 그 의미를 파악할 수 있다. 활쏘기나 연놀이에 사용되는 용어도 이와 다르지 않다. 활쏘기에서는 과녁이란 말이 한자어 貫革에서 빌어 썼을 정도이며, 연놀이에서도 鳶 그 자체가 한자어일 뿐 대부분의 용어가 손쉬운 고유어로 사용된다.

명절날이면 남녀노소 구분없이 윷놀이를 즐긴다. 윷놀이는 네 개의 윷가락을 던져 젖혀지는 상태에 따라 다섯 등급으로 나누고, 그 드러난 결과로 말을 써서 승부를 겨룬다. 다섯 등급의 사위는 그 순서에 따라 각각 도, 개, 걸, 윷, 모라고 부른다. 이 다섯 사위명의 어원에 대해서는 지금까지 많은 논란이 있었으나 아직도 의문의 여지는 남아 있다. 우선 윷놀이란 명칭부터가 그러하다. 다섯 사위 중 '모'가 가장 높은데 왜 '모놀이, 말놀이'라 하지 않고 하나가 모자라는 '윷'으로 이름을 삼았느냐 하는 점이다. 윷판에서 판 위를 달리는 것이 말[馬]이며, 놀이의 기반이 경마(競馬)라면 당연히 '말놀이, 모놀이'가 되어야 하기 때문이다.

도, 개, 걸, 윷, 모의 유래에 대해서 한 때 馬加, 牛加, 豬加, 狗加 등의 옛 부여의 관직명에서 찾았다. 부여는 목축을 중시한 부족국가로서 가축의 관리를 담당하던 관직을 두었는데 이들 사위명이 그 가축명에서 유래했다는 설이다. '도'는 '돌 / 돝[猪]'의 말음 탈락으로 보아 돼지를, 개는 그대로 개[狗]를, 걸은 말[馬]이나 코끼리 또는 염소를, 윷은 소[牛]를, 모는 말[馬]의 계승으로 본 것이다. 일견 그럴듯하게 보이지만 그러나 세 번째 사위 '걸'과 네 번째의 '윷'이 잘 연결되지 않는다.

걸을 馬로 본다면 '모'와 함께 말[馬]이 중복된다. 게다가 몽골어에서 검은 말[黑馬]를 '가라몰'이라 하는데, 여기서 선행어 '가라-'는 검은색을 나타낼 뿐 말[馬] 그 자체를 뜻하는 말이 아니다. 걸을 코끼리로 보는 데도 역시 문제가 있다. 코끼리는 한반도에서 산 적이 없는 동물이며 그 명칭마저도 '걸'과는 상관이 없어 보인다. 코끼리는 '고[鼻]+길[長]+이(접사)'의 구조로서 외형상 코가 길다 하여 붙인 이름이다. 따라서 코의 고형 '고 / 골' 그 자체가 이 동물을 지칭한다고는 보기 어렵다. 또 중세어에서도 이들 동물명과 윷놀이 사위명과는 어형상 현격한 차이가 드러난다. 도, 개, 걸, 윷, 모의 중세어는 돝 / 돌[猪], 가히[狗], 쇼[牛], 몰[馬]이었음을 감안하면 이들 사이의 연관성은 없다고 볼 수밖에 없다.

그렇다면 윷놀이는 중국의 전통놀이에서 유래한 것으로 보아야 한다. 곧 저포(樗蒲)놀이가 바로 그것인데 사위명도 이 놀이의 가운데 네 개의 저포로 다섯 사위를 만드는 소위 사유오채(四維五采)에서 유래한 것이다. 이는 여러 문헌에서 도, 개, 걸, 윷, 모 다섯 사위명을 차음 표기한 기록으로 보아도 알 수 있다. 곧 '徒-介-傑-柚-牡(京都雜誌)', '都-開-傑-柚-模(五洲衍文長箋散稿)', '徒-開-杰-流-牟(東國歲時記)' 등이 바로 그것이다.

한편 五采 명칭은 禿, 開, 撅, 維, 牟라 표기하여 특정 한자로부터 변형된 것으로 설명되기도 한다. 곧 윷놀이가 저포놀이의 한 유파라는 사실을 전제로 하여 도는 빠질 독(禿)에서, 개는 나눌 개(開, 介), 걸은 말뚝 궐(橛), 윷은 모퉁이 유(維), 모는 클 모(牟)로 설명한다. 다시 말하면 윷가락이 엎어지고 자빠지는 모양을 형용하기 위한 방편으로 이 같은 한자를 동원했다는 주장이다. 따라서 윷놀이의 윷은 한자어 紐에서 나온 말이며, 다섯 사위의 이름 역시 한자말에서 그 기원을 찾아야 할 것이다.

수수께끼는 일종의 언어 유희(遊戲), 부언하면 말을 주고받으며 흥미를 돋우는 말놀이라 할 수 있다. 윷놀이가 명절 같은 특정한 날에 즐기는 놀이라면 수수께끼는 한가로울 때 무료함을 달래기 위한 놀이다. 수수께끼는 중세어의 '슈지엣말'이란 명칭으로 시작되어 '슈지겻기'와 '슈슈겻기'를 거쳐 지금의 수수께끼에 이른다. 이 말의 어원을 캐기 위해서는 처음 제기된 '슈지'란 말의 의미 해독이 관건이다. 일견 슈지는 한자어 誰知나 須知의 독음으로 보인다. 그러나 조항범(1997:230)에서는 이를 '休紙'의 독음으로 보고 휴지의 구개음화 형 '슈지'가 불필요한 말이라는 의미로 전이한 것이라 주장한다. 말하자면 '휴지>슈지'의 변화를 '휴지→불필요→불필요한 말→수수께끼〔謎語〕'의 네 단계의 유추 과정에서 생성된 것이라 하였다.

한편 슈지겻기의 후행어 '-겻기'는 겨루다〔競〕란 의미의 '겨-'의 명사형으로 본다면 슈지겻기의 어원적 의미는 '謎語 겨루기'가 된다. 중간 과정에서 슈지겻기의 '슈지'가 '슈슈'로 바뀐 것은 두 번 째 음절의 '-지'가 첫 음절의 '슈-'에 이끌린 현상이며, 겻기>께끼의 변화는 된소리화와 'ㅣ'모음 역행동화로 설명된다. 결국 수수께끼는 슈슈겻기로, 또 슈슈겻기는 슈지겻기로 소급되므로 수수께끼의 초기 어형은 '슈지겻기'이며 그 어원적 의미는 '謎語 겨루기'라 할 수 있다.

어릴 적 누구나 즐기던 숨바꼭질은 숨어 있는 친구를 술래가 된 아이가 찾아내는 놀이이다. 숨바꼭질이란 말 역시 수수께끼와 마찬가지로 여러 차례 어형 변화를 겪었다. 그래서 이 말의 본 어형이나 의미를 찾기 위해서는 그야말로 한참동안 숨바꼭질을 해야 한다. 이 말의 어원 분석에서 그 핵심은 첫음절 '숨-'의 본뜻을 어떻게 보느냐에 달려 있다. '숨을 쉰다'라고 할 때의 '숨〔息〕'으로 보느냐, '숨는다.'의 어간 '숨-〔隱〕'으로 보느냐에 따라 그 해석이 달라지기 때문이다. 먼저 후자 '숨-〔隱〕'으로 보는 견해부터 소개한다. 한진건(1990)에서는 숨바꼭질을 '숨-〔隱〕+바꾸-〔替〕+질(접사)'의 구조로 보고, 안옥규(1989)에서는 '숨-〔隱〕+박-〔捕〕+곳〔處〕+질(접사)'의 구조로 분석한다. 서정범(2000:380)에서도 이런 견해에 동조하면서 '숨어 박혀 있는 곳을 찾아내는 행동'을 뜻한다고 주장한다.

　그런데 이런 견해는 현 표준어 숨바꼭질의 '숨바-'란 어형에 구애된 해석으로 보인다. 필자는 숨바꼭질의 초기 어형이 숨막질이며, 이후 숨박질을 거쳐 '숨박굼질, 순박곡질'의 변화로 보고자 한다. 초기 어형 숨막질에 대한 조항범(1997:233)에서의 다음과 같은 분석이 참고가 된다. 곧 숨막질은 '숨〔息〕+막〔塞〕+질(접미사)'의 구조로서 숨을 막고 물 속에서 떴다 잠겼다 하는 행위, 곧 무자맥질〔潛泳〕과 동일어로 본다. 다시 말하면 숨막질은 여기에 수면 아래로 숨는 행위와 연결되어 숨을 죽이며 노는 놀이, 즉 술래잡기라는 의미가 나중에 첨가되었다는 것이다.

　'숨막질>숨박질'의 교체는 '곤두막질>곤두박질'의 변화에서 보듯 'ㅁ'과 'ㅂ'의 교체 현상으로 설명된다. 숨막질>숨박질은 다시 19세기에 이르러 숨박곡질, 혹은 숨박굼질로 세 음절어가 네 음절로 늘어난다. 문제는 중간에 첨가된 '곡(옥)'과 '굼'에 대한 해석인데 이 두 형태소가 단순한 유추현상에 의한 첨가인지, 아니면 앞에서의 분석처럼 '박혀 있는 곳'이란 말이 추가된 것인지에 대해서는 좀더 면밀한 분석을 요한다.

2) 노름 유행어

같은 '놀-'에서 파생된 말이라 해도 놀이, 놀음, 노래와는 달리 노름이라면 우선 그 이미지부터 흐려진다. '놀-'이 놀음에서 노름에 이르면 이미 도박(賭博)이 되어 버리기에 하는 말이다. 노름은 단순한 놀이가 아니라 돈이나 재물을 걸고 주사위, 골패, 마작, 화투, 카드 따위의 기물을 이용하여 서로 따먹기 내기를 하는 것이다. 그래서 상습적으로 도박을 일삼는 사람을 일러 노름꾼, 노름쟁이니 하여 결코 좋게 보지 않는다.

노름은 그 사용하는 도구에 따라 크게 두 가지로 나눈다. 하나는 기물이요 다른 하나는 카드이다. 기물이라 하면 골패(骨牌)나 주사위〔骰子〕, 마작(麻雀)과 같이 옥돌, 짐승의 뼈, 나무, 골판지 따위로 만든 도구를 이름이다. 기물을 다루는 놀이에는 골패, 주사위, 마작 외에도 그 종류가 매우 다양하다. 바둑이나 장기는 별도로 치더라도 고누, 따니, 거북패, 골땅땅이, 동당치기, 엿방망이, 우동뽑기, 장장치기, 쩍쩌기 등도 들 수 있다. 다른 하나는 화투(花鬪)나 트럼프와 같은 카드를 이용하는 놀이인데, 근자에 이르러 휴대나 보관, 또는 구입이 간편하다는 이유로 이 놀이법이 대중화하는 추세다.

화투의 역사는 그리 오래지 않다. 확실하지는 않지만 대체로 16세기 말 서양에서 들어온 카드에서 힌트를 받아 일본에서 처음 만들어 하나의 놀이로 유행시켰다고 한다. 일설에 의하면 포르투갈에서 시작된 '카르타(carta)'라는 딱지놀이가 그들의 상선에 의해 일본으로 전해지고 일본인들은 이를 본떠 '하나후다(花札)'라는 걸 만든 것이 그 시작이라 한다. 우리 나라에는 개화기 내지는 일제 때 유입되어 놀이겸 도박 행위로 크게 유행하게 되었다.

따라서 오늘날의 화투놀이는 일본에서 기원한 것으로 보아야 한다. '꽃들의 싸움'이라는 花鬪의 명칭부터가 그러하고 또 화투짝에 그려진 꽃나무 그림에서도 일본 고유의 냄새를 짙게 풍긴다. 그런 이유로 우리 나라에서는 광복 직후 한동안 이 놀이를 금한 적도 있었다. 그런데 무슨 연유에선지 지금은 국민적 오락(?)으로 자리잡게 되었다. 화투의 기원이 한국이라 해서 그리 자랑스러울 것도 없을 법한데 굳이 우리 나라가 원조라고 우기는 이들도 있다. 이런 주장은 화투놀이가 그 원산지인 일본과는 비교도 안 될 만큼 이 땅에서 성행하고 있다는 반증이기도 하다.

화투짝 표면에는 1년 열두 달 계절별로 대표적인 초목 그림이 그려져 있다. 서양 트럼프의 그림 주제가 인간사라면 화투는 동양인들의 정서에 맞게 자연 중심이라 할 수 있다. 그런데 화투짝 그림 중 12월의 '비' 20짜리에서만 유일하게 사람이 등장한다. 그림 속 주인공은 小野道風이라는 일본인 서예가로서, 비 오는 날 우산을 들고 서 있는 모습이다. 그는 버드나무 가지 위로 뛰어 오르는 개구리의 끊임없는 도약을 통해 자신이 추구하던 서예의 최고 경지를 깨달았다고 한다. 전통적인 일본 의상을 보여 주는 이 그림에서 화투의 기원이 한국이라는 주장은 그만 무색하게 된다.

화투놀이는 형태나 거기에 그려진 그림은 예전 그대로인데 그 놀이법만은 시대나 유행에 따라 끊임없이 변화한다. 그 변화도 발전이랄 수 있을는지 모르겠으나 어떻든 당시의 세태를 반영하면서 대중의 구미에 맞게 날로 재미를 더해 왔음은 사실이다. 초기의 '민(맨)화투'에서 시작하여 이후 육백, 섰다, 나이롱 뽕, 짓고 땡, 고스톱(또는 고도리)에 이르기까지 그 변화를 일일이 추적해 가기도 쉽지 않다. 놀이법의 변화와 관계 없이 변하지 않는 용어들을 추려 그 어원을 추적해 본다.

화투가 여흥 삼아 하는 놀이인 만큼 그 용어 역시 장난기 섞인 즉흥적인 것이 많다. 뽕 / 뺑이란 말이 그 대표적인 예가 된다. '나이롱 뽕'이라 할 때의 뽕이나 뺑은 동일어로서 풍선 같은 것이 터질 때 나는 소리를 흉내 낸 의성어이다. 이를 놀이명으로 삼은 것도 장난스럽지만 이 말이 거짓, 허세, 공갈 따위의 의미로 확대, 전이되어 쓰임이 더 재미있다. '뺑(을) 치다'라고 하면 과장되거나 거짓으로 큰소리친다는 뜻이요, '뺑이야!' 하면 거짓으로 허풍을 떤다는 말이다. '뽕' 역시 재미로는 '뺑'에 뒤지지 않는다. 방귀 뀌는 소리에서 비롯되어 항문을 지칭하거나 비밀이나 음모를 뜻하기도 한다. '뽕(이) 나다.'고 하면 비빌이 탄로난다는 뜻이요, '뽕(이) 빠지다'고 하면 밑(항문)이 빠질 만큼 애를 많이 쓴다는 뜻이다.

　'뽕 / 뺑'과 비슷한 된소리에 땅 / 땡이란 말도 있다. '짓고땡(지어 땡)'이나 '장땅(땡), 광땅(땡)'이라 할 때의 '땅>땡'이 그것이다. '땡땡구리'라 일컫기도 하는, 이 말은 '뽕 / 뺑'과 같은 소리를 흉내내는 의성어가 아니라 한자 '同(수)'의 중국식 발음이다. 한자 同은 서로 같다는 뜻, 화투놀이 '섰다'에서 같은 수의 화투짝을 잡거나 골패에서 같은 두 패(牌)를 잡았을 경우에 쓰인다. 이처럼 같은 수를 나타내는 땅(땡)은 1에서 10까지 나올 수 있다. 여기서 1땅을 흔히 삥땅, 또는 꽁땡이라 하고, 마지막 수인 10땅을 장땅이라 하여 최고의 끗수로 친다. 간혹 3월과 8월의 '光'을 '3·8 광땅'이라 하여 장땡 위에 올려놓기도 하지만 원칙적으로는 장땡이 말 그대로 '장땅(최고)'이다.

　장땡과 광땡 중에서 어느 것이 높으냐 하는 문제는 노름판에서 정할 일이고, 재미있는 것은 유명도나 활용도에 있어서는 단연 가장 작은 수의 삥땅이 앞선다는 사실이다. 비속어에 속하지만 '삥땅친다'는 말이 있다. 당당히 사전에도 등재되어 있는 이 말은 부정하게 돈을 착복한다는 뜻으로 쓰인다. 노름판에서는 가장 작은 '땅'이 이처럼 착복의 의미로 옮아간 데는 나름대로의 연유가 있다. 이 말은 태초에 버스 안내양들이 손님에게서 받은 요금의 일부를 몰래 감춘 데서 비롯된다. 과거 운수업이 성황을 이룰 때 회사의 이사장은 장땡을 먹고, 사장은 장땡을 먹는 대신에 안내양은 삥땅을 먹는다고 했다. 안내양은 정식 월급 이외에도 별도의 운임을 착복하고 있으니 땅 중에 가장 쏠쏠한(?) 땅이 아니겠느냐는 빈정거림에서 나온 말이다.

같은 패, 같은 숫자 즉 땅을 잡으면 동반자들로부터 축하의 인사로 '땡값'이라는 걸 받게 된다. 가장 작은 끗수의 땅으로 이런 보너스까지 받게 되니 그만큼 맛이 고소했을 터이다. 망고 땡이다이란 말도 이와 유사한 경우에 사용된다. 완전히 자유롭게 되었다는 뜻인 '망고 땡'의 '망고-'는 엉뚱하게도 연날리기 용어에서 유래한다. 망고는 연을 날릴 때 얼레의 줄을 다 풀어 주었다는 뜻인데 이 말이 '해방되다, 아주 편안하다'는 의미로 전이된 것이다.

이처럼 '뽕 / 삥, 땅 / 땡'과 같은 말이 많은 사람들이 입에 오르내리며 위세를 떨침은 그 어형이 된소리[硬音]라는 데 있다. 최근 폭발적인 유행을 보이는 '얼짱', '얼꽝'의 짱, 꽝이란 된소리도 같은 맥락이다. 우리말의 된소리화[硬音化]는 당분간은 그대로 지속될 전망이다. 불평, 불만으로 가득 찬 현대인들의 심성이 언제쯤 평정을 되찾고 순화될 수 있을는지 도저히 가름할 수 없기에 하는 말이다.

화투 노름의 승패는 두 패의 합친 수의 크기, 곧 끗수로 판가름나게 된다. 끗수라는 말의 '끗'은 노름에서의 점수 단위이므로 결국 두 패의 수를 합한 끝자리 수이다. 끗수를 또는 **끗발**이라고도 하여 '끗발이 오르고, 끗발을 올리고, 끗발이 좋다.'라는 말을 쓴다. 끗수는 1에서 9까지, 곧 '따라지'에서 시작하여 '가보'로 끝난다. 끗수 1의 따라지는 동사 '따르다'에서 파생된 말로 '따라지 신세, 따라지 목숨'이란 속어에서 보듯 홀로 독립되지 못하고 누군가를 따라야만 하는 처지를 나타낸다. 한국전쟁을 전후하여 월남한 피난민들을 그렇게 부른 적이 있다. 그들이 월남할 때 3·8선을 넘었기 때문인데 3+8=11, 그 끗수가 1이 되는 것이다.

끗수 9 가보는 아무래도 우리말 같지 않다는 느낌이다. 일본어에서 그루터기나 주식, 특권을 뜻하는 'kabu(株)'에서 왔다는 설이 있으나 확실치는 않다. 문제는 가장 큰 수(끝발) 9에서 1만 더해져도 그만 나락으로 떨어진다는 사실이다. 두 수의 합이 10, 또는 20에 이르면 통이라 하여 끗수의 서열에서 제외하고 마는 것이다. 9·1뿐만 아니라 2·8, 3·7, 4·6, 5·5가 모두 통이어서 이런 수가 나오면 탄식과 함께 망했다 하여 망통이라 부르기도 한다. '통'이란 말의 어원은 분명치는 않으나 '통 모른다, 통 소식이 없다'에서 보듯 '전혀'라는 뜻을 나타내는 부사 '통'과 관련이 있을 듯하다. '전혀 없다'라고 할 때의 전혀는 전부 없다란 말의 '전부'와 동의어로도 쓰일 수 있기 때문이다.

'통 / 망통'과 동일한 의미로 황이란 말도 쓰인다. 황은 본래 짝이 맞지 않은 골패짝을 이르는 용어지만 전이되어 어떤 일을 이루는 데 부합되지 않는 사물을 나타내기도 한다. '황(을) 그리다.'고 하면 낭패한 일을 당할 경우를, '황(을) 잡는다.'고 하면 계획된 일이 빗나갈 경우를, 그리고 '말짱 황이다!'라고 하면 萬事休矣, 모든 일이 수포로 돌아갔음을 뜻한다.

노름은 처음 약정된 금액의 판돈을 걸고 시작한다. 판돈을 달리 칭하여 살이라고도 하고, 그것을 내는 것도 '건다, 태운다, 댄다, 지른다'란 서술어를 사용한다. 여기서 말하는 살은 노름판에 걸어 놓은 일정액에 덧태워 내는 돈이다. 노름판에서 노름꾼은 때로 밑천이 짧아 더 이상 계속할 수 없을 수도 있고, 또는 마음이 내키지 않아 쉬고 있다가 좋은 패가 나왔을 때 다시 끼어들 수도 있다. 이를 경우 살을 낸 데서 추가로 더 대는(지르는) 살을 **곱살**이라 한다. 어디에 끼어 드는 일을 가리켜 '곱살 / 꼽살이 낀다'라는 표현은 여기서 유래한 것이다.

고스톱이란 화투놀이를 두고 '국민의 오락'이라 규정하는 이도 있다. 서양 사람들도 트럼프를 즐기지만 우리네의 고스톱 열기에는 미치지 못한다. 명절날에도 가족 간의 대화란 것이 으레 고스톱판으로 시작되고 유원지는 물론 외국 여행지에서도, 심지어 항공기 속에서도 이런 판이 벌어진다. 그런데 한국인끼리의 놀이에서 '고스톱(go, stop)'이란 영어가 왜 끼어들었을까? 이것마저도 서양풍의 흉내라도 내려는 심산인가. 어쨌거나 초창기의 일본식 이름, 즉 다섯 마리의 새를 뜻하는 '고도리'를 쓰지 않는 것만도 그나마 다행이다.

고스톱에 쓰이는 용어도 변화가 자심하여 여기서 전부를 다루기는 어렵다. 다만 한 가지 바가지만은 소개할 만하다. '바가지>박'은 물을 푸거나 물건을 담는 데 쓰는 그릇이다. 이 바가지가 쓰거나 씌운다는 서술어와 함께 심심찮게 노름판에서 통용된다. 바가지를 썼다거나 이를 씌웠다는 말은 금전상의 손해를 보았거나 타인에게 손해를 입혔을 경우이다. 이런 의미의 전이는 개화기 이후 우리 나라에 유입된 중국의 십인계(十人楔)란 놀이에서 비롯되었다.

중국에서 유행하던 십인계는 1에서 10까지의 숫자가 적힌 바가지를 엎어 놓은 뒤 물주가 어떤 수를 대면 그 수가 적힌 바가지에 돈을 댄 사람은 그렇지 않은 사람의 돈을 갖게 되고, 손님이 못 맞춘 경우는 모두 물주의 소유가 되는 노름이다. 누구든 바가지에 적힌 수를 맞추지 못했을 때는 걸었던 돈을 잃게 되므로 이를 '바가지 썼다.'라고 말하는 것이다. 화투 노름에서 바가지를 쓰는 경우라면 대개 6개 이상의 피를 모으지 못한 피박, 하나의 광도 취하지 못한 광박, 그리고 남의 손해를 온통 자신이 뒤집어 쓰는 뒷박 따위가 있다.

'피바가지>피박'이라면 상대에게 금전상의 손해를 입히기 때문에 그 말을 '피[血]를 본다.'는 의미로 인식되기 쉽다. 그러나 여기서 말하는 '피'는 논에서 벼와 함께 자라는 '돌피'를 지칭한다. 무용지물로 보이는 '돌피>피'도 노름판에서는 일정수를 모으지 못하면 이처럼 낭패를 당하는 것이다. 이런 피바가지는 화투놀이 그 자체에도 적용될 수 있다. 화투도 놀이나 놀음으로 그쳐야지 노름으로 이어진다면 그야말로 패가망신할 수도 있다. 피바가지, 이 때의 피는 돌피의 피[稷]가 아닌 혈액의 '피[血]'로 바가지를 쓸 수도 있기에 하는 말이다.

6. 욕설의 양상

1) 욕설의 본질

욕설(辱說)은 한자어 그대로 욕(辱)이 담긴 언어다. 상대의 인격을 무시하고 그를 미워하고 저주하는 뜻이 담긴 모욕적인 말인 것이다. 욕으로 내뱉는 언사를 욕어(辱語) 또는 욕언(辱言)이라 할 수 있겠는데, 그러나 그런 용어는 쓰지 않는다. 처음부터 욕으로 만들어진 말은 없다는 얘기다. 욕어가 아니라 욕설로 칭하는 것은 대화 현장에서 어떤 말이든지 상대가 누구냐에 따라, 당시의 분위기가 어떠냐에 따라 욕설로 변질될 수 있음을 의미한다. 한자어 辱은 욕설이나 꾸지람, 또는 부끄러운 일을 말하지만 때로 몹시 힘들고 고생스러운 일을 뜻하기도 한다. 경상도 방언에서 '욕 봤다.'라고 하면 강간이나 치욕을 당했다는 말이 아니라 그저 '수고 많았다'는 격려의 인사말에 불과하다.

동의어나 유의어(類義語)라 해도 그것이 쓰이는 환경이나 상황에 따라 그 말이 갖는 격이 다르다. 품위 있는 아어(雅語)로부터 일반적인 보통어, 그리고 특별한 상황에서 쓰이는 특수어가 그런 것이다. 특수어에는 특정 부류에서 사용하는 은어(隱語) 및 전문어, 지역적인 차이를 드러내는 방언, 그리고 보통어보다 격이 떨어지는 속어(俗語)나 비어(卑語) 따위가 여기 포함된다. 욕설이라면 맨 후자의 비속어(卑俗語), 그 중에서도 비어(卑語)가 된다. 그러나 반드시 그런 것만은 아닌 것이 욕설이라고 해서 다 비어가 아니며, 비어라 해서 처음부터 격이 낮은 말로 생성된 건 아니다. 사람은 일상에서 늘 아어만을 사용할 수는 없다. 때로는 상소리도 내뱉고 욕설도 섞어야 말하는 맛(?)도 느끼고, 살맛도 느낀다고 한다. '욕설의 미학'을 말하는 이도 있다. 사회 심리학적 측면으로도 욕설 즉 비속어는 일종의 필요악이라 말한다.

꽃과 여인은 가꿀 탓이라는데 우리가 사용하는 말 역시 그러하다. 아무리 좋은 말이라도 가꾸지 않고 천시하면 어쩔 수 없이 비속어로 전락하고 만다. '놈[者], 년, 계집, 새끼'란 호칭이 항상 좋지 않은 상황에서 좋지 않은 의미로만 쓰이다 보니 끝내 욕설로 타락하고 말았다. 이처럼 욕설은 두 개의 얼굴을 갖고 있다. '새끼'나 '자식'이 호칭 상에서 욕설이지만 반면 애칭이 될 수도 있다. "잘 하네, 잘 먹고 잘 살아라."라는 말이 칭찬이나 격려인 동시에 질책이나 저주의 말이 되기도 한다. 아예 간판에서부터 '욕쟁이 할머니집'이라 내건 식당도 있다. 이 집에 들른 손님들은 음식과 함께 주인 할머니의 걸쭉한 욕까지 덤으로 얻어먹는다. 어떤 손님은 욕을 먹는 그 맛에 그 식당을 찾는다고도 한다.

채만식의 「탁류」를 비롯한 많은 소설에서 욕설로 엮어지는 대화 장면을 대하면서 독자들은 불쾌감보다는 오히려 시원함을 느낀다고 한다. 이럴 때 그 분위기, 그 대화 속에서 행해지는 욕설은 이미 욕이라 할 수가 없다. 욕설, 그 밑바닥에 깔려 있는 인간적 냄새라 할까, 그것의 정도가 심하면 심할수록 인간성의 깊이가 더 깊어지는 지도

모를 일이다. 『우리말 상소리 사전』을 펴낸 바 있는 정태륭(1994)에
서는, 욕설(상소리)은 모든 언어의 뿌리라 주장한다. 우리말에서 욕설
이라 칭할 수 있는, 거의 모든 말을 본격적으로 수집, 정리해 온 그의
견해에 귀를 기울여 본다.

"동물계 또는 갓난 아기들의 언어 습득 과정에서 볼 수 있듯이 말
의 시초는 소리이며, 소리는 본질적으로 생명 보전과 번식에 그 뿌리
가 닿아 있다. 식본능과 성본능이 바로 그것인데 우리 일상에서 이런
원초적인 본능을 천시하는 경향이 있듯 이를 빗대어 이르는 언어 역
시 '상소리' 또는 '천한 소리'로 멸시 받아 온 게 사실이다. 그러나
현실이 그렇다고 해서 상소리가 모든 일상 및 고급 언어의 뿌리라는
사실에 변동 사항이 생길 수는 없는 것이다. 고운 말과 상소리가 따
로 있는 말이 아니고 고운 말의 뿌리가 곧 상소리임을 상기하면 될
것이다. 그리고 우리말 상소리의 특징이라면 슬픔이나 절망 등 퇴영
정서가 없다는 점이다. 대신 거칠고 혐오스럽기는 해도 명랑하고 공
격적이며 활기가 넘치는 것이 큰 장점이 된다."

우리말에서 원초적으로 악(惡)을 지칭하는 말이 있다면 이는 대개
한자말이다. 고유어로 악인을 나타내는 예라면 '나쁜 놈'이 고작인데,
이 '나쁘다'라는 말도 그 본뜻은 한자 惡과는 거리가 멀다. 나쁘다는
'낮[低]+브다(접미사)'의 구조로서 '惡하다'가 아니라 인간 됨됨이나
수준이 낮다는 의미다. 부언한다면 '나쁜 놈'이란 말의 정확한 의미는
'못된 놈, 덜 된 놈, 모자란 놈'일 따름이다. 우리 조상들은 인간을 정
의하기를 '이미 되어 있는 존재(being)'가 아니라 '장차 되어 가는 존
재(becomning)'라 했다. 따라서 미처 못되고, 아직 덜 되고, 수준이 낮
은(나쁜) 놈은 앞으로 인간으로서 됨됨이[品格, 人品]를 갖추기만 하면

언제든지 좋은(높은) 사람이 될 수 있다고 믿었다. 우리말에서의 욕설도 이런 관점에서 되새겨 볼 필요가 있다.

욕설의 진정한 의미는 무엇일까? 이 물음에 대한 답은 사람은 어떤 상황에서 어떤 말을 들을 때 가장 기분이 나쁘고 분노를 느끼게 되는가에 대한 답변으로 대신될 수 있다. 한 마디로 말해 자존심에 손상을 입었을 때가 아닌가 한다. 현재는 비록 비천한 처지에 있다 해도 사람은 저마다 인격을 갖춘 소중한 존재이다. 이런 존재에게 "네깐 놈이…, 네가 뭔데…, 네 주제에…"라고 말하면 누구나 분노하게 된다. 자신을 무시하는 이런 언사에 그만 모욕감을 느끼고 끝내 인내의 한계에 이르게 되는 것이다. 바로 이럴 때 하는 말, 다시 말하면 상대방의 자존심에 상처를 입히는 그 언사가 바로 욕설이 된다.

사람의 얼굴 중에서도 코는 자존심이나 권위의 상징이다. 코가 납작해 졌다면 자존심에 손상을 입었다는 얘긴데, 속어로 '쫑코'나 '야코'가 이를 잘 대변해 준다. 흔히 "쫑코를 준다, 쫑코(를) 먹다"라든가 "야코(가) 죽었다, 야코 죽인다"라고 말한다. 쫑코는 코를 쫀다는, '쪼는 코'가 줄어서 '쫀코'가 되고 '쫀코'가 다시 '쫑코'로 변한 말이다. 야코는 '양(洋)+코'가 줄어진 말로, 서양인의 높은 코가 낮아졌다는 데서 나온 말이다. 한국전쟁 당시 미군이 우리 나라에 주둔하면서 생겨난, 곧 그들에 대한 거부감에서 나온 말일 것이다.

욕설을 내용상으로 보면 '병신, 바보, 얼간이'와 같이 상대방의 능력이나 행실을 비하시키는 것이 있는가 하면 '망나니, 덤받이, 개구쟁이, 무녀리, 종갓나'처럼 상대의 조상이나 출신 성분을 비하시키는 것도 있다. 그 외에도 '오사랄, 육시랄, 난장맞을, 오라질'과 같은 형벌과 관련된 것, '희쭈꺼리, 썹할, 좆같이'와 같이 성적인 수치심을 자극하는 것, '염병할, 지랄'과 같은 질병으로 인한 저주와 '떡해 먹을 집안'이라 하여 상대의 가정을 저주하는 것 등으로 나누어 볼 수 있다.

일상에서 많이 쓰이는 욕설을 분류하여 그 개개 낱말에 대한 어원을 생각해 보기로 한다.

2) 출신, 성분의 비하

사람은 자신에 대한 직접적인 비난보다도 그 조상이나 출신 성분 상의 약점을 들어 공격할 때 더한 분노를 느낀다. 개새끼, 개구쟁이, 망나니, 무녀리, 호로자식, 덤받이, 종갓나 따위의 욕이 그런 예이다. '개새끼'란 가장 흔하게 듣고 쓰는 욕이다. 이와 유사한 의미의 '개구쟁이'란 말도 지금은 어린아이에 대한 애칭으로도 쓰인다. 개새끼는 '가히〔狗〕+삿기〔子〕'의 구조로 '개삿기>개새끼'의 변화이다. 욕설 그 대로 강아지를 지칭한 것이나 이 말이 욕으로 쓰일 때는 개자식, 개 와 같은 자식쯤으로 격하된다.

장난이 지나친 아이를 일컫는 개구쟁이도 이와 비슷하다. 어원상으로 보면 개새끼와 같은 뜻을 가졌으므로 함부로 쓸 말이 아니다. 개 구쟁이는 남이 버린 아이를 주워서 길렀다는 개구멍받이나 "애비가 개고기였다."는 식의 그 부모를 욕하는 말과 동의어일 가능성이 있다. 어떻든 우리말에서 '개-'라는 접두사가 붙는 말은 한 마디로 고약하 기 이를 데 없다. 기원적으로는 참〔眞〕이 아닌 거짓〔假, 僞〕을 뜻하거 나, 혹은 후행하는 그것이 변변치 않음을 나타낸다. '개구쟁이'에서의 '개-'도 실제 개〔犬〕를 지칭할 수도 있고, 갯가를 뜻하는 개〔浦〕, 또는 거짓을 뜻하는 한자어 假일 수도 있다. 이처럼 접두사 '개-'는 개판, 개소리, 개꿈, 개죽음, 개살구, 갯버들의 예에서 보듯 어떤 뜻으로 쓰 이든 결코 좋은 말은 못 된다.

망나니는 상기 개새끼보다 한술 더 뜬 욕이다. '아무 대책 없이 마 구 낳아 놓은 이'가 망나니의 본뜻이므로 이보다 더 치욕적인 욕이 있을 수 없다. 망나니는 '마구>막〔粗〕+낳-〔出産〕+ㄴ(어미)+이〔者〕'의 구조로서 '막난이>망나니'의 변화이다. 더구나 이 말은 옛날 죄인의 목을 베던 사형 집행인을 지칭하기도 했다. 망나니들은 사형을 당할 만한 중죄인 가운데 극형만은 면하게 해 주는 대가로 선정되었다. 그 만큼 잔인하고 포악한 인종들이었으니 마구 낳아 놓은 놈이나 사형 집행인이나 어느 쪽으로 해석하든 고약스런 인물임에 틀림이 없다. 여기다 '개망나니'라 하여 '개-'라는 접두사까지 덧붙여 놓으면 더더욱 상종 못할 인간이 된다.

무녀리도 출생의 약점을 버르집는 말이다. 무녀리는 문 열이, 곧 '門+열〔開〕+이(접사)'의 구조로서 한 태(胎)의 새끼 중 맨 먼저 태어나는 놈을 지칭한다. 사람으로 치면 맏이를 일컫는 말이지만, 그러나 무녀리는 언행이 되먹지 못한 사람에 비유된다. 호로자식 역시 그 부모를 욕되게 일컫는 말이다. 그야말로 배운 데 없이 제멋대로 자란 자식으로 이 말 이외에도 호래아들, 홀의 아들, 후레자식, 호로새끼 등 여러 어형이 혼재한다. 이를 두고 한자어 胡奴, 胡虜, 匈奴에서 유래한 것으로 보기도 하나 '홀어미의 자식'으로 봄이 옳을 듯하다. 옛날에는 애비 없이 자랐다는 말이 망나니 못지 않게 큰 욕으로 여겼기 때문이다.

덤받이, 덤거리도 출신 성분의 약점을 꼬집는 말이다. 덤받이는 후취나 첩을 들일 때 그 여자가 전 남편에게서 배거나 낳아서 데리고 들어온 자식, 한자말로는 加捧子나 加捧女라 한다. 박일환(1994:60)에서는 덤받이와 덤거리가 의미상으로 다르다고 한다. 곧 '덤받이'는 어떤 일에 대한 부가적인 소득을 뜻하는 말이라 하고, '덤거리'는 못난 사람을 지칭하는 말이라 하였다. 그러면서 덤거리의 유래를 옛날 새우젓 장수의 덤통에서 찾는다. 예전에 산골로 돌아 다니며 새우젓을 파는 장수의 등짐에는 알통과 덤통이란 두 개의 젓통이 있었다. 비교적 깨끗한 양철통에 담긴 알통의 것은 상품이고, 덤통에 담긴 새우젓은 그야말로 덤으로 주기 위한 하품이었다. 여기서 돈으로 산 젓갈을 '알젓'이라 하고 덤으로 얻은 젓갈을 '덤거리'라 칭했다는 것이다. 따라서 뼈대 없이 시원찮게 구는 사람을 빗대어 '덤통에서 나온 놈' 또는 '덤거리'라 부르게 되었다는 얘기다.

종갓나(새끼)도 그 사람의 출신을 꼬집는 욕설이다. 상대를 얕잡아 이르는 말로 주로 함경도 지방에서 방언으로 사용된다. 종갓나는 종살이 하는 가시내, 또는 그 자식이란 뜻으로 '종>종〔奴隸〕+가시나>갓나〔女〕+삿기>새끼〔子〕'로 분석된다. 그러나 '-갓나'의 기원어로 추정되는 가시내/가시나의 어원에 대해서는 아직도 이견이 있다. 계집아이의 별칭인 가시나는 '가시>갓〔女, 妻〕'에서 파생된 말이지만 '가시-'에 후행하는 '-나/-내'에 대해서는 해석이 엇갈리는 것이다.

곧 '-나/-내'를 '아히〔兒〕'로 보는 견해와 낳다의 파생어 '나히〔胎生〕'로 보는 두 가지 견해가 그것이다. 만약 전자 '아히'의 연결로 본다면 '-내/-나'의 어두음 'ㄴ'에 대한 설명이 곤란해진다. 이 문제에 대해 양주동(1938)에서는 'ㄴ'은 단순한 음편(音便)의 첨가라 하고, 이기문(1991:109)에서는 음편이 아니라 옛날에 속격 조사와 같은 문법 형태였을 것이라고 추정한다. 따라서 '가시나/가시내'의 '-나/내'는 태생을 뜻하는 '나히'의 'ㅎ' 탈락형으로 봄이 옳을 듯하다.

3) 용모, 행실의 비하

상대의 용모나 행실을 비하함으로써 불쾌감이나 분노를 일으키게 하고 상대적으로 자신의 우월성을 과시하려는 언행이다. '바보, 얼간이, 멍청이, 쪼다, 좀팽이, 개차반, 건달' 따위가 상대의 언변이나 행동상의 약점을 꼬집는 욕설이라면 '병신, 꺼벙이, 고자, 꼬마' 따위는 신체적인 약점을 들추어 상대를 공격하는 욕이다. 일상에서 비교적 많이 쓰이는 예만 들어 보기로 한다.

바보 : 멍청하고 어리석다는 의미로, 상대에게 혹은 자신에게도 할 수 있는 말이다. 어쩌면 욕이라고도 할 수 없는, 비교적 가벼운 욕설이다. 이 말은 '밥〔飯〕+보(인칭 접미사)'의 구조로서 'ㅂ'의 동음 생략으로 '밥보>바보'가 되었다. 여기에 대해서 이론도 없지 않다. 양주동(1958)에서는 바보의 '바-'를 '바사기'의 준말이라고 했다. '바사기'는 한자말 '팔삭(八朔)이'의 변한 말로서 그 약칭 '바-'에 인칭 접미사 '-보'가 결합된 구조로 보았다. 그러나 한자어 식충(食蟲)이를 보더라도 바보의 '바-'는 밥의 'ㅂ'의 탈락으로 봄이 옳은 것 같다.

바보는 꾀보와는 뜻이 상반되는 말로 아무 일도 못하고 그저 밥만 축내는 사람을 일컫는다. '악대 같다'는 말도 바보, 식충이와 같은 의미로 쓰인다. 악대는 만주어나 몽고어의 'akta'(중세어 표기로 '악디 / 왁디', 『朝鮮館譯語』에서의 '阿大')와 동계어로서 불알을 깐 짐승을 지칭한다. 거세한 짐승이기에 아귀같이 먹기만 하여 힘은 세지만 미련하고 둔하기 때문에 그런 사람을 빗대어 이르는 말이다. '빙충맞다'에서 나온 빙충맞이, 빙충이도 이와 비슷한 말이다.

병신, 등신 : 고유어 바보만큼이나 많이 쓰이는 욕으로 한자말 病身과 等神에서 유래한다. "병신 육갑한다, 병신 지랄한다, 병신같이, 병신성스럽다."에서 보듯 욕설로 쓰일 때는 신체적 불구보다는 정신적 불안정이나 불구에 초점을 맞춘다. 등신(等神)은 원래 한자 뜻 그대로 사람의 형상과 똑같은 크기로 만들어진 신상(神像)을 가리킨다. 처음에는 인간의 능력으로 할 수 있는 일을 해내는 귀신과 비슷한 뜻으로 쓰였으나 차츰 어리석고 줏대 없는 사람을 가리키는 욕설로 변질되었다.

얼간이, 얼간망둥이, 얼뜨기 : '얼간'은 소금을 적게 쳐서 덜 절였다

는 담염(淡鹽, 또는 半鹽藏)에서 비롯된 말이다. 담염의 고유어 '얼간'
은 이후 사람으로 옮겨 붙어 멍청하니 변변치 못한 사람을 일컫게 되
었다. 얼간망둥이 역시 얼간이와 함께 제대로 절이지 못하고 대충 간
을 맞춘 음식처럼 다소 모자란 사람을 빗된 표현이다. 혹자는 얼간이
의 어원을 '얼뜨기'와 마찬가지로 얼(정신, 혼, 넋)이 나간 사람이라 해
석하기도 한다.

멍청이, 멍텅구리 : 멍하다, 멍청하다에서 파생된 말로 정신이 흐리
멍텅하고 생각이 모자라는 사람을 이른다. 어두 '멍-'은 순간적으로
정신이 나가 그야말로 멍한 상태를 형용한 의태어이며, 후행의 '-텅>
청 / 칭' 및 '-구리'는 각각 접미사이다. 멍텅구리는 사람보다는 물고
기나 다른 사물명으로 더 많이 쓰인다. 이 말을 '뚝지'라는 바다 물고
기 이름에서 유래한 것으로 보는 이도 있다. 이 물고기는 생김새가
투박한 데다가 동작이 굼뜨고 느려서 위급한 상황이라도 도망갈 생각
조차 않는다고 한다. 또한 멍텅구리는 병목이 두툼하게 생긴 병(瓶)을
지칭하기도 하고, '멍텅구리배'라고 하여 자체로서는 움직일 수 없는
무동력선을 일컫기도 한다.

꺼병이 : 외양이 제대로 갖춰지지 않은, 거칠게 생긴 사람을 이른다.
꺼병이는 이름 그대로 '꿩 새끼', 곧 '꿩+병아리'의 준말이다. 꿩의
새끼 곧 꺼병이는 암수 구분이 안 될 뿐 아니라 모양새도 아주 볼품
이 없다. 따라서 차린 행색이나 동작이 엉성한 사람을 일러 꺼병이라
부르게 된 것이다. 그러나 형용사 '꺼벙하다'란 의태어는 이 말과 무
관해 보인다. 꺼병이가 '꺼벙하다'에서 왔다면 꺼병이 아닌 꺼벙이로
쓰이게 되었을 터이다.

좀팽이, 좀생이 : 작은 곤충을 가리키는 좀[蟫魚]에서 파생된 말이다.
대체로 마음이 편협하고 도량이 좁은 사람을 낮잡아 이르는 욕이다.
선행어 '좀-'은 작고 좁다는 뜻으로 '좀되다, 좀도둑, 좀생원'과 같은

파생어를 양산한다. 좀은 기원적으로 '조금〔小, 少〕'이란 부사어에서 온 것으로 보이며, 후행어 '-팽이'는 놈팽이의 그것과 같은 유형의 접미어이다.

좀생이는 또한 별 중에 묘성(昴星)을 지칭하기도 한다. 二十八宿 중 열여덟 번째 별이 좀생이로서, 음력 2월에 달의 앞뒤에 선 위치로 보아 그 해의 길흉을 점치기도 하는데 이를 두고 "좀생이 본다"라고 한다. 묘성이 별 중에서 워낙 작은 탓으로 '좀〔小〕+星'에서 좀생이란 말이 생겼고 이 말이 파급되어 작은 물건이나 사람을 지칭하게 되었다.

개차반, 개망나니 : 행실이 좋지 못한 사람을 이르는 욕이다. 말 그대로 개가 먹는 차반, 곧 똥을 가리킨다. 다시 말하면 '똥 같은 놈'이란 뜻으로 앞서 언급한 개망나니와 비슷하다. 차반(혹은 채반, 饌)은 혼사 때 예물로 차려지는 아주 잘 차린 음식이다. 대개 새색시가 근친(覲親) 때나 시집 올 때 정성껏 차려 온 음식상이다. 사람의 똥은 개에게는 차반과 같다 하여 이런 말이 생겼다.

건달 : 하릴없이 그저 빈둥거리기만 하는 사람을 일컫는다. 오늘날 건달은 이처럼 형편없이 전락하고 말았지만 그 기원은 자못 거창하다. 건달은 인도의 범어로서 불교를 통해 중국을 거쳐 차용된 말이다. 곧 악신을 뜻하는 'Gandharba'에 대한 음역(音譯)으로 한자어로는 乾達婆라 표기한다. 건달은 한때 배우(俳優)의 지칭어로도 쓰였으나 언제부턴가 부랑인(浮浪人)의 별칭이 되었다.

깡패 : 폭력배의 대명사, 너무나 잘 알려진 유행어지만 그 어원에 대해서는 지금도 오리무중이다. 깡패는 깡통(can+筒)과 마찬가지로 해방 이후 등장한 미국풍의 신용어의 하나다. 갖가지 어원설 중 영어와 한자어의 혼용이라는 설이 가장 유력하다. 곧 영어 '갱(gang)'에 한자어 牌 혹은 輩에서 나온 패거리와의 결합으로 보는 것이다. 어떤 이는 영어 gang은 일본어에서 '걍구'로, 우리말에서는 '깡'이란 된소

리로 발음되어 '깡부리다'라는 말이 생겼다고도 말한다.

반면 고유어 어원설도 만만찮다. 아무런 기술이나 도구 없이 날탕으로 일하는 사람을 '건깡깡이'라 하는데, 여기서의 '깡'에 패거리라고 할 때의 '패'가 접미하여 깡패가 되었다는 것이다. 아무런 재주나 기술 없이 살려다 보니 깡패에게는 주먹이 유일한 무기였을 터이다. 깡은 또한 한자어 强의 경음화로 볼 수도 있다. 매나리로 억지스럽다는 뜻으로 '깡부리다'란 말이 쓰인다. 이와 관련하여 '깡다구, 깡그리, 깡으로' 따위의 속어들이 여기서 말하는 강(强)의 경음화로 본다면 깡패란 말은 '깡부리는 패거리'가 아닐까 싶다.

돌팔이 : 떠돌아다니며 점이나 기술, 또는 물건을 파는 사람이다. 한자말로는 행상인이 되겠으나 지금은 상인보다는 의료 행위를 일삼는 무면허 의사, 또는 엉터리 의사만을 지칭하는 듯하다. '돌-'〔回〕+팔〔賣〕+이(접미사)'로 분석되나 첫음절 '돌-'을 돈〔錢〕으로 보기도 한다. 이 말은 욕이라기보다는 하는 일에 실력이 없거나 면허 없이 불법으로 전문인 행세를 하는 사람을 비하하는 말로 쓰인다.

고자, 먹통: 욕설로서의 '고자'는 생식 능력을 상실한 남자, 혹은 남성답지 못한 남자를 일컫는다. 고자(중세어로 '고쟈'로 표기, 한자로는 차음하여 鼓子로 표기)의 어원은 미상이다. 다만 남성의 고환(睾丸)을 뜻하는 말임을 짐작케 한다. 목공들이 사용하는 먹통〔墨斗〕의 별칭인 '먹고자(중세어 표기로 '먹고즈')'에서 '-고자'의 어형을 발견한다. 먹고자는 '먹〔墨〕+고자〔睾丸〕'의 구조로서 그 형태가 꼭 남성 상징의 불알을 닮았기에 붙여진 이름일 것이다. 먹통 역시 바보, 멍청이와 같은 의미로 쓰인다. 먹통은 목제나 석제를 다듬기 위해 줄을 긋는 데 사용하는 기구로서 그 통이 먹물로 인해 검기 때문에 말이 안 통하는, 어리석은 사람을 비유하는 데 쓰인다.

쪼다: 먹통과 마찬가지로 바보, 멍청이와 같은 의미로 쓰이는 속어다. 그 어원은 미상이나 일본어 '조다〔長蛇〕'에서 유래한 것으로 보기도 한다. 또는 우리말 '알아볼 조다.'에서 징조를 나타내는 말이 상대를 비하하는 욕으로 옮아가지 않았나 생각해 볼 수도 있다.

화냥년: 서방질을 하는 여자를 경멸하여 이르는 말. 이 역시 갖가지 어원설이 난무한다. 선행어 화냥을 花娘, 花郎 또는 還鄕의 한자어로 보기도 한다. 일찍이 김형규(1962:15)에서는 화냥을 음부(淫婦)를 뜻하는 만주어 'hayan'과 같은 계통으로 보았다. 화냥을 한자어 花娘으로 본다면 花는 기생 또는 화류장을 뜻하고, 娘은 처녀를 뜻하므로 그대로 만주어 하얀(hayan)의 의미와 일치한다.

한편 화냥을 신라 때의 花郎에서 유래한 말로 본다면 이 제도가 쇠태한 후 유행되었던 '화래, 화랭이'(男巫의 의미)와도 통할 수 있다. 말하자면 화랑들이 입었던 그 복식의 화려함과 그 제도의 타락에 의한 비아냥에서 나온 것일 수도 있다. 화냥년의 어원을 還鄕女에서 찾는 견해는 아무래도 부회라는 느낌을 준다. '환향녀'란 병자호란 때 많은 여인들이 북쪽 오랑캐에게 끌려갔다가 훗날 고향에 돌아오게 되었을 때 이들을 그렇게 불렀다는 설이다.

갈보: 직업적으로 웃음과 몸을 파는 매춘부를 일컫는다. 한때 서양인을 상대로 하는 갈보를 양(洋)갈보라 부른 적도 있다. 이 말 역시 깡패, 화냥년과 함께 호사가들의 입에 단골로 오르내렸던 유행어다. 갈보는 '갈-'에 '-보'가 접미한 합성어로 후행어 '-보'는 울보, 먹보, 곰보, 떡보와 같은 인칭 접미사이다. 문제는 선행어 '갈-'의 해석에 있다. 일반적으로는 남자를 자주 갈아치운다는 '갈다〔交替〕'에서 온 말로 보고 있으나 때로 '갈'이 여자의 고유어 '가시>갓〔女, 妻〕'의 변한 말로 보기도 한다.

'갈보'를 일본어에서는 '蝎甫'로 표기한다. 차음 표기라 생각되는

데, 재미있는 것은 '蝎'은 빈대나 전갈을 뜻하는 한자로서 빈대처럼 남자의 피를 빠는 존재라는 것이다. 게다가 갈보를 한때 일세를 풍미하던 '가르보(Greta Garbo)'란 여배우의 이름에서 따온 것이라는 설이 나돈 적도 있었다. 그러나 갈보는 고유어로서 남자를 자주 갈아치우는 여자를 뜻하는 말로 '갈-〔交替〕+보(인칭 접미사)'의 구조로 봄이 옳을 듯하다.

오사리 잡놈 : 불량스런 시정잡배를 일컫는다. 오사리는 '올>오 〔早〕+사리〔滿潮時〕'의 구조로서 이른 철 사리에 잡힌 새우를 비롯한 각종 해산물이다. 사리는 매달 보름과 그믐날 조수가 밀려오는 시각으로 이즈음 바다에 나가 그물을 올리면 잡으려는 새우 대신 온갖 잡것들이 더 많이 섞여 나온다고 해서 이런 말이 생겼다.

제미, 네미: 상대방의 어머니를 지칭하는 말이다. '제미'는 '자기 어미>제 어미'의 준말이며, '네미'는 '너의 어미>네 어미'의 준말이다. 이 두 말의 조어 과정만 놓고 보면 욕이 될 근거가 없어 보인다. 그러나 욕설로 사용되는 제미와 네미는 뒤에 '붙을'이라는 동사를 생략한 채 사용되었음을 알면 생각이 달라진다. 곧 제미는 '제미와 붙을-', 네미는 '네미와 붙을-'의 생략이다. '붙는다'는 말은 동물이 교접한다는 뜻이니 '제 어미 붙을 놈'이란 말은 그야말로 상상을 초월하는 반인류적인 욕설이 된다.

4) 형벌 관련 욕설

"이 난장 맞을 년, 오라질 년, 주리를 틀 놈, 경을 칠 놈……."

현진건의 단편 「운수 좋은 날」이나 홍명희의 장편 「임꺽정」을 보면 이와 같은 걸쭉한 욕설이 쏟아진다. 난장, 오라, 주리, 경은 모두 옛날 끔찍한 형벌과 관련된 욕이다. 죄인에게 형벌을 가하듯 미운 상대를 응징하려는 의도가 스며 있는 것이다. 그런데 다른 경우와는 달리 형벌과 연관된 용어는 거의 한자어로 형성되었음이 특징인데 이는 우리의 행형제도(行刑制度)가 중국의 그것을 받아 들였기 때문일 것이다.

난장(亂杖)은 곤장형(棍杖刑) 중에서도 가장 지독한 형벌이다. 맞아야 할 장(杖)의 크기나 맞는 댓수를 정해놓지 않은 채 그야말로 마구 쳐 대는 장형(杖刑)이다. 게다가 뭇사람들이 사정없이 패 대는 형벌이기에 이를 맞다가 죽는 수도 있었다. 이 무서운 형벌이 상대를 응징하는 욕설로 둔갑하였으니 '난장맞을'이나 '젠장맞을', 또는 '넨장맞을'이 그런 예이다. '난장을 맞아야 할'이 줄어서 난장맞을이 되고, '네 난장을 맞을'이 줄어 넨장맞을로, '제(기) 난장을 맞을'이 줄어 젠장맞을이 된 것이다.

'주리를 틀 놈'도 난장맞을 놈과 별반 다르지 않다. 주리는 주뢰(周牢)의 변한 말이다. 옛날 죄인의 두 다리를 묶고 그 사이에 긴 막대를 끼워 엇비슷이 비틀어 대는 형구틀의 이름이다. 주리를 '가새주리'라고도 한다. '가새'는 '가위'의 고형으로 정강이 사이에 낀 두 개의 주릿대가 가위의 모습 같아서 이런 이름이 붙었다. 오라질 / 우라질이라고 할 때의 '오라'는 죄인을 결박하던 홍줄[紅絏]로서 지금으로 말하면 수갑이 될 것이다. '오라를 지다'란 말의 준말이 오라질 또는 우라질이다. 여기서 '지다'란 말은 맞잡거나 포개어 손 위에 얹는더는 뜻으로 오랏줄에 묶인 몸을 일컫는다.

"경치고 포도청 간다."는 옛말이 있다. 단단이 욕을 보고도 구속될 처지에 놓였음을 뜻한다. 경친다고 할 때의 '경'은 두 가지 뜻으로 해석될 수 있다. 하나는 일종의 경범죄에 해당하는 更으로 야간 통행금지가 실시되던 때의 일이다. 순라꾼이 도둑을 잡아 순청에 가두었다가 5更이 지나 풀어 주었으므로 '경을 치렀다'는 말이 생겼다. 또 하나의 경은 更과는 비교할 수 없을 만큼 지독한 '鯨'이란 형벌이다. 鯨은 죄인의 얼굴이나 몸에 살의 일부를 떼내어 홈을 파고 그 속에 먹물로 죄명을 찍는 형벌로, 이를 자자(刺字), 또는 묵형(墨刑)이라고도 한다.

찍히다란 말도 이 같은 鯨이나 낙인(烙印)에서 유래하였다. 흔히 '찍혔다'라고 하면 좋지 않은 일로 남에게 주목의 대상이 된다는 의미다. 경(鯨)이 사람에게 가해지는 것이라면 낙인(烙印)은 동물에 가해지는 것이다. 가축 사육에서 자신의 소유임을 나타내기 위하여 짐승의 엉덩이에 불에 달군 쇠꼬챙이로 지지는 일을 낙인이라 한다. 일단 이런 표시가 찍히면 평생 지울 수가 없다. '낙인 찍혔다.'고 하면 자신의 언행이 상대에게 잘못 비쳐짐으로 해서 좋지 않은 인상을 남기게 되는 경우다. 지금은 '낙인'이란 말은 빼고 그냥 '찍혔다'고만 해도 본뜻은 그대로 살아 있다.

예나 지금이나 가장 무서운 형벌은 죄값을 죽음으로 대신하는 사형일 것이다. 흔히 들을 수 있는 박살낸다는 말이 바로 이 사형을 가리킨다. 현대어에서 이 말은 무엇을 완전히 때려 부순다는 의미지만 원래 '박살(撲殺 또는 撲殺)'이라면 사람을 손으로 쳐서 때려 죽인다는 뜻이었다. 죄를 짓더라도 죽을 죄는 짓지 말라고도 했지만 어떻든 옛날 사형 제도는 참으로 끔찍했다. 지금은 그런 제도는 사라졌지만 그 명칭만은 우리가 쓰는 욕설 속에 그대로 남아 있다. '오살'이나 '육시'가 바로 그것이다.

사형 제도 중 최고형인 오살(五殺)이나 육시(戮屍)는 반역을 꾀한 무리에게 내리는 극형이었다. 오살은 죄인의 머리를 찍어 죽인 뒤에 시신을 다섯 토막을 내는 형벌이며, 육시는 죽은 사람의 관을 쪼개고 목을 베는, 부관참시(剖棺斬屍)를 일컫는다. 또 하나의 의미로는 한자로 육시(六屍)라 하여 죄인의 사지를 소나 말에 묶은 뒤 사방으로 달리게 하여 머리와 몸통, 그리고 사지를 찢어 죽이는 형벌을 지칭하기도 한다. 오살할(오사랄) 놈이나 육시랄 놈은 바로 여기서 나온 욕설이다. 오살이나 육시를 할, 다시 말하면 그러한 행위를 시행할 놈이란 뜻이니, 그 어원을 안다면 결코 함부로 쓸 말이 아니다.

요즘은 가정에서 자녀들에게 좀처럼 손을 대지 않는다. 학교 교육에서도 선생님들에게 회초리 곧 교편(教鞭)조차 들지 못하게 한다. 이런 실정에 비추어 보면 옛 형벌이 얼마나 잔인했고, 또 그것을 표현하는 말이 얼마나 지독했는지를 절감할 수 있다. 죄는 미워해도 사람은 미워하지 말라고 했다. 설사 죽을 죄를 지었다 해도 언어에서만은 그렇게 심한 욕을 쓰지 않았으면 한다.

특히 형벌 관련 욕설 중 오살이나 육시 같은 사람을 죽이는 것만은 자제했으면 한다.

5) 질병에 의한 저주

인간이면 누구나 건강하게 오래 살기를 기원한다. 그러므로 다른 사람이 병에 걸렸으면 하는 바람도 형벌 못지않게 상대를 저주하는 욕이 된다. 앞서 병신이란 말이 남을 비난하는 큰 욕이 됨을 보았다. 신체의 어느 부위가 정상적으로 활동하지 못하는 상태를 일러 '병'이라 하고 이를 '아프다'라고 말한다. 따라서 病에 해당하는 고유어는 알ㅎ[痛]이었다고 생각된다. '알'은 통증을 호소하는 비명을 흉내 낸 의성어에서 비롯된 것 같다. 동사 '앓다'와 형용사 '아프다(앓[痛]+브다(접미어)>알프다/알ㅍ다)'는 기원어 '알'의 파생어이다.

현대어에서 아픔을 칭하는 말은 病이나 疾, 疫과 같은 한자말이 주종을 이룬다. 고유어로는 아프다 외에 기껏해야 **탈나다, 몸져 눕다** 정도인데 이마저 구체적인 병명에 이르면 찾아보기 어렵다. 그저 발이 아프면 발병이요 눈이 아프면 눈병, 가슴이 아프면 가슴앓이, 배가 아프면 배탈 정도가 고작이고 전문적인 이름은 대부분 한자말에 의존한다.

옛사람들은 탈이 나 몸져 눕는 일은 귀신의 노여움 때문이라고 믿었다. 귀신의 보복이나 장난이 발병 원인으로 인식한 것이다. 질병을 달리 칭하여 손님이나 마마라 한 것도 이런 사고에서 비롯된다. 몸을 아프게 하는 귀신을 높여 줌으로써 그 피해를 최소화하려는 일종의 주술적 사고에서 나온 것이다. 성장 과정에서 누구나 앓아야만 하는 홍역(紅疫)을 큰손님이라 하고, 홍역보다 다소 약한 수두(水痘)를 작은 손님이라 불렀다. 뿐만 아니라 그 손님(병)을 이겨내었을 시는 '큰 벼슬했다'며 치하를 아끼지 않았음도 같은 발상이라 할 수 있다. 이 밖에 호구별성(戶口別星)을 일러 별성마마(別星媽媽), 혹은 역신마마(疫神媽媽)라 부름도 마찬가지다. '호구별성'은 집집이 찾아다니며 천연두를 앓게 한다는 여자 귀신의 객성이다. 이 귀신은 먼 강남으로부터 특별한 사명을 띠고 거의 주기적으로 찾아 와서 두창(痘瘡)을 치르게 한다는 것이다.

염병은 욕설에서 가장 많이 거명되는 단골병이다. "염병할 놈, 염병하다 뒈질 놈, 염병하겠네"는 흔히 들을 수 있는 욕이다. 염병(染病)은 장티부스를 통속적으로 이르는 말이다. 일반적으로 높은 열이 나는 병을 통칭하여 열병(熱病)이라 하는데 이 중에서도 장티부스가 대표적이어서 염병과 열병은 같은 병명으로 알고 있다. 고열을 견뎌내기란 참으로 어렵다. 상대가 얼마나 미웠으면 죽어도 그냥 죽지 않고 열병을 앓다가 죽어라고 했을까.

지랄병 또한 못쓸 병으로 자주 쓰이는 질병 욕설이다. 욕으로 쓰일 때는 단순히 병만 앓는 게 아니라 "지랄하다, 지랄치다, 지랄발광하다, 지랄지랄하다"와 같이 유별난 행위 표현으로 발전한다. 간질(癇疾)을 뜻하는 지랄은 모처럼 고유어가 병명으로 쓰였다. 지랄은 '짓/진>질[作, 行爲]+알[痛]'의 구조로서 어떤 짓(행위)을 하는 병이란 의미다. 갑자기 몸을 부르르 떨며 게거품을 내면서 의식을 잃는 것이 이 병의 증상이다. 상대의 하는 짓이 마음에 들지 않을 때 이 병에 빗대어 그렇게 표현하는 것이다.

지랄과 비슷한 욕설로 '육갑하다, 육갑떨다'라는 말도 쓰인다. 육갑(六甲)은 한자어 六十甲子의 준말, '육갑(을) 짚는다'고 하면 그 사람의 생시(生年月日時)로서 길흉화복을 헤아려 본다는 뜻이다. 그러나 그냥 '육갑(을) 한다'면 그 의미는 판이하게 달라진다. "병신 육갑 떤다."는 말에서 보듯 '꼴값한다, 꼴값 떤다'와 같이 남의 언행을 얕잡아 이르는 욕이 되고 마는 것이다.

문둥병이라 불리는 나병(癩病) 역시 단골 욕이다. 문둥이는 '떠서 상하다'는 뜻을 가진 '물-'에 '童이'가 연결된 '물>무+ㄴ(어미)+童+이(접미사)'의 구조이다. 불치병인 이 병은 한 번 걸리기만 하면 인간 세상으로부터 영원히 격리되기 때문에 天刑病이라 부르기도 한다. 그러나 이처럼 무서운 병도 실제 언어세계에서는 별로 두렵지 않은 듯하다. 한때 경상도 지방에 나병 환자가 많았던 탓으로 이 지역 사람의 호칭어가 되었다. "야 이 문둥아!, 이 문둥이 가시나야!" 결코 욕이 아니라 절친한 사이에서 상대를 부르는 애칭일 뿐이다.

병에는 두 가지 난 병과 든 병으로 나눌 수 있다. 흔히 발병(發病) 현상을 표현할 때 '병이 나다, 병이 들다, 병에 걸리다, 병을 얻다'에서 어느 하나를 택하게 된다. 여기서 '병-'에 이어지는 서술어를 분석해 보면 '나다'와 '얻다'를 하나의 부류로 묶고, '들다'와 '걸리다'를 역시 같은 부류로 묶을 수 있다. 다시 말하면 발병 요인이 신체 내부에 있을 경우와 신체 외부에 있을 경우로 나눌 수 있는 것이다. 만약

'몸살이 걸렸다, 감기가 났다, 골병에 걸렸다, 성병이 났다, 에이즈가 들었다'라고 한다면 아무래도 어색하다. 이런 표현이 어색하게 느껴지는 것은 바로 이 같은 요인을 도외시했기 때문이다.

몸살은 그 원인이 신체 내부에 있으므로 '몸살이 났다'라 해야 하고, 감기나 성병 또는 에이즈와 같은 전염병은 그 요인이 외부에 있기 때문에 걸렸다, 들었다라고 해야 맞는다. 병이란 기본적으로 '나는 병'이 '드는 병'보다 우선하며, 나는 병이 자신의 과로에서 비롯되었다면 든 병은 자신의 과오에서 비롯되었다고 할 수 있다. 에이즈나 성병에 걸리고 성인병에 걸린 것은 어디까지나 그 사람의 잘못이다. 그러나 그것이 난 병이든 든 병이든 병으로서 남을 저주하는 일만은 삼가야 하겠다.

7. 우리말의 숫자관

1) 손가락으로 세는 수

사람은 저마다 선호하는 숫자가 있으니 이는 특정한 숫자에 대해 그 나름의 의미를 부여하는 탓이다. 특별히 좋아하는 숫자, 이 수라면 반드시 잘 되리라는 믿음을 주는 수를 일러 길수(吉數)라 한다. 보편적으로 짝수(偶數)에 비해 1,3,5,7,9의 홀수(奇數)를 선호하여 길수로 삼는 경향은 동서양이 서로 다르지 않다. 피라미드가 3각형이며, 7을 행운의 숫자로 여기는 서양인이나 중국 또는 우리의 명절이 홀수가 겹치는 날로 정해져 있음은 결코 우연이 아니다. 반면 서양에서는 기독교의 영향으로 13일의 금요일을 꺼리고, 동양에서는 한자 死와 동음 관계에 있는 4를 꺼린다.

현대 생활에서 경제 상황이 주요 관심사가 되면서 시시각각 발표되는 각종 지표에 주목하게 된다. 주가, 환율, 물가지수, 부도의 액수, 스포츠 스타의 연봉, 국가의 예산 규모, 경제 성장률 등 어느 하나 숫자로 표시되지 않는 게 없다. 현대 문명, 그 중에서도 경제의 발전도는 이 같은 숫자의 단위 상승으로 대변될 수 있다. 그런데 매년 상승하는 숫자의 단위는 우리의 예상을 넘어서서 이제 그 수의 크기조차 가름할 수 없게 되었다. 얼마 전까지만 해도 억 단위[億代]라 하면 너무나 커서 그 이상의 단위는 없는 것으로 알았다. 억조창생(億兆蒼生)이란 옛말이 지나친 과장이라 여겼던 '억조'도 이제는 京이나 垓에 그 자리를 넘겨 줄 실정이다.

숫자는 손가락을 세워 꼽아 나가는 지법(指法)에서 기원한다. 현용의 십진법(十進法)이 보편화된 것도 인간의 손가락 수가 열 개이기 때문일 터이다. 바른 손을 세우고 손가락을 하나씩 차례로 꼽아 나가는 행위를 '센다[算]'라 한다. 고유어 세다는 '서[立]+이(사동접미사)+다(어미)'의 구조다. '셈'이나 '셈하다'는 물론 '혜다, 혜아리다'도 '세다'의 파생어, 그러고 보면 한자 立은 算과 통한다고 할 수 있다.

우리말 수사는 하나, 둘, 셋 등으로 세는 고유어 계열과 일(一), 이(二), 삼(三) 등과 같이 세는 한자어 계열로 나뉜다. 대체로 단위가 큰 수는 한자어로 세고, 열 이하의 작은 수는 고유어로 사용된다. 그런 이유로 열 이내의 고유어 수사는 손가락을 꼽는 방법이나 모양에서 그 어원을 찾아야 한다. 손가락 다섯 개가 열고(10) 닫히고(5)⋯⋯ 이런 동작이 반복되면 곱절(또는 갑절)이 된다. 큰 수의 파악에 어두웠던 옛 사람들은 다섯 손가락을 꼽은 후 다시 펴지는(열리는) 열[十]에 이르면 무척 많다고 느낀 모양이다. '여러분, 여러 가지, 여럿'에서 보듯 '여러>열(10)'은 현대어에서 많다는 의미로 쓰인다.

열이 다시 열 번을 반복하면 더더욱 많다는 온[百]이다. '온 세상,

온종일, 온갖'에서 보듯 '온'은 이미 숫자의 단위를 넘어서서 전부〔全〕나 영원〔永〕을 나타낸다. 그러나 인지의 발달에 따른 세상의 변화는 '온'만으로는 결코 온전하지 못하게 된다. 그래서 즈믄〔千〕이 나오고 골〔萬〕이 나왔다. 또 그것도 양에 차지 않아 이제는 '자, 양, 구' 따위의 한자어 단위나 無量數, 不可思議와 같은 불교 용어까지 동원되기에 이른다. 백 번을 다시 백 번 반복하면 이른바 골백번이 되는데, 고대인들은 이런 천문학적인 수치는 상상조차 할 수 없었을 것이다.

모든 수는 하나(중세어 'ᄒᆞ나ᅘ')가 기본이 되고 그 하나로부터 세는 일이 출발한다. 하나가 수의 기본이 되는 만큼 그 명칭의 어원 역시 좀 유별난 데가 있다. 손가락 꼽기가 아닌 농경문화의 흔적에서 찾아진다. 곧 곡식의 한 알갱이를 나타내는 '낟알〔粒, 個〕'이 그 어원이 되는 것이다. 하나의 고형은 鄕歌(盲兒得眼歌)에서의 '一等'과, 『鷄林類事』의 '河屯'이란 표기에 의해 'ᄒᆞ돈'으로 재구되고, 이는 다시 말모음 탈락형 'ᄒᆞᆮ'으로 변천한다. 현대어 홑이불의 '홑〔單〕'이나 홀아비의 '홀〔獨〕'이 바로 그 흔적이다. 이처럼 단독을 뜻하는 'ᄒᆞᆮ'은 곡식 알갱이의 지칭어 '낟〔穀, 粒〕'과 결합하여 'ᄒᆞᆮ+낟>ᄒᆞ나>하나'의 변화를 거친다. 농경생활에서 엄지 손가락을 꼽아 '하나'를 외치면서 곡식 'ᄒᆞᆮ 낟알〔一粒〕'이라도 귀하게 여겼던 조상들의 정성이 이처럼 우리말의 숫자 첫머리를 장식하게 된 것이다.

하나의 선행어 어원인 'ᄒᆞᆮ'은 '겹'의 상대어, 그것이 하나뿐이어서 외로울 수 있다. 이런 외톨이의 허전함을 두 번째 손가락 검지가 포근히 덮어 준다. 둘〔二〕은 '*두블>두볼>두울>둘'의 변화로서 엄지를 꼬부린 그 위에 검지를 덮는 형태를 나타낸다. 현대어 '덮다〔蓋, 覆〕'의 고형은 '둪다'로서 '덮/둪'은 모음 교체, '두텁다, 두께, 더불어' 등의 예가 여기서 나온 파생어들이다.

셋(三)은 다섯 손가락 중 한가운데 있는 가락(岐, 枝)이다. 중지(中指)란 한자명에서 보듯 사이(間)에 있기에 얻은 이름이다. 사이는 '*스시>슷>스싀>스이>사이>새'의 변화를 거친 어형이다. 현대어 '사타구니, 샅바, 고샅'에서 드러나는 '샅'이 바로 고형 '슷'의 계승이다. 세 번째 손가락을 한자말로는 中指, 間指, 또는 長指라 한다. 손가락 중에서 한가운데 있고, 사이에 있고, 그러면서 가장 길기에 붙여진 이름이다.

넷(四)은 약지 손가락을 하나 더 넣어서 꼬부린다는 뜻으로 '넣이 (ㅅ)>너이>네'의 변화이다. 다섯(五)은 앞서도 말한 바처럼 모든 손가락이 모두 닫히는 수이며, 여섯(六)은 닫힌 손이 다시 열려 나가는 차례다. 여섯 이후의 분석은 최창렬(1993)에서의 견해를 그대로 옮기기로 한다. 일곱(七)은 '닐-(起, 續)+굽(曲)>닐굽>일곱'으로, 여덟(八)은 '열(十)+둘(二)+없(無)>여듧/여덟'으로, 아홉(九)은 '열(十)+하나(一)+없(無)>아홉'이라는 것이다.

우리말 10 단위의 명칭은 대체로 '-흔'이 접미한 어형으로 나타난다. '흔'은 수사에 붙는 'ㅎ' 종성체언과 관형형 '은'의 결합이다. 홑단위 수와 10 단위 수의 대응, 곧 '셋-서른, 여섯-예순, 일곱-이른, 여덟-여든, 아홉-아흔'에서 보면 홑단위가 10 단위 명칭의 모태가 되었음을 알 수 있다. 그러나 '둘-스물, 넷-마흔, 다섯-쉰'의 세 가지 경우만은 이 같은 비교가 불가능하다. 여기에 대해서도 앞서 최창렬(1993:119~97)에서의 설명을 들어보기로 한다.

스물은 심다(植)의 옛말 '시므다'의 미래 관형형 '시믈>시물/스물'이 그대로 수 명칭이 되었다. 심다는 장성한 딸을 출가시킨다는 의미로도 쓰인다. 조혼의 관습이 이어져 온 옛 풍습을 보더라도 딸의 나이가 스물이 되면 짝을 구하여 심어 줄 나이라는 것이다. 마흔(중세어 표기가 '마순'은 '맛(對)+흔(十)'의 구조로서 마주 보는 짝의 쌍을 가리키는 전후 좌우, 동서 남북이라는 우리의 사고 유형에서 넷을 가리키는 어형으로 굳어진 말이다. 쉰은 '쉬〔息〕+ㄴ(어미)'의 구조로서 열 씩을 다른 손 다섯 손가락으로 다섯 번 다 세면서 일단 '쉬라'는 뜻에서 쉰이 되었다는 것이다.

2) 일칭어 및 시간 계열어

"ᄒᆞᄅᆞ, 이틀, 사올, 나올, 다쐐, 여쐐, 닐웨, 여드레, 아ᄒᆞ래, 열흘"
날수〔日數〕를 헤아리는 우리말의 중세어형이다. 이들 일칭어의 구조를 분석해 보면 다음과 같이 두 부류로 나누어진다. 그 하나는 'ᄒᆞ롤(ᄒᆞᄅᆞ의 고형), 이틀, 사올, 나올, 열흘'에서와 같이 '올 / 알'을 공통으로 보유하는 형과, 다른 하나는 '다쐐, 여쐐, 닐웨, 여드레, 아ᄒᆞ래'와 같이 '애 / 에 / 이'를 보유하는 형이다. '올'과 '이'는 공히 태양을 지칭하는 놀〔日〕에서 기원하여 '놀>올>이'의 변화를 거쳤다고 생각된다. 어떻든 하루에서 열흘에 이르는 일칭어에 대한 기본 어형은 '올' 계열과 '이' 계열로 대별될 수 있다.

자정에서 다음 자정까지를 일컫는 하루란 말은 일칭어의 기본이자 출발점이 된다. 하루의 어원은 '*ᄒᆞᄃ>홀〔一〕+놀>올〔日〕'의 구조로서 '홀올>ᄒᆞ롤>ᄒᆞᄅᆞ'의 변화이다. 이 말은 중세어 표기에서 자음으로 시작되는 조사 앞에서는 'ᄒᆞᄅᆞ'이지만 모음인 경우에는 '홀리, 홀롤, 홀리'로 나타난다. 이틀은 '읻〔次〕+홀>홀>흘〔日, 一〕'의 구조, 후행어 '-홀'은 사홀, 나흘의 '-홀'과 동일어이다. 사홀은 '사 / 세〔三〕+올〔日〕', 나흘은 '나 / 네〔四〕+올〔日〕'의 구조이나 닷새에 이르면 '다숫>닷〔五〕+이〔日〕'로 '이' 계열어로 바뀐다. 이후의 엿새, 이레, 여드레, 아흐레도 마찬가지다.

지금 다가와 있는 이 날, 곧 오늘이란 말도 '오-〔來〕+ㄴ(관형형 어미)+놀>올〔日〕'로 분석할 수 있으므로 '올' 계열 일칭어에 속한다. 그러나 이미 지나간 날을 지칭하는 어제는 전혀 다른 형태다. 어제는 '어(?)+덕>적〔時〕+의(조사)'의 구조라 짐작된다. 맡음절 '-의'는 방위를 나타내는 조사로서 여기서는 날짜를 칭하는 말로 쓰인 듯하다. 다만 선행어 '어-'의 존재가 불확실한데 이에 대해서 최창렬(1993:103)에서는 틈이나 겨를을 뜻하는 옛말일 거라고 추정한다. 좀더 자세히 말하면 '어-'는 '어이 없이'에서 보듯 '안타까이 지나쳐 버린 겨를'이라는 의미가 가미된 고유어라는 것이다.

어제의 어원에서 보듯 조사 '-의'가 일칭어로도 쓰일 수 있다면 '이, 올' 계열어와 더불어 따로 '의' 계열어를 새로 상정할 수 있다. 어제 말고도 그제, 긋그제, 글픠, 그글픠 등도 '의' 계열어에 속하기 때문이다. 이들은 각각 '그적의, 그ㅅ그적의, 그옰의, 그글픠'의 축약 내지는 변형이다. 그러나 문제는 앞날(미래)를 나타내는 내일(來日)에 대한 고유어가 과연 무엇이었나 하는 점이다. 학계에서는『鷄林類事』의 '明日曰 轄載'에서 轄載의 해독에 관심을 모은 적이 있었다. 그 결과 '후제, 올제, 하제, 날제' 등 여러 어형이 제기되었으나 정확한 고유어 내일을 찾는 데는 전혀 도움이 되지 못했다.

내일에 대한 고유어를 찾지 못한 현실을 두고 어떤 이는 우리말은 과거, 현재는 있으나 더 중요한 미래가 없다고 자책과 비관을 일삼기도 한다. 과연 우리말은 미래가 없는 언어일까? 필자는 그렇지 않다고 생각한다. 우리말을 제대로 표기하지 못했거나 기록된 자료(轄載를 비롯한)를 제대로 해독하지 못했을 뿐이지 고유한 말이 없었던 것은 아니라고 본다. 주의 깊게 찾으면 언제든 찾아지리라 믿는다. 내일의 고유어가 없는데 어찌 그보다 더 먼 훗날인 모레가 있을 수 있겠는가. 내일의 다음 날 즉 再明日(明後日)을 지금도 모레라 한다. 모레는 『鷄林類事』에서 '後日曰母魯'라 하여 母魯로, 중세어에서는 '모뢰'라 표기하였다. 이는 '몰/멀[遠]+읻[日]'의 구조로서 아직은 먼 앞 날이라는 뜻을 나타낸다.

하루 중 매 시간대를 지칭하는 말도 고유어가 주종을 이룬다. 새벽, 아침, 낮, 저녁, 밤 등이 그런 말이다. 가장 이른 새벽은 중세어로 '새박/새배/사볘/새볘/새벼'로 표기되었다. '새박'은 '새[東, 新]+붉[明]'의 구조로서 새롭게 동이 터 날이 밝아옴을 뜻한다. 새벽의 후행어 '-벽/붉'을 한자 闢에 연결시키는 이도 있으나 고유어 '붉'으로 봄이 옳을 듯하다. 아침은 '아시>앗/앛[始, 初]+옴(접사)'의 구조로 하루의 처음, 시작을 나타낸다. 중세어 '아젹[朝]'이나 일본어의 'asa(朝)', 그리고 현대어에서 부사로 쓰이는 '아직[早]'이나 '아주[最]'도 이와 동어원이라 생각된다. '아젹'은 '아시[始, 初]+져긔>젹[際]'의 구조로서 지금도 일부 방언에서 '아적'으로 쓰이고 있음을 본다.

밤과 낮이란 말도 고유어임이 분명하나 그 본뜻을 명확히 하기는 어렵다. 낮[晝]에 대해서 최창렬(1993:104)에서는 저녁을 뜻하는 '나조[夕]'와 관련 있는 말로 보고, 이는 늦은 때[晚]를 뜻하는 말로 쓰이면서 밤의 뜻도 아울러 가진다고 하였다. 밤은 서정범(1992:310)에서 '밤[夜]+암(접사)'의 구조로 보았으나 기원어 '받'의 존재를 확인하기는 어렵다. 이에 반해 해가 지고 밤이 되기까지의 사이인 저녁은 두 가지 분석이 가능하다. 하나는 '져믈-[暮]+녈[際]'(이남덕, 1985)이요, 다른 하나는 '해[日]+져-[落]+녈[際]'(최창렬, 1985)인데 이 말은 두 가지 조어 방식이 혼합되어 형성된 것으로 보인다.

3) 상거래 용어

물건을 사고 팔 때 받을 값보다 더 많이 부르거나 아니면 정가보다 낮추는 경우를 에누리라 한다. 에누리는 무엇을 베어 낸다, 잘라 낸다는 '어히다, 에이다[割]'의 파생어로서 '물건 값을 깎는다'는 뜻이다. "이 세상에 에누리 없는 장사 어딧노……"라는 유행가처럼 옛날에는 값을 깎는 맛에 물건을 산다고 했다. 그러나 에누리하는 상거래 풍속도 지금은 정찰제에 밀리고, 또 '디스카운트'(줄여서 '디시')나 '바겐세일'(줄여서 '세일') 등의 외래어에 밀려 이 말도 잘 쓰이지 않는다.

물건을 살 때 덧붙여 오는 사은품(謝恩品)을 우리말로는 덤이라 한다. '덤은 더하다[加]'의 명사형으로 우리 민족 고유의 인정과 통하는 말이다. 콩나물 한 봉지를 살 때도, 밥 술 덜어 줄 때도 예외 없이 이 덤이 따라붙곤 한다. 인정미 넘치는 우리의 언어답게 이 말은 어떤 말에도 그야말로 덤처럼 따라 붙는다. 일 년 열두 달에서 한 달을 더 두게 되는 윤달을 달리 말하여 '덤달'이라 하고, 호선(互先)으로 두는 맞바둑을 일러 '덤바둑'이라 한다. '새덤'이란 말도 있다. 옛날 법도 있는 가정에서 기존 식구 외에 항상 여분으로 준비해 두는 밥이다. 새우젓 장수는 알젓 외에 덤으로 주기 위한 덤통을 처음부터 예비하고 다녔다. 그렇다면 보너스, 또는 상여금이라 부르는, 기본급 이외의 보수를 '덤삯'이라 하면 어떨까?

인정이라는 부가가치가 붙는 덤은 이처럼 좋은 것이긴 해도 그 한계를 넘으면 곤란하다. 덤이란 주는 이의 인정이나 상식에 의존해야지 받는 이의 요구에 응한다면 난처한 입장에 처할 수도 있다. '벼슬덤'이나 '떡값'이란 게 그런 경우다. 덤이 벼슬로 옮아가면 권한 밖의 권한을 휘두르는, 이른바 직권 남용이 된다. 또한 세금으로 옮아가면 이른바 인정세(人情稅)라고 하는, 세금 아닌 세금으로 둔갑한다. 속칭 '떡값'이라 불리는 인정세는 돈(세금)을 '낸다'라고 하지 않고 그저 '뜯긴다'라고 말한다. 이처럼 착취를 당한다고 하는 '뜯기다'에 이르면 이는 분명 인정의 범위를 넘은 그야말로 不正이며, 영어에서 말하는 '팁'과도 전혀 다른 개념이다.

공중 전화통에서 통화를 끝내고 남은 요금 중 십 원짜리 동전을 거슬러 받지 못한다 하여 말썽이 된 적이 있다. 마땅이 거슬러 받아야 할 거스름돈을 당시 언론에서는 落錢이라고 했다. 그러나 화투판에서 낙장(落張)이란 말은 있으나 '떨어진 돈' 낙전이란 말은 금시초문이다. 국어사전에도 오르지 못한, 이 말은 당연히 **거스름돈**, 또는 **우수리돈**으로 불러 주어야 한다.

혹은 '잔돈'이라 부르는 이도 있는데, 이 역시 정확한 표현은 아니다. 잔돈이라면 작은 단위의 돈을 말하는 것이므로 거스름돈이라 해서 반드시 잔돈일 수만은 없다. 거스름돈은 거슬러 받는 돈(逆錢), 다시 말하면 지불한 금액에 대하여 우수리 부분을 되돌려 받는 돈이다. 거슬러 받아야 할 돈이 어디 전화 요금 뿐일까, 술값을 치르거나 택시 요금을 낼 때, 이발을 하고 요금을 낼 때 이 거스름돈이라는 존재가 자주 말썽을 부린다. 인정이라는 덤은 주는 것이 아니라 받는 것으로 착각할 때 이처럼 문제가 생기는 것이다.

지금의 할부 판매 방식은 지난날의 **드림셈**에 해당된다. 상거래에서 값을 한목에 치르지 않고 여러 차례 나누는 방법으로 이를 **드림흥정**이라고도 한다. 드림셈, 드림흥정이 현재의 할부 판매법과 차이가 있다면 언제, 몇 회에 걸쳐서 갚는다는 규정만 없을 뿐이다. 말하자면 채무자의 형편에 따라 빚을 갚아 나가는, 가장 인간미 넘치는 지불 방법인 것이다. 이런 방식을 현대어에서도 살린다면 월부(月賦)라면 '달드림'이요, 일부(日賦)라면 '날드림'이라 해도 좋을 터이다.

'도르리'라는 말도 되살려 쓰고 싶은 고유어이다. **도르리**는 돌아가면서 맡는다는 의미, 속칭으로 일컫는 '더치페이'라는 영어가 여기 해당한다. 옛날 공동 생활에서 돌아가면서 음식을 장만하여 함께 즐긴 데서 비롯된 말이다. '더치페이'라는 말은 '더치홀(몰래 밖을 내다 볼 수 있도록 작게 뚫린 문 구멍)'과 마찬가지로 영국인들이 화란인을 경멸하여 부른 데서 유래된 영어라 한다. 여럿이 함께 식사하고 각자 돈을 낼 때 "우리 도르리하자."면 될 것을 굳이 우리와는 아무 유감이 없는, 화란인을 욕하는 영어를 쓸 필요는 없다고 본다.

금전 거래에서 현금 대신 수표를 사용한다. 수표(手票)란 본래 수결(手決)과 마찬가지로 자신의 이름을 적는 '싸인[署名]'을 뜻하는 한자말이다. 그런데 이 용어가 언제부턴가 유가증권이 되었는지에 대해서는 확실치는 않으나 중국이나 일본의 영향이 아닌가 한다. 다만 어음만은 순수한 고유어이다. 어음을 때로 한자로 於音, 또는 魚驗으로 적기도 하나 이는 단순한 취음일 뿐 앞서 말한 에누리와 마찬가지로 '어히다[切]'에서 나온 파생어이다. 어음은 언제, 어디서, 얼마의 돈을 주겠다는 약속을 적은 증표로서, 이를 두 쪽으로 잘라서 거래 당사자들이 한 쪽씩 나누어 가졌다. 이는 현금 대신 타인에게 양도할 수도 있었는데 받는 사람은 지불 날짜에 그 발행인을 찾아 두 쪽을 맞추어 보고 돈을 받는 금전 거래법이었다.

8. 性과 친족 계열어

1) 남녀 호칭어

남성이냐 여성이냐를 밝히는, 性을 구분하는 호칭어는 대개 대칭 관계로서 짝으로 존재한다. 짐승의 경우라면 '암(ㅎ)', '수(ㅎ)' 접두어로서 간단히 구분될 수 있다. 그러나 만물의 영장인 사람에게만은 이와는 경우가 다르다. 그 사람의 나이나 신분 등 상대의 격에 맞추어 거기에 적합한 용어가 선택된다. 현대어에서는 한자어 男, 女로 간단히 구분되지만 한자말이 뿌리 내리기 전까지는 여러 형태의 고유어가 사용되었다. 사나이와 가시내, 놈과 년을 위시하여 성년(기혼자)을 칭하는 남진과 '겨집, 겨집'과 통하는 아내, 아낙네, 마누라 등이 그런 예이다.

한자어가 유입된 이후 기존 고유어에 대한 천시 풍조는 남녀 호칭어에서도 예외는 아니다. 상기 고유 호칭 및 지칭어들은 현대어에서 대부분 비칭이나 욕설로 전락되어 기피된다. 특히 년놈의 경우가 심한 편이고 겨집 / 계집이나 여편내, 간나이, 마누라 등도 정도의 차이는 있으나 좋은 호칭은 못 된다. 이런 현상은 남존여비 사상과 맞물려 여성 지칭어에서 더욱 심하게 드러난다. 남성 지칭어 사나이란 말이 아직도 보통칭을 유지하고 있음과 비교된다고 하겠다.

사나이와 짝을 이루는 여성 지칭어는 방언으로 남아 있는 가시내이다. 우리말 남녀칭의 기원을 손[男, 丁]과 가시[女, 妻]에서 찾는다. 기원어 '손, 가시'에 태생[胎生]을 나타내는 '나히'가 결합하면 사나이와 가시내가 되는 것이다. 사나이는 '손[丁]+나히[胎生]>ㅅ나히>사나이>사내'의 변화이며, 가시내는 '가시>갓[女]+나히[胎生]>가시내' 또는 '간나히>간나이 / 간나'의 변화이다. 그런데 두 말의 후행어를 '-나히'[胎生]가 아닌 '-아히'[兒]로 보는 견해도 있다. 후행어를 '-아히'로 본다면 손+아히>사나이의 경우는 쉽게 설명되지만 가시+아히>가시내의 경우는 그 결합형이 '가사히'가 되므로 설명이 곤란해진다. 연결 요소 '-ㅇ'에 대한 해명이 필요한 것인데 여기에 대해서 어떤 이는 속격 조사의 연결이니 'ㄴ' 첨가형이니 하여 궁색한 설명을 덧붙이기도 한다.

현대어 낳다[出産]는 '나-[出]+ㅎ-[爲]+다(어미)'의 구조, 곧 '나ㅎ-'에 격조사 '-이'가 연결되어 태생을 뜻하는 나히가 되었다. '나히>나이>내'뿐만 아니라 '나기 / 내기'도 '낳다'에서 파생되었다. '나ㅎ-'에

명사형 어미 '-기'가 접미하면 '-나기 / 내기'가 되어 서울나기, 시골나기, 신출내기, 새내기와 같은 파생어를 만든다. 가시내, 간나이(간나)뿐 아니라 북부 방언에서 들을 수 있는 에미나이 역시 '어미〔母〕+나히〔胎生〕'의 구조로 나히의 파생어다. 따라서 남자칭인 사나이, 사내로부터 여성칭 가시내, 가시나, 각시, 간나이, 에미나이 등은 성칭(性稱)의 기본어에 태생을 뜻하는 '나히'가 접미하여 생성된 말이라 결론할 수 있다.

여성칭의 '가시 / 갓'은 남성칭의 '순'과 비교할 수 없을 정도로 많은 파생어를 만들어 낸다. 이 말이 우선 기혼 여성을 칭하는 아내〔妻〕의 호칭으로도 쓰인다는 점이다. 가시아비가 장인을, 가시어미가 장모를, 가시집이 처가를 칭하는 고유어임은 잘 알려진 사실이다. 다만 현대어에서 이런 호칭이 소멸하게 된 것은 남성과의 형평을 고려한 것으로 보인다. 가시아비, 가시어미란 호칭은 그 생성 배경이 남존 여비의 가부장적 사회의 소산이다. 처부모니까 이런 용어를 사용할 수 있지 남자의 친부모라면 감히 아비, 어미라는 보통칭의 용어를 결코 사용하지 않았을 것이기 때문이다.

새색시를 지칭하는 각시 역시 '가시'의 변형이다. 이 말은 중세어 표기에서의 '갓시'(삼강 열:22)가 그 기원적 어형이다. 갓시>각시의 변형은 閣氏란 한자음의 영향일 것이다. 여자 어린이의 兒名으로 쓰이는 간난이도 가시의 파생어일 가능성이 있다. 간난이는 '갓 낳은 이'를 지칭하는 말로서 낳은 지 얼마 안 되는 유아를 부르는 말일 수도 있다. 그러나 이는 부차적 의미 부여일 뿐으로 그 기원은 가시에서 찾아야 할 것 같다. '간난이'란 이름이 거의 女兒에게만 한정되는 현상을 보면 이 역시 북부 방언의 간나이와 함께 가시의 파생어가 분명하다.

첩(妾)을 칭하는 고유어 시앗에서도 '가시>갓'의 흔적을 찾는다. 시 앗(중세어 표기 '싀앗')은 '새로 맞이한 가시'란 뜻으로 '싀[新]+앗[女]' 의 구조로 분석된다. 여기서 후행어 '-앗'은 기원적으로 'ㄱ'을 보유한 '-*갓'으로 재구되어 본 어형 '*싀갓/시갓'이 '싀앗>시앗'의 변화를 거쳤으리라 짐작된다. "시앗 싸움에 돌부처도 돌아 앉는다."는 옛말 이 있다. 시앗 싸움이란 첩이 생김으로 해서 본처와의 사이에서 벌어 지는 갈등을 말한다. 이 말로 인하여 후세인들은 시앗과 씨앗을 같은 의미로 해석하는 듯하다. 다시 말하면 이 말이 유행하다 보니 시앗을 씨앗과 동일어로 생각하여 처첩 간의 씨앗[種子] 싸움, 곧 자식 싸움 으로 오해하는 것이다.

부부의 낮춤말인 가시버시도 역시 여기서 유래한다. 남녀가 내외하 던 시절 부부가 나란히 걸어 가면 주변의 아이들로부터 "야, 가시버 시 한다야……." 라는 놀림을 받곤 했다. 가시는 물론 여자를 말하고 후행하는 '-버시'는 '가시'에 韻을 맞추기 위한 첩어이다. 그러나 '버 시' 역시 남편을 지칭하는 고유어일 가능성도 없지 않다. 시집 온 여 자가 시아버지를 지칭할 때 '버시아비'라 하고 시어머니를 '버시어미' 라 칭한 기록이 있다. 그러므로 가시버시를 한자어로 정확히 옮긴다 면 夫婦가 아닌 '婦夫'가 될 것이다.

가장 보편적인 부부 칭호는 지아비와 지어미이다. 가시버시도 부부 호칭이긴 하지만 婦가 夫 앞에 놓인 것을 보면 여기서의 '가시[婦]'는 그 본 의미가 이미 상실되었음을 짐작케 한다. 버시가시가 아닌 가시 버시로의 어순 도치는 당시로서는 있을 수 없는 일이다. 여기서의 가 시는 단순히 여성이란 의미보다는 비하된 성적인 표현으로 보아야 한 다. 갓어리나 갓붙이다에서의 '가시>갓'이 바로 그런 예가 된다. '갓 어리'는 계집질이란 말의 별칭이요, '갓붙이다'는 '접붙이다'와 같은 의미로 짐승을 교접시킬 때나 쓰일 수 있는 말이다. 이런 예에서 보듯 의미의 타락은 남자의 사나이보다는 여자의 가시내에 더욱 심하게 나타난다. 현대어에서도 '사나이 / 사내'라 하면 남성으로서 더욱 당당하고 떳떳해야 함을 강조하는 말이지만 남부 방언에서의 '가시나 / 가시내'나, 북부 방언에서의 '간나이'는 여성에 대한 비칭으로 그 명맥을 유지할 뿐이다.

　남자와 여자를 속되게 칭하는 놈이나 년도 생성 당시에는 보통칭으로 그 본뜻은 공히 남(他人)을 지칭하는 말이었다. 한자 者의 훈도 '놈자'로서 예컨대 仁者를 '어진 놈'이라 읽었다. 놈은 중세어에서 '늠>남'으로 표기되고, 년은 '녀느 / 년ㄱ>년'으로 표기되었다. 남부 방언에서 놈은 아직도 남(他人)을 뜻하는 말로 쓰이고, 사내애의 아명 '노마'란 이름도 역시 동어원의 보통칭이다. 그러나 지금은 사정이 전혀 다르다. 놈이나 년, 또는 둘을 합하여 '연놈'이라면 호칭 그 자체로도 욕설이 되는 것이다.

　손과 가시, 놈과 년이란 고유어가 이처럼 타락한 데는 한자어의 유입에서 그 원인을 찾을 수 있다. 말하자면 고유어와 한자어의 위상적 대립에서 패하고 만 것이다. 남진이나 남편, 남정(네) 등의 한자어가 '사내 / 사나이'를 대신하여 성인의 기혼 남성의 일반 호칭어가 된다. 남진은 男人의 한자음 '남신>남진'의 변음이며, 남편이나 남정은 男便, 男丁의 한자말 그대로다. 그러나 남진, 남정과 짝을 이루는 겨집>계집은 여전히 고유어 그대로 사용된다. 주지하는 대로 겨집은 '집에 겨시는 사람(在家者)'을 뜻하는 말로, 현대어에서도 흔히 쓰이는 집사람, 안사람, 家人, 室人, 內子 따위의 호칭과 전혀 동일하다. 그러나 같은 뜻의 호칭어지만 '아내'만은 다소 격이 다른 듯하게 느껴진다. 계집, 집사람과는 달리 무언가 의미가 깊은 듯하고 좀더 고상하게 생각되어 지금도 점잖은 호칭 대접을 받는다.

아내는 '안ㅎ[內]＋익 / 애(처소격 조사)'의 구조로서 안힉>안해>아내의 변화이다. 의미상 안사람, 집사람과도 전혀 다를 바 없으나 후세인들은 그 본 어형 '안해'에 초점을 맞추려고 한다. 말하자면 "집안에 있는 해[太陽]"란 의미로 미화시키고 싶은 것이다. 집안에 있는 해가 자리를 잘 지킬 때만 그 가정이 밝아지고 자녀들은 건강하게 자랄 수 있으니 이 얼마나 멋진 말인가. 역시 말이란 갈고 다듬어야만 하나 보다.

그러나 아내와 동일어인 아낙이나 아낙네만은 경우가 다르다. "아낙이 뭘 안다고, 아낙 주제에 나서긴⋯" 따위의 표현을 보면 여성의 존재나 능력을 처음부터 인정치 않으려는 태도다. 남의 아내, 또는 일반 부녀자를 총칭하는 아낙은 '안[內]＋악(접미사)'의 구조다. 여기서 후행하는 '-악'은 뜨락(뜰+악), 바닥(받+악), 쪼각(쪽+악)에서 보듯 주로 공간의 의미를 나타내는 접미사이다. 아낙네의 '-네'는 그 집안을 가리키거나 복수로 만드는 접미사지만 아낙과 마찬가지로 여성을 지칭하는 말이 되었다.

남의 처가 아낙인 대신 자신의 처는 **마누라**라 부른다. 자기 처를 마누라로 칭하게 된 시기는 아내, 겨집, 처(妻)보다는 훨씬 후대라 생각된다. '마누라'는 원래 왕비를 비롯한 지체 높은 귀인을 칭하던 궁중어였다. 고귀하기 이를 데 없는 신분이 어쩌다 대궐을 벗어 나면서부터 일반어의 보통칭으로 변모하고 만다. 왕비가 무슨 잘못을 범하여 폐서인 신세가 되었다고나 할까, 아니면 일반 서민들도 그런 귀인이 되고픈 소망이 작용한 탓이었을까?

마누라는 영감(님), 마님(마나님)과 같이 보통 사람 위에 군림하는 벼슬아치나 그 부인을 일컫는 말이었다. 뿐만 아니라 산신마노라, 터주마노라, 성주마노라처럼 무속에서 신격을 가진 대상을 높이기도 한다. 이 같은 남녀 공용의 극존칭어는 어느 시기에 이르러는 중년이 넘은 일반 부인을 칭하는 보통칭 내지는 비칭으로 제한되고 격하된다. 곧 남녀 공용이 여성 전용으로 한정됨에 따라 '우리 마누라'에서 보듯 존칭의 자질마저 잃은 것이다. 마누라의 어원 역시 불가사의, 일설에 의하면 '오로치어'에서 부인을 칭하는 'mana'에 기원한다고도 한다. 또 고유어 '모른〔宗, 上, 頭〕'에 존칭 호격조사 '-하'의 연결이라고도 하고, 심지어 '마주 보고 눕는 사람'에서 왔다고 말하는 이도 있다.

이상 언급된 겨집, 아내, 아낙, 마누라 등의 우리말 여성칭은 지금도 그 맥을 유지하고 있지만 남성칭만은 사나이를 제외하고는 대부분 한자어로 교체되었다. 이는 남존여비 사상에 덧붙여 한자어가 고유어보다 더 고상하다는 잘못된 인식의 결과이다. 남진, 남정, 남편 이외에도 서방, 도령 등도 그런 예에 속한다. 이 중에서 후자의 '서방'이나 '도령'은 어원상 고유어와 한자어를 넘나드는 듯하여 그 정확한 어원을 찾기가 쉽지 않다.

도령은 총각을 대접하여 칭하는 말이다. 한자로 '道令'으로 표기하기도 하나 이는 단순한 취음에 불과하다. 도령은 '도리+님'의 변형이며, 도리는 闍梨, 闍黎의 독음으로 보는 이도 있다. 도리(闍梨)는 불가에서 스승을 지칭하는 용어로 고려 때 주로 사용되었다고 한다. 곧 당시 귀한 집 자제로서 절에 들어가 중이 된 총각을 도리님, 도련님이라 불렀다는 것이다. 또 다른 설로는 '도리'의 어원을 과거 남자 이름에 많이 쓰이던 '돌쇠'(乭釗로 표기)의 '돌〔石, 乭〕'로 보기도 한다. 몸이 돌처럼 견고하고 수명이 길라는 뜻에서 그런 이름을 지어 불렀다는 것인데, 예컨대 신라 때의 蘇伐都利에서 都利가 그 흔적이라는 주장이다.

서방에 대한 어원설 역시 도령과 마찬가지로 미궁 속을 헤맨다. 그 기원을 한자어로 본다면 남자, 혹은 남편이 거처하는 장소를 나타내는 書房이나 西房이 될 것이다. 書房이라면 책 읽는 방을 가리키고, 西房이라면 처가살이하는 남자가 일시 기거하는, 서쪽에 있는 방을 가리킬 것이다. 이는 솔서제(率壻制)를 택했던 고구려 때 사위가 오면 서쪽 방에 묵게 한 데서 유래했다고 한다. 지금도 함경도 방언에서 '서방(을)가다, 서방 보내다, 서방 맞다'고 하면 장가를 들거나 간다는 말이며, '서방재'라고 하면 바로 신랑을 지칭하는 말이 된다.

서방을 고유어로 본다면 '시 / 새 / 서+방'의 구조일 것이다. 여기서 선행어는 '시〔新〕', 혹은 '손〔丁〕'의 변형으로 볼 수 있다. 또한 후행어 '-방'은 게으름뱅이, 앉은뱅이에서와 같은 사람을 낮추어 부르는 '-방이 / 뱅이'의 어근 '방'〔坊〕으로 본다. 어떻든 서방은 이제 젊은 남자를 부르는 일반 호칭어가 되었다. 얼마 전까지만 해도 벼슬하지 않는 남자에 대한 호칭이었으나 지금은 김 서방, 박 서방에서와 같이 그것과는 관계 없이 해당 姓에 접미하여 부르는 일반 호칭어로 자리잡은 것이다.

2) 친족 호칭 및 지칭어

① 부모 자식간

친족이라 함은 한 가정 내에서 혼인으로 맺어지는 부부 관계에서 그 부부의 출산으로 인한 부자 관계에서 비롯된다. 가족 관계에서 구성원 사이의 친밀도는 나뭇가지의 마디에 비유된 촌수(寸數)란 단위로 표시하게 된다. 촌수는 부모 자식과의 1촌을 기본으로 하여 한 핏줄을 타고 난 2촌의 형제 자매간, 그리고 '아시'계의 3촌으로 이어지는데, 촌수가 가까운 3촌까지의 호칭이나 지칭어는 대부분 고유어로 형성되어 현재까지 사용되고 있다.

부모 호칭어는 갓난애가 먹을 것을 찾는 본능적인 의사 표시에서 비롯되었다고 앞 장(3장 1항)에서 언급한 바 있다. 곧 부모칭의 기원이 된 '밥바, 맘마'는 각각의 어두 순음 'p, m'의 탈락과 'ㅏ/ㅓ'의 모음 교체 현상으로 훗날 父의 기본 어형은 압으로, 母의 기본 어형은 엄으로 굳어진 것으로 정리된다. 그리고 호격 조사나 접미사가 연결되어 '아빠—엄마, 아비/어비—어미/에미, 아버지—어머니, 아버님/아바님—어머님/어마님' 등과 같은 호칭어가 형성된 것이다.

기원어 '밥바, 맘마'는 공히 기본 모음이 'ㅏ'였으나 父가 양성인 '압'으로 母가 음성인 '엄'으로 갈라진 연유나 시기에 대해서는 확실하지 않다. 어떻든 만주어에서 父를 'ama'라 하고, 母를 'əma'라 칭함이 참고가 된다. 즉 'a' 모음을 양성으로 'ə' 모음을 음성으로 본 것인데, 이런 현상이 각각 'ama, əma'의 형성과 우리말 '압, 엄'과도 관련이 있지도 모른다.

'압, 엄'이 부모의 구분 호칭인 반면 '아시/어시>앗/엇'은 처음부터 부모를 아우르는 고유어였다. 중세어에서 '어ᄉᆡ>어이'로 표기된 아시/어시는 始原을 뜻하는 말로서 자신의 존재가 부모 양친으로부터 비롯되었음은 나타낸다. '아시/어시〔始, 初〕'는 부모칭으로 쓰일 때는 단독어보다는 어버이나 아버지에서처럼 합성어의 후행어로 나타난다. 어버이(중세어 표기 '어버ᄉᆡ')는 아비>압〔父〕의 모음 교체형 '어비>업'에 양친을 뜻하는 '어시>어ᄉᆡ'의 결합이다. 곧 '어비>업〔父〕+어시〔親〕'의 구조인 것이다. 여기서 선행어 '어비'는 '아비'와는 달리 父의 뜻보다는 권위나 두려움의 존재를 나타내는 말로 쓰인 듯하다. 이를테면 아이가 울거나 말썽을 부릴 때 "어비다, 어비 온다."라고 하여 겁을 주거나 경고를 발하는 말과 같은 경우이다.

아버지는 '압〔父〕+어시〔親〕'의 구조로서 '압어ᄉᆡ>압어지>아버지'의 변화이다. 다시 말하면 양친을 뜻하는 '어시>어ᄉᆡ' 위에 다시 父를 뜻하는 '압-'을 얹어놓은 어형이다. 이는 어버이란 말과 마찬가지의 형태로서 父의 존재를 절대시했던 옛 가부장적 전통에서 비롯된 것으로 보인다. 여기에 비해 어머니의 경우는 그 어원 분석은 단순하지 않다. 만약 '엄-'에 이어지는 '-아니 / -어니'를 접미사로 본다면 그 설명은 간단하다. 그러나 아버지의 경우처럼 어근 '엄-'에 다시 양친을 뜻하는 '아시 / 어시'의 연결로 본다면 말음절 '-니'의 존재를 따로 설명해야 한다. 여기에 대해 남광우(1957), 최창렬(1986:142)에서 어머니는 '엄(母)+엇(始, 初, 小, 幼)+니(접사)'의 구조로서 '-니'를 접사라 하였다.

아버지와 어머니는 남녀칭에서 대칭 관계에 있음은 분명하나 구조상으로 두 말은 큰 차이가 있다. 앞서 언급한 대로 양친을 뜻하는 '앗 / 엇'은 '어버이'에서처럼 아버지에게만 연결될 뿐이지 어머니에게는 연결되지 않음을 알 수 있다. 따라서 어머니에서의 '-니'는 조항범 (1997:48~9)에서 지적한 대로 '님>니'의 연결로 보아야 할 것 같다. 어머니는 18세기 문헌(염불보권문)에 '어마니'로 처음 보이는데, 이는 母의 존칭형인 '어마님'에서 마지막 음절의 말음 'ㅁ'이 탈락한 어형이다. '-님'에 선행하는 음절이 모음으로 끝나기 때문에 그 개방성에 이끌려 님의 말음 'ㅁ'이 탈락한 것이다.

소위 '-님>-니'형 친족어는 어머니뿐 아니라 아버지의 고형인 '아바니'를 비롯하여 할머니, 언니, 오라버니, 아주머니 등에서 발견된다. 19세기에 처음 등장한 어머니란 말은 그 형성 과정상 가장 간단한 '엄마'로부터 출발한다. 엄마는 '엄+아(호격 조사)'의 구조다. 여기에 존칭의 '-님'이 연결되어 '엄마+님>어마님>어마니>어머니'로 정착된 것이다. 현대어에서도 어머니를 '엄니'라 부르는 곳이 있으며, 궁중을 무대로 하는 사극에서도 '어마마마'란 호칭을 들을 수 있다. 할머니 역시 '-니'형 친족어로서 어머니란 말 위에 크다(大)란 뜻의 '한-'

이 엉힌 어형이다. 곧 '한[大]+어마[母]+님[主]'의 구조로서 이는 '한어마님>한어머님>할어머니 / 할머니'의 변화이다. 지금은 '엄마, 할미 / 할메'는 어린 아이들이 주로 사용하고, '어머니, 할머니'는 성인용으로 정착되었다.

아들과 딸은 부모 입장에서 보는 자식에 대한 지칭어이다. 아들, 딸 역시 고유어임이 분명하나 그 어원에 대해서는 미상이다. 현대어에서 딸은 한 음절어지만 본 어형은 아들과 마찬가지로 두 음절의 합성어였을 것이다. 『鷄林類事』에서의 "男兒曰 丫妲, 女兒曰 寶妲"이란 기록에 의하면 두 말이 공히 두 음절로 나타나나 중세어 표기에서는 '아들'과 '쫄'이라 하여 딸은 한 음절로 줄어들었다. 중세어에 보이는 어두 중자음은 첫 음절 모음의 탈락으로 인한 어형으로 본다면 '쫄<*ᄲᆞᆯ'은 'ᄇᆞ둘' 정도로 재구될 수 있다.

아들(丫妲)은 '아시>앗[始, 初, 小]'에 '-올' 내지는 '-둘'의 연결인데 후행어 '올' 또는 '둘'의 존재가 문제가 된다. 어떤 이는 '올'을 단순한 접사로 취급하기도 하고, 또 씨앗과도 같은 생명의 핵을 뜻하는 말로 보기도 한다. 말하자면 아들은 후사를 이을 존재이기 때문에 생명의 씨앗[種子]쯤으로 인식하는 것이다. 아들이란 말의 의미에 대해서는 이런 정도의 추측도 가능하나 그러나 딸에 이르러서는 그나마의 상상도 불가능하다.

앞서 딸을 표기한 寶妲을 'ᄇᆞ둘' 정도로 읽었는데, 여기서 첫음절 모음이 탈락되면 'ᄲᆞᆯ'이 된다. 그런데 실제 중세어 표기에서는 '쫄'로 나타나는 관계로 그 해독에 어려움이 있다. 혹자는 이를 'ᄯᆞ- / ᄯᅳ-'나 'ᄠᆞ- / ᄠᅳ-' 로 읽고 '떨어져 나갈[分離], 서로 다른[異], 따르는[順從]' 사람 등으로 그 의미를 추정하기도 한다. 그런가 하면 딸의 소급형을 'ᄇᆞ둘>ᄠᆞᆯ'으로 보고 중세어 '붓 / 본'이 팽창의 개념을 나타나는 원형 어근이라 하여 여음(女陰)을 뜻하는 말로 보는 이도 있다. 즉 '붓다, 부스름, 보도롯(뾰루지)'이나 '보지, 보댕이(방언)'의 어원이 바로 '브 둘>뿥'에 있다는 것이다.

② 동기간

한 부모 밑에서 태어난 형제자매를 총칭하여 同氣라 한다. 동기간 은 남자 쪽과 여자 쪽으로 나누어지는데, 전자의 손위를 칭하는 친족 어에 오라버니나 오빠가 있고 후자의 그것에 언니, 누이, 누나, 누님 등이 있다. 또 남형제 간에서 손아래를 아우라 부르지만 여형제 간에 는 특별한 고유 호칭어가 없고 오로지 한자어 동생(同生)으로 대신한 다. 아우는 初, 始에서 小의 의미가 추가된 '아시'에서 기원한 말로 지 금도 일부 방언에서 동생을 낳을 때 '아시 본다'는 말을 쓴다. 아시는 중세어에서 'ᅌ'의 연결로 '*아ᅀ'형이 되어 '아ᅀ>아ᅌ>아우'의 변 화를 거친다. 다만 남형제 간에 있어 손위의 경우는 특별한 고유 호 칭어가 없이 한자어 兄으로 대신한다.

오빠는 여자가 같은 항렬의 손위 남자를 부르는 호칭어이며, 이에 대한 지칭어는 오라비가 된다. 중세어에서 '올아바'로 표기된 이 말은 '올[早]+압[父]+아(호격 조사)'로 분석된다. 이 말은 아버지와 같은 반 열에서 바라볼 수 있는 남자이되 아직 미숙하고 어린 남자라는 뜻이 다. 올아바>오라바에 존칭의 '-님'이 연결되면 '오라바+님>오라버 님>오라버니'가 되어 오빠를 정중히 일컫는 오라버니가 된다. 다만 이 호칭이 오라범이나 오라비로 변형되면 다시 보통칭이나 일반적 지 칭어로 변한다. 요컨대 이 같은 친족어는 男兄이 父와 동일시되고, 남 형의 처가 母와 동일시되던 전통 사회의 가족관에서 나올 수 있다. 평안도 방언에서 남형의 처를 '오러미'라 하는데, 이 말은 오라비와 대칭 관계에 있는 것으로 풀이된다. '오라바'에서 변형된 '오빠'는 20

세기 초에 이르러 그 의미가 축소되어 쓰인다. 오라바가 본래 남자 동기 및 손위나 아래의 남자 동기를 포괄하는 개념인데 반하여 현재의 그것은 여자의 손위 남자 동기만을 칭하는 개념으로 축소된 것이다.

손위 형제를 부르는 언니 역시 '아시 / 앗〔始, 初〕'에서 파생되었다. 언니는 '먼저 태어난 형제〔初生子〕'란 의미로 초기에는 남녀 공히 통용되던 말이다. 이 말은 '아시 / 어시>앗 / 엇〔初, 始〕+님(존칭 접미어)'의 구조로서 '엇님>언님>언니'의 변화이다. 어머니와 비슷한 시기에 선을 보인 이 호칭은 문헌상으로는 『한영자전』(1897)에 '어니'란 어형으로 처음 나타나고 이후 신소설에서 '언니'란 어형으로 대중화되었다. '어니>언니'의 변화는 'ㄴ' 첨가 현상인데 이 말이 '형'을 뜻하는 일본어 'ani'와 유사함이 주목된다. 어떻든 남성이든 여성이든 동성의 손윗사람에게 폭넓게 쓰이던 언니가 무슨 연유로 여성 전용어로 쓰이게 되었는지는 의문이다.

누이는 남자의 여자 형제에 대한 지칭어인데 그 어원 역시 미상이다. 일찍이 전몽수(1938)에서 누이는 옛날 군혼(群婚)의 풍습에서 나온 말로서 '눕-〔臥〕+이(접사)'에서 그 어원을 찾았다. 일부 방언의 '누부, 누비'에서 'ㅂ'의 흔적이 보이긴 하나 이 설을 그대로 믿기는 꺼림칙하다. 누이의 중세어 표기는 '누의 / 누위'로서 손위 누이를 높여 부르는 누님은 '누의+님'에서 나온 말이다. 누이는 다시 누나란 호칭어로 발전한다. 19세기 말에 누나란 말이 처음 보이는데, 이는 누님의 '누니'를 근간으로 한 '누니+아(호격 조사)'의 구조이다. '누니아'는 대체로 '누나'로 불리지만 경상도에서는 '누야'로 부르기도 한다.

③ '아시'형 친족 용어
'아시>앗'형 친족어는 앞서 말한 대로 부모 항렬의 친족, 곧 3촌에

해당하는 양친의 형제자매를 칭하는 데 쓰인다. 이 말이 친족어로 쓰일 때는 始, 初란 본의에서 작거[小]나 다음[次]이란 의미가 추가된다. '아ㅅㅣ[兒, 初]>아이, 아ᅀᆞ[弟]>아우, 아기[幼兒], -아지[指小稱]' 등이 그런 예이다. '아시'는 중세어에서 '아ᄉ / 아ᅎ / 아ᄎ'형으로도 쓰였다. 이 중 친족어에서는 주로 '아ᅎ'형으로 나타나 3촌에 해당하는 叔의 지칭어가 된다. '아ᅎ비, 아자비, 아ᅎ미'가 그런 예로서 이들은 지금의 '아저씨, 아재, 아주머니, 아줌마, 아줌씨'의 기원이 되었다. 이들은 또한 현대어에서 친족어만이 아닌 일반 성년 남녀를 부르는 호칭어로 쓰인다.

아저씨와 아주머니는 성인 남녀라면 누구나 손쉽게 부를 수 있는 호칭이다. 친근감을 주기는 하나 너무 흔하게 불리다 보니 그 어원에 대해 속설까지 끼어들게 된다. 어떤 이는 아저씨는 '아기의 씨'를 가진 사람이요, 아주머니는 '아기의 주머니'를 가진 사람이라 꾸며 대기도 한다. 재미있기도 하고 또 그럴듯한 해석이긴 하나 우리말의 어원을 이런 식으로 풀어 나가서는 곤란하다. 그런 풀이가 단순히 흥미 위주로만 끝나는 게 아니라 진실로 그렇게 믿어 버리는 일반인들이 있겠기에 하는 말이다. 아저씨는 작다는 뜻의 '아시>앗 / 앚'에 양친을 뜻하는 '어시>어이'의 결합이다. 곧 '앗 / 앚[小]+어시[親]'의 구조로서 '작은 어버이, 작은 아버지[叔父]'란 뜻이다. 아재와 아재비는 아저씨와 동어원으로 그 구조가 더 단순하여 낮춤말로 쓰인다. 아재는 '앗 / 앚'에 접사 '-애'의 결합으로 호칭어로 쓰이는 반면, 아자비 / 아재비는 '앗 / 앚'에 '아비[父]'의 결합으로 지칭어로 쓰인다.

아저씨와 짝을 이루는 아주머니는 '앗 / 앚'에 '어머니'의 결합으로 말 그대로 '작은 어머니[叔母]'를 뜻한다. 아주머니는 '어마님>어마니>어머니'와 같은 '-니'형 친족어로서 비교적 늦은 18세기 이후에 등장하였다. 중년 여성에 대한 마땅한 호칭어가 없던 시기에 이 말은 크게 호응을 얻어 일거에 대중성을 획득하게 된다. 아주머니는 당시의 표기가 '아ᄌ마니'였으므로 그 이전은 '아ᄌ마님'으로 소급될 수 있다. 따라서 '앚〔小〕+어마〔母〕+님(존칭 접미어)'의 구조에서 아ᄌ마님>아주마니>아주머니의 변화일 것이다.

아주머니보다 더 대중적인 호칭으로 아줌마가 있다. 낮춤말이면서 더욱 친근감을 느끼게 하는 아줌마는 그 선호도에서 본 어형 아주머니를 능가한다. 아줌마는 '앚'에 母性을 뜻하는 '아마'의 연결형, 곧 '앚+아마>아ᄌ마 / 아자마 / 아즈마>아주마>아줌마'의 변화이다. 또는 母의 '아마 / 어마'가 호칭어에서 엄마로 변한 것과 같은 'ㅁ' 첨가로도 설명된다. 아주머니, 아줌마는 초기 어머니 형제분을 칭하는 친족어에서 가정의 울타리를 벗어나면서 모든 여성을 대상으로 하는 대중적 호칭어가 된 것이다. 현대 사회에서 여성의 사회 진출과 더불어 아주머니, 아줌마의 위력은 대단함을 본다. 앞으로 다른 어떤 호칭어도 이를 능가하는 것은 절대 출현하지 못할 것만 같다.

우리말 친족어에서 시집온 여성이 시가(媤家) 식구들을 부르는 호칭에 대해서는 별다른 배려가 없음은 이 역시 여성에 대한 배려가 인색했던 결과이다. 단순히 친정에서 사용하던 호칭에 준하여 어두에 '-시(媤)' 자를 붙이는 정도, 아니면 자식이나 남편이 사용하는 용어를 대용할 정도. 게다가 새 식구로 들어간 자신의 호칭조차도 시가에서 제대로 대접해 주지 않는다. 아들의 처, 곧 자부(子婦)를 우리말로는 며느리라 한다. 이 며느리란 호칭이 일반의 인식과는 달리 남존여비 사상에서 비롯된, 좋은 의미의 말이 아님을 알아야 한다. 며느리는 '며늘 / 며늘 / 미늘 / 마늘+아이'의 구조로서 그 기원이 되는 '며늘'이란 말은 하나의 주된 것에 덧붙여 기생(寄生)한다는 뜻이다.

따라서 호칭 그대로 말한다면 며느리는 '내 아이(아들)에게 딸려 더부살이하는 존재'에 다름 아니다. 조카 며느리라면 조카에게 딸린, 손자 며느리라면 손자에게 딸린 지어미일 뿐이다. 이처럼 여성의 인권을 무시하는 말도 드물 듯하다. 며늘의 말뜻을 보다 분명히 하기 위해 여기서 파생된 다른 예를 들어 본다. '며느리발톱'이란 게 있다. 짐승 특히 조류의 발뒤꿈치에 붙어 있는 발톱으로, 이는 유사시에나 쓸 수 있는, 오랫 동안 쓰지 않아 퇴화된 기관이다. '며느리밥풀'이나 '며느리배꼽', '며느리주머니〔銀囊花〕'라는 이름을 가진 꽃도 있다. 이 같은 '며느리'형 이름은 한결같이 자립형이 아닌, 다른 것에 붙어 기생하는 식물명임을 알 수 있다.

남녀 평등을 외치는 요즘 세상에 이런 호칭어부터 우선적으로 고쳐져야 한다. 시집온 여자는 이제 더 이상 남자에 딸린 소유물이 아니기 때문이다. 며느리란 호칭에 대한 대안으로 최근 자주 쓰이는 새아가, 아가를 제안하고 싶다. 우리 가정에 새로 들어온, 또 하나의 자식이기에 이를 '새아이, 새아가, 아가, 새사람'이라 불러도 좋을 게다. 그러다 새아이도 세월이 흐르면 슬하에 또 하나의 새아이가 생겨날 터이니 그 때는 새아가를 버리고 '어멈'이나 '에미 / 어미'라 불러도 좋을 것이다. 이 '어미 / 에미'란 호칭 속에는 새아기도 자신에게 자식이 생겼으니 부모로서 역할을 다하라는 의미까지 숨어 있다.

제수(弟嫂)가 남편의 형제를 칭하는 아주버님도 이 같은 대응 호칭어라 할 수 있다. '아주버니(중세어 표기로 '아자바님')'는 아버지 형제분〔伯叔父〕을 일컫는 평칭의 '아자바'에 존칭 접미어 '-님'의 결합이다. 곧 '아자(ᄌ)바님>아즈바님>아주버님>아주버니'의 변화이다. 생성 초기, 이 말은 조카가 삼촌인 백숙부나 외숙부, 그리고 삼촌 이외의 부모 항렬의 남자를 부르거나 지칭하는 말이었으나 지금은 단순히 시숙(媤叔)의 의미로만 축소되었다.

9. 성장 과정 및 혼사 관련 용어

사람은 세상에 태어나 성장하면서 소년이 되고 성년이 되고, 그리고 노년이 되어 죽을 때까지 몇 단계의 연령층을 거친다. 이런 일련의 단계를 고유어로 말하면 '젖먹이-갓난애-아이-어린이-젊은이-어른-늙은이'의 단계라 할 수 있다. 영아(嬰兒)나 유아기(乳兒期)의 첫 단계를 우리말로는 '갓 태어났다'고 해서 갓난이라 하고, 젖을 먹는다 해서 젖먹이라 한다. 이 단계를 지나 대체로 취학 전까지를 아이라 부르는데, 이 말은 '아시[始, 初]>아싀>아이'에서 나온 말이다. 그런데 아이의 소급형을 '아히 / 아회', 즉 兒孩에서 기원한 것으로 보는 이도 있는데 이는 한자어에 대한 부회로 보인다.

아이가 웬만큼 자라면 어린이가 된다. 어린이는 '어리-[愚]+ㄴ(관형형 어미)+이(접미어)'의 구조로서 아직 철이 들지 않아 '어리석은 사람'이란 뜻이다. 어린이를 단순히 '어리다[幼]'란 의미로 생각해서는 안 된다. 1920년 대 '어린이운동'에 앞장섰던 소파 방정환 선생께서 '어린이'란 말을 처음 썼다고 하는데, 실은 그 이전인 17세기 문헌에도 나온다. 다만 당시로서는 '어리석다'는 의미보다 '어리다[幼]'는 의미를 염두에 두고 이 말을 썼으리라 짐작된다. 소파선생께서 이 말의 본뜻을 아셨다면 '아이'란 말을 버리고 '어린이'를 택하지 않았을지도 모른다.

어린이가 자라 이성을 느끼는 사춘기를 지나면 바로 청춘기로 접어든다. 청년의 고유어 젊은이는 역시 어리다[年少]란 의미의 '젊다'에서 파생된 말이다. 곧 '졈+은(관형형 어미)+이(접미어)>져므니>졀믄이>젊은이'의 변화이며, 졈다는 '뎌르(르)다>져르다>졂다'의 변화다. '졈다>젊다' 역시 어리다는 뜻이었으나 18세기에 이르러 지금처럼 청년을 지칭하는 말로 전이되었다.

젊은이는 누구나 자신이 좋아하는 짝을 찾아 어른(成人)이 된다. 어른이 된다는 말은 남녀가 짝을 맞춘다는 말로 그 자체로 혼인을 뜻한다. 짝을 맞춤을 고유어로 '얼다'라 하여 장가드는 일을 '겨집 얼이다'라 하고, 시집가는 일을 '남진 얼이다.'라 한다. 어른은 '얼(交合)＋우(삽입모음)＋ㄴ(어미)'의 구조로서 관형사형이 그대로 명사로 굳어진 형이다. 그러고 보면 나이가 찼다고 해서 누구나 다 어른이 되는 게 아니고 혼인을 해야만 비로소 어른이 됨을 알 수 있다.

장가간다(든다)는 말은(중세어 표기 '댱가들다') 장가(丈家), 다시 말하면 장인, 장모가 사는 집으로 들어간다는 뜻이다. 사내가 장인, 장모의 집으로 들어감은 그 옛날 모계 사회의 한 유습으로 고구려 때 솔서제(率壻制)라 불리는, 일종의 '데릴사위제'에서 유래한다. 신랑은 처가의 서옥(婿屋)에 살다가 첫 자식을 낳아야만 비로소 신부를 자신의 집으로 데리고 올 수 있다. 그런데 장가가 한자말임을 고려하면 장가간다는 말 대신 '가시집 간(든)다.'는 말도 있었음 직하다. '가시집 간다.'는 말은 신부가 신랑의 집, 곧 새(新) 집으로 간다는 '시집간다'와 상대되는 말이기도 하다.

장가가고 시집(新家, 媤宅)가는 일련의 행사를 총칭하여 한자말로 결혼, 또는 혼인이라 한다. 영어의 'wedding'이나 한자어 婚姻은 둘이 하나로 합친다는 뜻이다. 그러나 우리말은 이처럼 따로따로 표현하게 된 것은 모계사회에서 부계사회로 가는, 사회 제도의 변화에서 유래한다. 남자가 일시적으로 가는(드는) 장가에 비해 여자가 시집으로 가는 일은 그 의미가 사뭇 다르다. 시집은 한번 가면 다시는 돌아올 수 없는, 말하자면 출가외인(出嫁外人)의 영원한 길이다. **시집간다**의 시집은 '시 / 새[新] + 집[家]'의 구조로서 이 새집은 여자가 영원히 살아야 할 남편의 집인 것이다.

'시 / 새'를 한자로 '媤'로 적기도 하는데, 이는 우리 나라에서 만든 고유 한자이다. 媤 자를 파자해 보면 새집에서 모셔야 할 새 부모[媤父母]는 특별히 신경을 써야 하므로 '계집·女' 변에 '생각할·思' 자의 결합이다. 그 옛날 시집살이의 어려움을 이 한자에서도 잘 드러내 준다고 하겠다. 그러나 요즘 세상에는 말 그대로 시집가고 장가가는 청춘 남녀는 찾아보기 어렵다. 간혹 시집으로 들어가는 신부는 있으나 장가를 드는 신랑은 거의 없고 대개의 경우 분가하여 따로 살기 때문에 결혼이란 말도 '독립 한다'는 말로 대신해야 할 것 같다.

혼사가 성립되기 위해서는 혼기를 맞은 남녀의 첫 대면인 맞선이 선행되어야 한다. 선보다라는 말의 '선-'은 한자말이 아닌가 한다. 이를테면 먼저 본다는 의미에서 '先'일 수도 있고, 상대를 대충 파악한다는 뜻에서 '線'일 수도 있다. 이 중 어떤 '선'인지는 잘 모르겠으나 어떻든 맞선에는 그 사이에서 중재하는 사람이 개입되어야 한다. 양가, 또는 양인 사이에 개입하여 교량 역할을 담당하는 중매일을 일러 새들다라 하고, 이 일을 맡는 중매쟁이를 새들꾼이라 한다. '새들-'은 '사이>새[間] + 들-[入]'의 구조로서 양자 사이에 끼어 든다는 뜻이다. 요즘은 대부분 이런 과정이 생략되나 옛날 정상적인 혼사라면 반드시 이런 절차를 거쳐야만 했다.

이런 공식 절차를 거치지 않은 부부를 일러 뜨게부부라 한다. 남녀가 저희들끼리 마음을 맞추어 혼례를 치르지도 않고 먼저 동거해 버리는 경우다. 뜨게란 '본(을) 뜨다'에서 따온 말로 정식 부부와 비슷하게 흉내 낸다는 뜻이니 일종의 예비 부부라 할 수 있다. '두더지 혼인'도 이와 비슷하다. 차이가 있다면 어느 정도 격식은 갖추었으나 되도록이면 은밀하게 하는, 그리 떳떳하지 못한 혼사다. 두더지 혼인보다도 더 부정한 혼사를 '보쟁'이라 한다. 보쟁이다는 남녀가 야합하여 몰래 부부 생활을 지속하는, 이른바 내연(內緣)의 관계를 이른다. 옛날 같으면 보쟁이하다 들킨 남녀는 이웃들로부터 '멍석말이'라는 호된 응징을 받았다.

지아비, 지어미는 농경 사회에서 생산을 담당한다는 의미로 아비, 어미 앞에 '짓[作]-'이 접두하여 생긴 말이다. 이는 또한 기혼 남녀를 일컫는 고유어인데 한자말로 하면 유부남, 유부녀가 될 것이다. 지아비, 지어미 이외에도 기혼 남녀를 칭하는 핫아비, 핫어미라는 고유어가 있었다. 선행어 '핫'은 바지로 말한다면 핫바지와 홑바지의 차이로 '홑/홀'과 대칭되는 말이다. 따라서 아내가 생존해 있는 남자가 '핫아비'요, 아내를 여의고 외톨로 산다면 '홑아비, 홀아비'가 된다. 독신 생활하는 남녀를 싸잡아 홀앗이라 하는 일컬음도 그런 이유에서다.

옛날에도 홀앗이가 다시 짝을 찾아 새 가정을 꾸릴 수도 있었다. 재혼, 또는 재취란 한자말이 바로 그것인데, 이를 달리 속현(續絃)이란 멋진 말을 쓰기도 한다. '속현'이란 거문고, 비파[琴瑟]의 끊어진 줄[絃]을 다시 잇는다는 뜻이니, 머잖아 집안에 아름다운 선율로 가득 차리라는 기대에서다.

현대인의 결혼식에는 신랑 앞에 서는 '기럭아비'나 '꼭지도둑'도, 신부를 따르는 '열두하님'이나 '쪽두리하님'도 찾아보기 어렵다. 식이 끝난 뒤 시부모를 뵙는 풀보기[解見禮]란 의식도, 친척이나 친지를 불러 한턱 단단히 내는 자리보기란 풍습도 사라 진지 오래다. '풀보기'란 의식은 거추장스런 혼례 의장을 벗고 한결 가벼운 복장으로 어른을 뵙는 일이요, '자리보기'는 이웃 사람들이 신랑 신부가 첫날 밤을 보낸 신방의 잠자리를 구경하는 장난기 어린 행사다.

자리보기를 혹은 **댕기풀이**라고도 하는데, 오늘날 신랑 신부가 '집들이'라는 명목으로 가까운 이웃을 불러 음식을 대접하고 한바탕 노는 행사와 비슷하다. 댕기풀이에 초대된 이웃들은 아기자기하게 치장한 침실을 기웃거리며 부부 행위를 빗댄 짓궂은 농담으로 신혼부부를 놀려대곤 한다. 신혼 부부의 신방은 사람의 눈으로 먼저 보아 주지 않으면 귀신이 대신 본다는 속신이 있었다. 첫날밤에 그토록 극성스레 신방의 창호지 문을 뚫고 장난치던 풍습도 이런 악귀의 침범을 막기 위함이었다.

10. 요람에서 무덤까지

1) 삶과 죽음의 언어

우리의 무속에서는 한 생명의 탄생과 성장은 삼신이란 신령에 의해서 주도되고 이후 칠성신으로 인계된다고 믿는다. **삼신**(혹은 산신)이란 말은 만주어에서 존장자(尊長者)를 지칭하는 'shaman'과 동계어로 알려져 있다. 그러나 삼신의 '삼-'을 우리말 동사 '살다〔生, 産〕'의 파생어로도 볼 수 있다. 그렇다면 인간의 삶〔生〕을 주관하는 신이 바로 삼신인 것이다. 우리말에서 살이, 살림, 삶, 사람 등등 '살다'에서 파생된 말은 많다. '살-'의 본뜻을 이희승(1950:26)에서는 살〔膚〕로 보았고, 정호완(1991:227)에서는 술〔燒〕로 보았다. 그러나 '살'은 기원적으로 움직임을 나타내는 말로서 어떤 동작이 반복되고 있음을 뜻한다.

이런 해석이 옳다면 숨을 쉰다고 할 때의 '숨〔息〕'도 여기에 포함될 수 있을 것이다. 숨쉬는 동작이 지속되는 한 그 사람은 살아 있다고 하고 그것이 끝나는 순간을 죽었다고 한다. 인간이 태어나 처음 내뱉는 고고성(呱呱聲)이 호흡기의 개통식이므로 이로부터 시작된 숨쉬기가 목숨이 끊어질 때까지 이어진다. **숨지다**라는 말은 곧 죽음이므로 살아 있음은 바로 숨을 쉬고 있음을 의미한다. 성경에서도 태초에 하느님께서 흙으로 당신의 형상을 닮은 인간을 빚으시고 코에 숨을 불어넣음으로써 새 생명을 창조하셨다고 했다.

사람은 나이에 따라 숨쉬는 모습도 다르다. 어려서 혈기 왕성할 때는 배로 숨을 쉬지만 나이가 들어 허약해지면 점차 가슴으로 올라오고 그것이 목까지 차오르면 생의 종말을 고한다. 임종하는 이의 숨결을 지켜보노라면 인간의 생명을 왜 **목숨**이라 이르게 되었는지를 깨달을 수 있다. 목에 숨이 끊어지면 한 인간은 죽음이다. 그러나 그 죽음은 소멸이 아니라 다른 개체로 태어나 인간의 삶과 죽음은 영원히 반복된다.

삶과 죽음은 불가에서 輪廻生死라 말한 것처럼 끝없이 되풀이되는 일이지만 언어 표현상으로는 이 둘 사이가 무척 멀어 보인다. 우선 '살-'과 '죽-' 두 말에서 느끼는 어감이나 정서부터가 다르다. **살다**는 밝은 양성모음 'ㅏ'에다 음절 말음 또한 물이 흐르듯 하는 유음(流音)으로 발음된다. 바람이 솔솔 불고 물이 졸졸 흐르며 돌이 돌돌 구르는 듯한, 말하자면 늘 유전하여 영원히 지속되어 생동감을 느끼게 하는 음상(音相)이다. 이에 반해 **죽다**의 경우는 어떠한가? 'ㅜ'라는 어둡고도 무거운 음성모음에다 닫히고 막히는 소리, 즉 폐쇄음(閉鎖音) 받침으로 발음된다. 처음부터 숨통을 틀어막는 듯하더니 이후로는 오로지 정지된 상태의 적막감만 무겁게 흐른다.

이런 단절과 절망의 언어 '죽다'를 우리 한국인은 어떻게 받아 들일까? 생의 단절을 뜻하는 죽음을 우리말에서는 의외로 담담하게 수용하는 듯하다. 우리는 生死란 한자어를 죽사리라 하여 놀랍게도 죽음부터 앞세운다. 어떤 일에 임하는 임전태세도 '죽기 아니면 살기'라며 굳은 결의를 보인다. 죽음을 초개(草芥)같이 여긴다는 말이 있다. 삶보다 죽음을 앞세울 만큼 한국인은 죽음을 두려워하지 않는 것일까? 죽음은 우리말에서 진실로 사멸을 뜻하지 않는다는 사실에서 그 답을 찾을 수 있다. '죽고 못 산다.'는 말의 속뜻을 생각해 본다. '좋아 죽겠다.'는 경우와 마찬가지로 더할 나위 없이 좋다는 뜻이다. '죽자 사자'라는 표현이나 '죽여 준다.'는 시체말도 같은 맥락이다.

누구나 죽음을 면할 수 없기에 죽음이란 말도 이처럼 항상 우리 곁을 맴돈다. 사람이 죽음을 얘기하는 것은 그것이 두려운 만큼 오히려 가까이 두자는 심산인지도 모른다. 전혀 성사 불가능한 일을 '죽었다 깨도' 못한다고 한다. 죽은 목숨, 죽을 상, 죽을 고생, 죽어 지내다, 죽는 소리 등등의 극단적인 표현도 기껏해야 기를 펴지 못한다는, 그야말로 엄살을 떠는 죽는 소리일 따름이다.

생명이 없는 사물에도 죽음이 있다. '시계가 죽다, 팽이가 죽다, 풀이 죽다, 사기가 죽다'가 그런 예이다. 그러나 이런 말과는 달리 인간에 대한 표현은 좀더 은유적이고 철학적이다. 생명의 종식은 단순한 소멸이 아닌 자연 섭리에 대한 순응으로 보는 것이다. 숨을 거두며 눈을 감는 것은 저세상으로 가기 위한 몸짓으로 보고 이를 돌아가시다라고 말한다. 게다가 그냥 가는 것이 아니라 돌아가는 것이니까 영어의 'go'나 'gone'과는 그 의미나 격이 다르다. 곧 '돌아가심'은 인간 본래의 고향으로의 귀의(歸依)를 뜻하므로 굳이 영어로 말한다면 'return'에 해당된다고나 할까.

우리말에서 죽음을 '가다'로 나타내는 예가 없는 건 아니다. 이를테면 '골로 가다, 고택골 가다, 북망산 가다, 망우리 가다'와 같은 죽음의 별칭들이 그것이다. '골'은 시신을 담는 나무 관(棺)의 고유어로서 골로 가다란 말은 '칠성판(七星板) 지다'와 같이 관 속으로 들어가 무덤으로 간다는 얘기다. 칠성판은 소렴(小殮)한 시체 밑에 까는 얇은 널조각으로 북두칠성을 본따서 일곱 구멍을 뚫은 판이다. 칠성판(을) 지다란 말은 사람이 죽거나, 죽음을 무릅쓰고 사지에 들어감을 나타낸다.

고택골이나 북망산, 망우리는 우리말에서 공동묘지의 대명사로 쓰인다. 죽음에 대한 저속한 표현으로 올림대 놓다거나 사자밥 떠 놓다는 은어(隱語)도 있다. 사자밥이란 저승사자를 대접하기 위해 떠 놓는 세 그릇의 밥을 말하고, 올림대는 산삼을 캐는 심메마니들이 숟가락을 지칭하는, 그들만이 사용하는 은어. 흔히 말하는 "밥숟갈 놓았다"는 속어는 여기서 유래하였다. 이런 속어에 비해 한자말은 역시 점잖은 데가 있다. 예컨대 사망(死亡), 별세(別世), 기세(棄世), 작고(作故), 타계(他界), 서거(逝去), 운명(殞命), 유명(幽明)을 달리하다 등등. 그러나 이들이 아무리 품위 있고 점잖다 해도 우리말 '돌아가시다'에는 미치지 못할 것 같다.

2) 출산 및 요람기 용어

"아버님 날 낳으시고 어머님 날 기르시니……." 송강 정철의 싯구처럼 사람은 두 분의 부모님에 의해서 이 세상에 태어난다. 아버지로부터 피를 받아 어머니 몸을 통하여 잉태되어 출산의 과정을 거쳐 성장하는 것이다. 임신과 출산, 그리고 아이의 성장 과정을 나타내는 고유어를 찾아보기로 한다. 이런 고유 용어 속에는 새 생명에 대한 인식과 자식 교육에 대한 선인들의 지혜가 담겨 있을 것이다.

앞서 한 생명의 잉태와 출산, 그리고 일곱 살까지의 성장 과정을 삼신이란 신령이 주관한다고 했다. 가정에서 아시를 보게 될 때(동생을 낳을 때) 집안 큰 어른은 방 윗목에 삼신메를 차려 놓고 두 손바닥을 비비면서 삼신풀이라는 주문을 외우셨다. 맑은 정화수 한 그릇과 흰 쌀밥, 그리고 한 그릇 내지는 세 그릇의 미역국을 올린 삼신상이 차려진다. 이 때 산모가 며느리일 때는 안방 윗목에, 해산을 위해 친정에 온 딸일 경우는 방문 가에 차렸다.

삼신상은 출산 당일뿐 아니라 해산 후 첫 이렛날로부터 일곱 이렛날까지 매번 차려지고 그 때마다 이와 비슷한 주문이 낭독된다. 이런 행사는 신생아가 일곱 살이 되어 삼신할머니로부터 칠성신(七星神으로 인계될 때까지 계속된다. 그 동안 아이의 성장 과정에서의 안전 및 출산 과정에서의 산모의 건강과 이후 젖이 모자라 젖 비는 일이나 개암 든다는 산후 '후더침'에 이르기까지 일련의 과정이 오로지 할머니의 손에 달려 있다고 믿은 것이다.

잉태(孕胎)를 우리말로는 몸 가지다 또는 아이 선다라 하고, 해산을 몸 푼다라고 한다. 여기서의 몸은 물론 새로 태어날 생명을 지칭한다. 몸 가지는 산모는 입덧〔惡阻症〕이라는 첫 시련기를 거치면서 점차 외형상의 변화를 경험한다. 배가 불러 오면서 이내 둥덩산 같은 배재기에 이르게 되고, 그때쯤이면 어머니 뱃 속에서 아이가 놀기 시작하는 자위뜸을 감지하게 된다. 어느 하나 힘들지 않은 과정이 없으련만 그 중에서도 출산 순간이 가장 어렵다. 막달에 이르러 아이가 비롯는 과정에서 문잡아 산문이 열리고, 핏덩이의 귀가 빠지는 순간은 그야말로 뼈마디가 녹아내리는 고통〔産苦〕의 정점이다.

이런 일련의 진통을 일러 불가에서는 생고(生苦)라 했던가. 산모는 말할 것도 없고 태어나는 아이까지도 탄생의 순간만은 생애 최고의 생고를 감수해야 한다. 그러나 그것도 잠깐, 세상의 빛을 본 아이는 환희의 제일성으로 인류 최초의 언어라는 고고성(呱呱聲)을 터트린다. 고고성은 아이 입장에서 보면 모체로부터 벗어나는 독립선언이며, 산모 편에서 보면 고통에서 벗어나 새 생명을 탄생시키는 환희의 순간이 된다.

왕후장상이라도 사람은 누구나 어머니의 뱃속에서 태어난다. 태어
난다는 말 자체가 모체의 태(胎)에서 나온다는 뜻이니 이 말은 한자어
와 고유어의 혼용이다. 태어난 날을 달리 말하여 **귀빠진 날**이라고도
한다. 이는 모체로부터 분리될 때 태아의 귀가 보이면 출산이 완료된
것으로 여기기 때문이다. 이런 이유로 귀빠진 날에 대하여 '코 생긴
날'을 생일로 삼자는 주장도 있다. 어머니 자궁 속에 있는 태아는 코
가 맨 먼저 생기기 때문에 코 생긴 날이 그 사람의 진정한 생일이라
는 것이다. 어떤 분야에 있어 시조(始祖)를 달리 비조(鼻祖)라 일컫는
것도 그런 이유에서다.

모체로부터 분리된 태아의 행위를 형용하는 우리말을 찾아보기로
한다. 우선 **배냇짓**이란 말이 있다. 갓 태어난 영아(嬰兒)가 보여 주는
본능적인 행위를 그렇게 말한다. 이를테면 잠을 자면서도 히죽 웃어
보인다든가 눈이나 코, 입을 찡긋거리는 따위의 무의식적인 행동이
그것이다. '배내〔腹中, 胎中〕'란 말 역시 한중 혼합어로서 어머니 '배
안에 있을 때부터'란 뜻이다.

아이가 태어난 후 아무것도 먹지 않은 상태에서 누는 똥을 **배냇똥**
〔胎便〕이라 하고 이 밖에도 배냇병신, 배냇니, 배냇머리, 배내옷 등도
모두 여기서 나온 말이다. 흥미로운 것은 세상에 나와 맨 처음 누는
똥도 그렇지만 마지막 숨을 거둘 때 누는 똥도 역시 '배냇똥'이라 부
른다는 사실이다. 게다가 용어만 같을 뿐 아니라 그 성분마저도 비슷
하다고 하니 세상만사는 처음과 끝, 다시 말하면 극과 극은 통한다는
말을 절감케 한다.

갓난이가 투투거리며 입술로 바람을 뿜어 대는 **투래질**도 일종의 배
냇짓이다. 이는 또한 엄마의 젖을 빠는 동작에서 입술의 기능이 먼저

발달했다는 증거이기도 하다. 말을 배울 때 자음 중에서 순음이 가장 먼저 분화되는 것도 같은 연유에서다. 투레질뿐 아니라 풀무처럼 바람을 불어 대는 **풀무질**, 두 손을 쥐었다 폈다 하는 **죄암질**, 시도 때도 없이 오줌을 싸대는 **쉬야질**, 잠 들기 전후에 투정을 부리는 **잠투세** 등도 역시 배냇짓의 연장선에서 이해된다.

갓난이의 행위가 칭얼거림이든 투세든 부모의 눈에는 오로지 귀엽게만 보일 뿐이다. 커 가면서 아이의 모습은 변하고 그 때마다 부모는 거기에 맞는 표현을 찾아낸다. '얼뚱아기'가 그런 말이며 '이쁘둥이'가 또한 그런 말이다. 만세를 부르듯 두 팔을 벌리고 새근새근 나비잠을 자는 모습이며, 팔다리를 휘저으며 당싯거릴 때도 한량없이 이쁘기만 하다. 문짓문짓 배를 바닥에 문지르며 기어가는 **배밀이**도, **아우타는** 짓이라 하여 먹을 것만 찾는 **밥빼기**에도, 공연히 트집을 잡아 **아망그릴** 때도 이 모든 짓이 부모 눈에는 오로지 귀엽고 사랑스럽게 보일 따름이다.

말 그대로 눈에 넣어도 아프지 않을 자식을 두고 어른들은 여러 방법으로 얼러 준다. **가동질**에서 **부라질**이나 **시장질**이 모두 아이를 얼러 주는 사랑의 표현법이다. '가동질'이란 아이의 겨드랑이를 치켜들고 오르내리면 아이는 두 다리를 오므렸다 폈다를 반복하는 동작이다. 또 아이의 몸을 곧추세워 좌우로 흔들며 두 다리를 번갈아 오르내리게 하는 동작을 부라질, 두 손을 잡고 앞뒤로 밀고 당기는 것을 시장질이라 한다. 이 때 '부라부라, 시장시장'이란 말을 반복하기 때문에 그런 명칭이 붙은 것이다.

아이가 잘 자라 **옴포동이**처럼 토실토실 살이 오르면 부모는 더욱 자식 키우는 재미를 느낀다. 새순처럼 너무 연약하고, 그래서 더 귀엽고 앙징스럽기에 행위의 표현도 거기에 맞는 말을 찾는다. 기어다니던 아이가 일어서서 처음 내딛는 발걸음을 **밟다라** 하고, 뒤뚱거리며 어슬피 내딛는 걸음을 일러 **조작거리다, 자칫거리다,** 또는 **아칫거리다**라는 시늉말을 사용한다.

자기 자식이 똘똘이가 아니어도 좋고 지독한 똥싸개라도 아무 상관 없다. 세상 부모들은 "어화둥둥 금자둥아, 얼싸둥둥 은자둥아"라면서 자식을 안고 얼른다. 곤두곤두 **곤두 세우기**나 따로따로 **따로 세우기**도 얼르는 방식 중의 하나이다. 여기 대해 아이들은 보답이라도 하듯 손뼉을 치는 짝자꿍에서 도리도리 **도리질, 곤지곤지, 잼잼**에 이르기까지 갖가지 이쁜 짓을 연출한다.

그렇지만 자식이 언제까지나 이쁜 짓만 하는 게 아니다. 칭얼거리기만 하고 미운 짓만 골라 할 때면 이에 상응하는 응징으로 '곽쥐'나 '먼지떨음'을 가할 수도 있다. 곽쥐란 보채는 아이에게 위협을 가하여 달래는 방식이요, 먼지떨음이란 어쩔 수 없이 한 대 쥐어박는 행위를 이름이다. 어린 아이 몸에 어디 때릴 데가 있겠는가, 엄포용으로 그저 때리려는 흉내를 내면서 옷에 묻은 먼지나 털어 준다는 것이니 이 얼마나 적절한 표현인가.

예로부터 미운 자식은 떡 하나 더 주고 이쁜 자식은 매 한 대 더 준다고 했다. 조상들은 이처럼 귀한 자식일수록 매를 아끼지 말라고 가르쳤으니 현대 젊은 어버이들은 새겨 들을 만하다. 자식이 귀엽다 하여 너무 '오냐오냐' 키우면 자칫 버르장머리 없는 엉석받이가 될 수도 있다. 옛 사람들은 이럴 경우 **지지다**라면서 만져서 안 될 것을 못 만지게 했고, **애비다**라면서 해서는 안 될 일은 못 하게 말렸다. 뿐인가, 앓아야 할 병이라면 피하지 말고 당당히 맞서야 한다고 일렀다. 성장 과정에서 으레 치러야 할 역질을 **제구실**이라 했으며, 이를 잘 이겨 냈을 때는 **벼슬했다**면서 치하함을 잊지 않았다. 수두(水痘)나 홍역을 앓는 아이는 당시는 견디기 힘들지라도 그런 과정을 겪어야만 비로소 한 인간으로서의 제구실을 다한다고 가르쳤던 것이다.

11. 우리말 속의 한자어

1) 한자어의 수용 과정

이 땅에 한자·한문의 유입은 삼국 초기부터 진행되었다고 한다. 문자가 없던 시절 우리 조상들은 이 뜻글자인 한자를 이용하여 우리말을 표기할 수 있는 방법을 모색하게 된다. 훈민정음 서문에서도 언급된 바처럼 구조가 전혀 다른 두 언어의 조화는 여간 어려운 일이 아니다. 그러나 불가능을 억지로라도 가능으로 이끌어 놓은 것이 고유문자 이전의 차자표기(借字表記)란 기형적인 표기법이다. 한자를 이용한 표기법은 다음과 같은 몇 단계를 거쳐서 이루어진다. 우선적으로 한자음을 이용하여 우리말 고유명사를 표기하는 借名(아직 일반화한 용어는 아님.)으로부터 시작된다. 이어 공문서와 같은 실용문에 쓰인 吏讀 표기와 함께 儒·佛 경전의 한문을 국어화하는 수단으로서의 口訣 표기, 그리고 최종적으로는 향가와 같은 문예문에서 우리말을 전면적으로 표기하려 했던 鄕札이 이 같은 노력의 산물이다.

문자 생활을 갈망하던 조상들이 최초로 접한 문자가 한자·한문이었다는 사실은 언어 구조가 전혀 다른 우리로서도 어쩌면 커다란 불행이 아닐 수 없었다. 그러나 여기에 굴하지 않고 문자화의 가능성을 모색해 본 결과가 오늘날 남아 전하는 차자표기 자료들이다. 우리는 이 고심의 흔적들을 통하여 고대 국어의 편린이나마 엿볼 수 있다는 점에서 그 의의를 찾는다. 만약 이런 자료마저 남기지 않았더라면 우리의 고대 국어는 영원한 미궁 속에 남아 있을 수밖에 없다.

한자, 한자어 내지는 중국어가 우리말 어휘 속에 많이 남아 있음은 이런 역사적 배경과 과정을 통해 볼 때 불가피하면서도 자연스런 일이었다. 초기에는 차용어 형식으로 받아들인 한자어가 일정 기간 토박이 고유어와 공존하다가 점차 그 기반과 영역을 넓혀 나갔을 것이다. 이른 시기 한자어의 침투를 보여 주는 단적인 예가 붓이나 먹, 또는 쓰다와 같은 말이다. 이들은 각기 筆, 墨, 書의 한자 독음이 그대로 고유어로 굳어진 예로서 지금은 누구나 순수 우리말이라 믿고 있는 것들이다. 이처럼 이른 시기에 국어에 동화된 어휘를 귀화어(歸化語)라 부르기도 한다. 다음에 열거하는 말도 먼 옛날 우리말 속에 시집온 한자어일 것이다.

"베〔布〕, 되〔斗〕, 쟝>자〔尺〕, 그〔其〕, 대〔竹〕, 띠〔帶〕, 살〔矢〕, 절〔邸〕, 무늬〔紋〕, 적-〔誌〕, 닿-〔達〕, 뛰-〔跳〕"

이상의 예는 일견하여 고유어처럼 보이는 말이지만 기실은 〔 〕 속의 漢音을 그대로 발음한 것들이다. 다음의 시늉말 예도 한자어에서 유래한 것임을 알면 더욱 놀랜다.

"싱싱하다〔新新〕, 쟁쟁하다〔錚錚〕, 생생하다〔生生〕, 평평하다〔平平〕, 빡빡하다〔薄薄〕, 쓸쓸하다〔瑟瑟〕, 시시하다〔細細〕, 미미하다〔微微〕, 연연하다〔戀戀〕"

개화기를 전후하여 우리말의 어원을 전적으로 한자어 내지는 중국어에서 찾은 적이 있다. 물론 견강부회한 해석이 대종을 이루지만 이 중에는 가능성이 있는 것도 없지는 않다. 최근 한국어의 계통 문제가 논의되고 어원 파악에도 과학적이고 객관적인 방법이 적용되면서 이런 태도는 지양되었다. 다만 많은 수의 한자, 한자말들이 우리말 속에 깊숙이 뿌리 내리고 있음은 부정할 수는 없다.

한자말의 수용 과정에서 초기 漢語 내지 한자음을 그대로 수용한 단계를 지나면 또 다른 형태의 한자어가 등장한다. 곧 그 생성 기반은 한자어지만 발음상으로는 국어의 음운 변화에 맞게 변형된 한자어들이다. 앞 장에서 언급한 김치[沈菜], 배추[白菜], 상추[生菜] 등과 함께 다음과 같은 몇 예를 더 들 수 있다.

"무명[木棉], 다홍[大紅], 보배[寶貝], 숭늉[熟冷], 모과[木瓜], 상투[上頭], 가난[艱難], 고함[高喊], 대추[大棗], 사발[沙鉢], 사탕[砂糖], 설탕[雪糖]".

한어의 국어화는 여기서 더 나아가 우리 고유의 한자어를 만들어 내기는 데까지 발전한다. 한국 한자어, 또는 국산 한자말이라 할 수 있는 다음과 같은 말들이다.

"감기(感氣), 구경(求景), 고생(苦生), 수고(受苦), 생각(生覺), 병정(兵丁), 편지(片紙), 변소(便所), 서방(書房), 도령(道令), 동냥(動鈴), 복덕방(福德房)"

여기에다 같은 방법으로 일본에서 만들어진 한자어도 우리말 한자어에 추가될 수 있다. '수순(手順), 사회(社會), 혜존(惠存), 안내(案內), 신병(身柄), 입장(立場), 촌지(寸志), 낙서(落書), 하물(荷物), 고참(古參), 파지(破紙), 철학(哲學)' 등등, 그 수도 결코 만만치 않다. 이런 일본 한자어는 개화기를 전후하여 우리 나라에 유입된 것으로서 전문 분야에 쓰이는 학술 용어가 주종을 이룬다.

통계에 의하면 우리말 어휘의 70% 정도가 한자말로 채워져 있다고 한다. 만약 한자어를 외래어라 하여 배척하려 한다면 우리말의 기반부터 흔들릴 우려가 있다. 따라서 한자어를 귀화어로 인정하고 한자말 역시 우리말의 일부라는 인식부터 바꾸어야 한다. 평소 고유어로 알고 있던 말이 알고 보니 한자어임을 알고 놀라는 경우가 있다. '괜찮다'라는 말도 그 중에 하나, 이 말의 어원을 통하여 우리말 속에 숨어 있는 한자어의 뿌리를 캐어 보도록 한다.

괜찮다는 '그만하면 별일 없다, 또는 별로 나쁘지 않다'는 의미를 가진 형용사이다. 일견 이 말은 고유어처럼 생각되고, 또 그 어원도 쉽게 풀 수 있을 것으로 예상한다. 그러나 실지로 분석을 해 보면 그것이 결코 괜찮지(?) 않음을 알고 놀랜다. '괜찮다'의 어원 추적에 우선적으로 두 갈래의 접근이 가능하다. 하나는 후행어 '-찮다'가 준말로서 본디말 '…하지 아니하다'에서 '-치 않->-찮-'으로의 축약이라 단정한다. 다른 하나는 선행어 '괜-' 역시 축약형으로 보아 이 말은 두 음절의 한자어일 거라는 가정이다. 그리고 그 한자어를 空然과 關係, 그리고 掛念의 세 가지로 상정해 볼 수 있다. 위의 세 한자어는 의미상 각각 "헛되지 않다, 관계할 필요가 없다, 마음에 둘 필요가 없다"가 되므로 어느 것으로 해석하든 무난해 보인다.

우선 처음 상정한 '空然'을 대입시켜 보면 '공연하다'의 준말로 '괜하다'란 말이 따로 있으므로 '괜찮다'의 어원으로서 어울릴 듯하다. 다음으로 상정한 '關係' 역시 무난한 듯하다. 필자도 학교 다닐 때 괜찮다를 '관계하지 아니하다'의 준말로 배운 것으로 기억한다. 세 번째의 '掛念'도 마찬가지, 괜찮다를 '괘념(掛念)치 않다'의 준말로도 볼 수 있다. 서양은 법이 지배하는 사회지만 동양, 특히 한국은 인간 관계가 지배하는 사회라 어느 누구와도 관계하지 않는 게 가장 무난한 상태라 말하는 이도 있다. '상관없다, 무난하다'는 말을 중국어로 '沒

關係'라 한다. 이 말을 우리는 괜찮다는 말로 받아들였을지 모른다. 그렇다면 축약형 '괜'은 과연 어떤 한자어일까 더욱 아리송해진다. 쉽사리 찾아질 듯한 어원이 이처럼 따지고 들면 그리 간단하지 않음을 실감한다.

우리말 어휘 속에는 고유어처럼 보이는 한자어, 혹은 이 둘이 교묘히 결합된, 소위 한·한(韓·漢) 혼용어'가 의외로 많다. 한자어에서 유래했지만 고유어처럼 인식되는 '귀화어로서의 한자어'를 찾아 보고, 그리고 '한·한 혼용어'의 예를 보이기로 한다. 비록 그 일부에 지나지 않으나 이들 예를 통하여 한자어의 뿌리가 얼마나 깊고 그 영향력이 지대한가를 알게 될 것이다. '가나다' 순으로 그 예를 나열하여 조어법상의 구조와 그 기원적 의미 및 현대어에서의 변화된 의미를 보인다.

2) 귀화어가 된 한자어

가게(假家) : 작은 규모의 상점, 혹은 점방.

현대어 가게는 18세기 문헌에 기록된 바처럼 '가가(假家)'의 변형이다. 假家는 한자 뜻 그대로 임시로 지은 집, 곧 길가나 장터 같은 데서 풀이나 나뭇가지 따위를 대강 얽어 올리거나 차영을 쳐 임시로 지은 가건물이다. 이는 일종의 幕이며 오늘날로 말하면 노점상이나 포장마차라 할 수 있다. 假家는 초기 농가에서 허드렛 물건을 보관하거나 이웃과의 쉼터로 이용되던 공간이 점차 오가는 사람들을 상대로 한 상행위의 장소로 변모되었다.

'가가'는 15세기 문헌에 '가개'로, 19세기 문헌에는 '가게'로 표기되었다. 곧 '가가>가개>가게'의 어형 변화를 거치면서 본뜻과 함께 그것이 한자어라는 인식이 점차 흐려지게 되었다. 가게채, 가겟집, 가

겟방, 구멍가게가 그 파생어다. 언어도 생명이 있어 항상 변하는 법, 가게 역시 이제는 그 생명이 다한 듯하다. 연쇄점, 백화점에서부터 쇼핑 센터, 쇼핑몰, 슈퍼마켓, 슈퍼, 하이퍼마켓, 마트, 숍, 스토어 등등의 서구계 외래어에 그 자리를 내줄 날도 멀지 않았기 때문이다.

감질(疳疾) : 무언가 하고 싶은 욕망으로 애가 타는 모습.

감질은 감병(疳病)이란 한의학에서 온 병명이다. 어린이에게 젖이나 음식을 잘 조절하여 먹이지 못한 데서 생기는 병, "감질(이) 나다, 감질(을) 내다."라 하면 '안달(을) 나/내다.'와 같이 무엇을 먹거나 갖거나 하고 싶은 욕망을 나타내는 말로 그 의미 영역이 확장되었다.

강낭콩, 강냉이〔江南-〕 : 중국 양자강 이남을 지칭하는 江南(지금의 南京)에서 전래된 산물.

특정한 산물이 전래된 지리적 배경에서 유래한 말, 강낭콩은 '江南+콩'의 구조로 '강남>강낭'은 음운상 연구개음인 'ㄱ'이 'ㅁ'에 위치 동화된 변화이다. 한편 강냉이는 '江南+이(접미어)'의 구조로서 이를 달리 말하여 '옥수수〔玉蜀黍〕'라고도 한다. 옥수수는 수수(黍黍)와 동종이나 촉나라에서 온, 알이 굵은 수수라는 의미로 붙여진 이름이다. 옥수수는 아메리카 대륙에서 기원하여 유럽을 통해 종자가 전파되고 16세기 초에 포르투갈 상선에 의해 중국에 전해졌다고 한다. 우리 나라에는 임진왜란 당시 명나라를 거쳐 들어왔다.

개천(開川?) : 개골창 물이 흘러 나가도록 골이 지게 판 내〔川, 掘江〕.

개천의 정확한 어원은 알 수 없다. 이를 두 음절 모두 한자어로 보고 開川으로 표기하는가 하면, '개〔浦〕+川'의 구조로 고유어와 한자어의 혼용이라 말하기도 한다. 그러나 기원적 관점에서 선행어 '개'를 고유어로 보는 후자의 견해가 타당한 듯하다. 중세어에서 '기천'이나 '걸'이란 말이 쓰였는데, 여기서의 '기-'는 川을 뜻하는 고유어로서 강이나 내에 바닷물이 드나드는 곳을 이른다. 개울, 개울창, 실개천, 실개울에서의 '개-'와 동일어라 생각되기 때문이다. 개천의 '개-'를 한자 '開'로 표기한 것은 조선조 한양의 중심을 관통하는 청계천 준설 공사에서 이 내를 '開川'이라 적은 데서 비롯되었다.

골탕(骨湯, 髓湯?): 한꺼번에 되게 당하는 곤란이나 손해.

상기 개천과 마찬가지로 골탕도 어원상 고유어와 한자어의 혼용어라 생각된다. 골탕이 骨湯에서 왔다면 그 뜻은 소의 머릿골이나 등골을 맑은 장국에 넣어 끓인 국〔髓湯〕이다. 따라서 '골탕(을) 먹는다, 먹인다'라고 하면 맛있는 고깃국을 먹거나 먹인다는 것이니 결코 나쁜 의미만은 아니다. 그러나 '골-'을 고유어로 보면 의미상 연결은 더 자연스럽다. 뿐만 아니라 '속이 물켜져 상하다'는 곯다의 '곯-'이 공교롭게도 骨과 어형이 같아진다. 비슷한 의미로 '끌탕'이란 말이 있는데, 이와 마찬가지로 마음 고생이란 의미로 골의 기원형을 '곯'로 봄이 옳을 듯하다.

기지개(氣直-) : 피곤을 느낄 때 전신을 쭉 펴고 팔다리를 길게 뻗는 행위.

한자어 '氣直'에 우리말 접미어 '-에'의 연결로서 '기지게(訓蒙 上:15)>기지개'의 변화이다. 기지개는 '켜다'란 서술어를 동반하며, 한자말 그대로 기지개를 켜면서 인체의 기운을 바로잡는다는 뜻이다.

긴가민가(其然인가 未然인가) : '기연가 미연가하다' 또는 '기연미연하다'의 줄임말.

한자어 그대로 그런지 그렇지 않은지 분명하지 않다는 의미다.

난장, 난전(亂場, 亂廛) : 무질서하게 어지러운 과거 시험장이나 시장의 풍경.

난장이나 난전 둘 다 어두에 '어지러울 란(亂)' 자를 접두하여 무질서한 상태를 표현한다. 난장(亂場)에는 두 가지 의미가 있다. 하나는 시골에서 정한 날 이외에 특별히 얼마 동안 개설되는 시장을 이름이요, 다른 하나는 과거(科擧) 시험장에서 많은 선비들이 모여 떠들썩한 장면을 나타낸다. 장날이나 과거 시험장 어느 곳을 지칭하든 어수선한 분위기를 나타내기에 '난장판'이니 '난장치다'란 말이 생겨나게 되었다.

난전(亂廛)은 조선조 상거래에 쓰인 용어로서, 전안(廛案)에 등록되지 않은 가게나 허가된 물품 이외의 것을 몰래 팔던 가게를 말함이다. 여기서 유래된 "난전 몰리듯 한다."는 말은 지금의 경찰에 의한 노점상 단속에서 볼 수 있는 풍경이다. 곧 단속 관원들에 쫓기는 난정 상인들의 다급한 모습을 형용한 것이다. 여기에 빗대어 급히 서둘러서 경황이 없는 상황을 그렇게 말한다.

남방(南方) : 남성 상의의 하나인 남방 셔츠의 준말.

더운 여름철에 양복 저고리 대신에 입는 남양풍의 남성 웃옷이다. 시원하게 보이도록 화려한 원색 무늬가 특징인데 여기서 말하는 '남방'은 지금의 '동남아 지역'을 가리킨다.

내숭(內凶) : 속으로 간직한 엉큼하고 흉측한 마음.

보통 '내숭 떤다.'고 하면 속마음과는 전혀 다르게 말과 행동을 꾸며서 보일 경우다. 본래의 한자음 '내흉(內凶)'이 구개음화하여 '내슝>내숭'이 되었다.

누비(衲衣) : 바느질에서의 옷감과 옷감을 잇는 기술의 한 가지.

옷감의 안팎을 맞추어서 그 사이에 솜을 넣어 죽죽 줄이 지게 꿰메는 홈질이다. 누비질, 누비이불, 누비바지 등이 누비의 파생어이며, 여기저기를 휘젓고 다닌다는 '누비다'는 동사에로의 전성이다. 누비는 본래 승의(僧衣)로서 장삼을 뜻하는 납의(衲衣)의 변질된 어형이다. 한자 衲이 기웠다는 뜻이므로 납의는 '기운 옷'을 지칭하는 명사가 된다. 누비를 樓緋로 표기하는 것은 단순한 취음(차음)이다.

능금(林檎, 林禽) : 사과와 동종인 과일 이름.

한자어 본래의 독음 '림금'이 님금>닝금'을 거쳐 지금의 능금이 되었다. 능금과 사과(沙果)는 둘 다 중국을 통해 들어왔는데 이 중 능금의 역사가 더 오래다. 사과는 능금보다 굵고 살이 깊은 과일이어서 옛 문헌에 사과를 '굵은 링금『飜譯朴通事』' 또는 '큰 림금『訓蒙字會』'이라 적고 있다.

도무지(塗貌紙) : 이러고 저러고 할 것 없이 어쩔 수 없음을 나타내는 부사.

'도모지>도무지'의 변화로서 황현의『梅泉野錄』의 기록이 아니고서는 '도무지(?)' 그 어원을 알 수가 없다. '도모지(塗貌紙)'는 한자말 그대로 '얼굴〔貌〕에 종이〔紙〕를 바른다〔塗〕'는 뜻이다. 『매천야록』에 의하면 과거 가부장제도 하의 엄한 가정에서 자식이 잘못을 범했을 때 가장, 즉 아버지가 내리는 끔찍한 형벌이라 설명한다.

그 벌이란 게 일종의 사형(私刑)으로서 듣고 보면 끔찍하기 이를 데 없다. 죄를 지은 자식을 아버지가 꼼짝 못하게 묶어 놓고 물기를 머금은 창호지를 얼굴에 여러 겹 발라 질식시키는 것이다. 종이에 밴 물기가 점차 말라감에 따라 자식은 보지도 말하지도 못하는 가운데 서서히 숨이 끊긴다. '도무지'란 말은 이런 끔찍한 옛 형벌에서 유래하여 지금은 어떻게 해 볼 도리가 없다는 뜻으로 쓰이는데, 이 어원설이 맞는다면 이 말은 함부로 쓸 수 없을 것 같다.

땡전(當百錢→當錢) : 적은 액수의 돈을 비하시켜 일컫는 말.

땡전은 당백전에서 유래한다. 당백전은 고종 때 대원군이 경복궁 중수를 위해 발행한 동전이다. 발행 초기에는 돈의 가치가 높았으나 얼마 후 그것이 급격히 하락하여 그로부터 돈을 낮잡아 이르는 말로 쓰이게 되었다. 당백전에서 '당-'을 된소리로 발음하고 가운데 '-백-'을 생략하여 '당전>땅전>땡전'이 되었다.

방째(方字) : 지금의 'KS 마크'에 상응하는, 지난날 우수한 상품의 대명사.

썩 좋은 놋쇠로 만든 그릇의 표시에서 비롯된 말. 옛날 方씨 성을 가진 장인이 놋쇠 제품을 만들 때 자신의 제품임을 알리기 위해 그릇마다 밑바닥에 '方' 자를 찍었다. 여기서 유래하여 우수한 품질의 놋그릇뿐 아니라 '알차고 훌륭한 사람'을 비유하는 말로 그 의미가 확장되었다.

벽창호(碧昌牛) : 성질이 무뚝뚝하고 고집 센 사람을 비유하는 말.

'벽창호'는 '벽창우'의 변한 말. 벽창우는 평북 碧潼과 昌城 지역에서 부리던, 크고 억센 소를 지칭한다. 이 지역에서 나는 소는 덩치가 크고 힘이 센 반면 한결같이 고집불통이어서 부리기가 힘들었다고 한다. 이처럼 소를 지칭하던 말이 전이되어 무뚝뚝하고 심술궂은 사람을 비유하게 된 것이다. '벽창우>벽창호'의 어형 변화는 한자 뜻에서 비롯된 것 같다. 곧 '벽에 창문 모양을 내고 벽을 친 것'이라는 벽창호(壁窓戶)를 염두에 둔 것이다. 빈틈 없이 사방이 꽉 막힌 벽(壁)과 그러한 속성을 지닌 사람과의 연상이 벽창우에서 벽창호로의 변질을 초래하였다.

불가사리(不可殺) : 잘 죽지 않는 동물의 이름.

'불가사리'라면 실존와 상상의 두 가지 동물을 떠올릴 수 있다. 하나는 바다에 사는 극피(棘皮) 동물로서 다른 어족을 해치는 해로운 동물이요, 다른 하나는 특이한 모양을 한 상상 속의 동물이다. 전하기를 이 동물은 곰의 몸, 코끼리의 코, 무소의 눈, 소의 꼬리, 범의 다리를 하고 있으며, 또 쇠를 먹고 악몽을 물리치기도 하며 요사스런 기운을 쫓는다고 한다. 불가사리는 그것이 현실의 것이든 상상 속의 것이든 글자 그대로 생명력이 강하여 쉽게 죽일 수가 없다 하여 붙인 이름이다.

사량(思量) : 중히 여기어 깊이 생각하고 온갖 정성을 다하는 마음.

현용어 중에서 사랑만큼 빈도수가 높은 말은 없을 터이다. 종교를 들먹이지 않더라도 사람이면 누구나 하고 싶고 듣고 싶은, 그야말로 사랑 받는(?) 말이 사랑이다. 그러나 '사랑'은 처음부터 사랑〔愛〕의 의미가 아니었음을 알아야 한다. 사랑은 한자어 思量에서 유래한다. 思는 생각한다는 뜻, 『千字文』(광주판)에서 思를 '스랑 스'라 훈하였다. 중세어에서의 '스랑'은 한자어 思量에서 기원하여 말 그대로 단순히 생각하고 헤아린다는 것이다. 생각한다〔思〕의 사랑은 어느 시기부터 사랑〔愛〕의 의미로 전이되어 16세기 이후로는 후자의 의미로 굳어지게 된다.

사랑이란 말이 고유어 괴다〔寵, 愛〕를 접어 두고 지금의 위치에 서게 된 데는 기독교의 전래에 따른 성경 번역과도 깊이 관련된다. 특히 신약성서 '고린도 전서'에 나오는 구절(흔히 '사랑장'이라 일컫는)이 결정적 역할을 했다고 생각된다. 그러나 계기야 어떻든 '思→愛'의 변화는 일종의 의미의 전이 내지는 축소 현상이다. 이는 思의 고유어가 또 다른 한자어 '싱각(生覺)'으로 옮겨지면서 대신 愛의 전통적 어사 '괴다'를 사랑이란 말로 수용된 결과라 여겨진다. 어떻든 18세기 이후 '스랑〉스랑'은 '사랑'으로 어형 변화를 한 후 지금처럼 사랑 받는 단어로 자리잡게 된 것이다.

산통(算筒) : 장님이 점을 칠 때 사용하는 산가지를 넣은 작은 통.

점을 치면서 운수를 헤아리는 통을 '산통' 또는 '수통(數筒)'이라 한다. '산통(을) 깬다 / 깨진다'라 하면 그 통을 깨어 버린다는 것이므로 어떤 일을 이루지 못하게 방해한다는 뜻으로 쓰인다.

상피(相避) : 한자의 뜻 그대로 서로 피해야 할 곤란한 상황을 이름.

친족 또는 가까운 친분 관계로 인해 같은 부서에서 벼슬살이를 하거나 청송(聽訟), 시관(試官) 과 같은 같은 직의 업무를 일부러 피하게 했던, 옛 제도에서 나온 말이다. 아울러 가까운 친족 사이에는 예나 지금이나 혼사를 금한다는 의미도 포함된다. '상피(가) 나다, 상피(를) 붙다.'라고 하면 가까운 친족 사이의 남녀가 성적인 관계를 맺음을 나타낸다. "말도 사촌까지 상피한다."는 옛말이 있는데 이는 짐승만도 못하다는, 근친상간을 통박할 때 쓰는 말이다.

샌님(生員) : 생원님의 준말로 매우 얌전하여 융통성이 없는 사람을 농으로 이르는 말.

生員이라면 조선조 생원시에 합격한 사람, 또는 흔히 연로한 선비를 대접하여 그 성(姓) 밑에 붙여 부르는 호칭이다. 다만 생원님을 샌님으로 약칭하여 부르면 그 의미가 비하된다. 말하자면 여자처럼 숫기가 없고 활발하지 못한 성격의 남자를 비아냥대는 말이 되기 때문이다.

술래(巡邏) : 술래잡기에서 숨은 아이를 찾아내는 차례를 당한 아이.

본래 어형 순라(巡邏)가 술래로 되고, 또 순라잡기가 술래잡기로 변한다. '순라, 순라군(巡邏軍)'은 오늘날의 방범(防犯)과 같은 말로서 밤에 도둑이나 화재 등을 예방하기 위하여 대궐과 성내 골목을 순시하던 군이었다.

십상(十成) : 썩 잘 어울리는 일이나 물건을 두고 이르는 말.

十成이라면 과거 황금의 품질을 십 등분 한 것 중에서 가장 우수한 제1등급을 나타낸다(許月卿, 多謝詩, "園林富貴何千萬, 花柳功勳已十成"). '십성>십상'은 모음 교체, 그러나 또 다른 한자말 십상팔구(十常八九)의 준말 '십상'과는 구별되어야 한다.

아수라장(阿修羅場) : 치열한 싸움으로 어지럽게 된, 혼돈과 무질서의 현장.

아수라(阿修羅)는 범어 'asura'의 음역, 이를 약칭하여 修羅라고도 한다. 修羅는 대해(大海) 밑바닥에 사는 동물로서 지극히 호전적이며 포악할 뿐 아니라 남의 일에 훼방을 잘 놓는 것으로 알려져 있다. 또는 욕심 많고 화 잘 내는 사람이 죽어서 환생한 축생(畜生)이라는 설도 있다. 보통 '아수라장'이라면 이같이 고약한 아수라들이 한 곳에 모여 시끄럽게 떠드는 장면을 이른다.

아양(額掩→耳掩) : 여자나 아이들이 남에게 잘 보이기 위해 일부러 지어 부리는 교태.

보통은 '아양(을) 떨다 / 부리다 / 피우다."라 표현한다. 아양은 한 자어 額掩이 '액엄>아얌'으로 변한 말, 액엄은 겨울철에 부녀자들이 바깥 나들이 할 때 머리에 쓰던 의상에 달린 부장품이다. 좌우에 털을 붙이고 위는 튀였으며 뒤쪽은 '아얌드림'이란 넓고 긴 비단을 늘어뜨렸다. 말 그대로 이마를 가려 추위를 막는 장신구지만 겸하여 남녀가 내외하던 시절 여인들이 얼굴을 가리는 기능도 있었다.

'아얌'이란 의상 용어가 여성이 교태를 부린다는 의미로 전이된 것은 그 독특한 외양에 의해서다. 걸음을 옮길 때마다 현란한 모양의 아얌이 떨게 되고 그 때마다 주변 남성들의 시선을 끌기에 충분했다. '아양 떤다'가 남에게 잘 보이려 애교를 떤다는 의미로 쓰이게 된 것은 그런 이유에서다. 액엄은 이마뿐 아니라 귀를 가리기도 하는데 額掩을 耳掩으로 적은 문헌도 있다. 정약용의 「雅言覺非」에 "額掩者 貂鼠之帽也 華音額讀如耳 中國今無入聲 東俗訛傳 遂以爲耳掩"라 기록하고 있음이 참고 된다.

야단법석(惹端 / 野壇法席) : '惹起事端 法會席中'의 준말로 매우 소란스러운 장면을 이름.

불가 용어로서 야외에 베푼 강좌에서 매우 소란하고 떠들썩한 장면을 나타낸다. 회중이 둘러앉아 불경을 읽는 법연(法筵)은 근엄한 분위기다. 그런데 마침 그 자리에 무슨 괴이한 일의 단서(端緒)가 야기(惹起)되어 소란한 형국이 되었다는 뜻이다. 이 말이 일반화되면서 소란스러움만 강조하다 보니 시끄럽다는 부정적인 의미로 쓰이게 되었다.

양재기(洋磁器, 洋瓷器) : 안팎에 파란을 올린 철기와 양은. 그릇 따위의 총칭.

서양식 瓷器로서 '양자기>양재기'의 변화이다. 어두에 붙는 '洋'은 개화기 이후 서양에서 들어온 산물임을 나타낸다. 양잿물, 양력, 양복, 양말, 양배추, 양탄자, 양파, 양동이, 양갈보 등이 그런 용례이다. 양잿물은 '洋＋災＋ㅅ(사잇소리)+물'의 구조이다.

얌전(하다)(廉琠) : 성질이 안온하고 고우며 언행이 단정함을 이름.

'얌전'의 본말인 '염전(廉琠)'은 수치를 알고 안온하게 행동한다는 말이다. '염전>얌전'은 모음 교체, 그러나 얌전은 본뜻과는 달리 부정적 의미로 쓰이는 경우가 있다. '얌전(을) 떨다 / 부리다 / 빼다 / 피우다.'라고 하면 얌전을 가장한 가식적 행동을 나타낼 때 사용된다.

얌체(廉恥) : 체면과 부끄러움을 아는 마음.

'얌체'의 본말 '얌치'는 염치(廉恥)의 모음 교체 형으로 '염치>얌치>얌체'의 변화이다. 이 말도 위의 '염전>얌전'과 마찬가지로 주로 부정적인 의미로 쓰인다. 현용의 얌체는 통상 '염치가 없는 사람'을 뜻하기 때문이다. 통상 모르면서도 아는 체, 못났으면서도 잘난 체, 없으면서도 있는 체하는 짓, 또한 그러한 사람을 얕잡아 이르는 말이다. 또는 자신의 이익을 위해서는 사소한 것에도 '염치(가) 없이' 하는 행동이나 그런 사람도 해당된다.

억수(惡水) : '매우 많이, 아주 크게'라는 뜻의, 대단한 규모임을 나타내는 부사어.

'억시기, 억수로, 억세게'라는 말은 경상도 방언에서 대단하다는 뜻을 나타낸다. '억수'는 한자어 악수(惡水)에서 나온 말로 '물을 동이로 퍼붓듯이 세차게 내리는 비'를 지칭한다. '악수>억수' 역시 모음 교체형이다.

여리꾼(列立-, 閱入-) : 상점 앞에서 손님들을 끌어 들이는 호객꾼.

조선조 육주비전(六注比廛)의 상행위에서 기원한 말로 廛(상점) 앞에 늘어섰다가[列立] 지나가는 손님을 불러들이는, 곧 '여립켜는' 이들을 지칭한다. 이들은 자신의 가게를 갖기 전에 남의 가게 앞에서 손님을 끌어들여 흥정을 붙여 주고 주인으로부터 얼마의 수수료를 받았다. 지금으로 말하면 '샌드위치 맨'이나 '삐끼' 또는 '도우미'가 해당될 것이다.

영락없다(零落-) : 조금도 틀림없이 들어맞는 경우를 이름.

어떤 수로 나눌 때 '0[零]'으로 딱 떨어진다는 한자어에서 나온 말이다. 그러나 '-없다'란 서술어가 붙지 않을 때는 조락(凋落)과 동의어로서 살림이나 세력이 보잘 것 없이 구차해져 가는 상황이다.

잔치(盞置) : 많은 사람이 모여 먹고 마시고 흥청대는 모임.

盞置는 한자말 그대로 술잔을 갖추어 둔다는 뜻이니 좋은 일이 있을 때 음식을 차려 놓고 손님을 청하여 대접하는 일이다.

재미(滋味) : 아기자기하게 즐거운 기분이나 흥취.

본래 자양분이 많은 음식을 지칭하는 滋味에서 나온 말이다. '자미>재미'의 변화는 'ㅣ'모음 역행 동화로 설명된다. 맛있는 먹거리를 지칭하는 말이 즐거움을 뜻하는 추상어로 의미 영역이 확대되었다.

점심(點心) : 아침밥과 저녁밥 중간인 대낮에 간단히 먹는 끼니.

중세어 표기는 '뎜심', 구개음화하여 '뎜심>졈심>점심'으로 변화한다. 불가에서 나온 말로 선종(禪宗)에서 아침과 저녁의 정식(定食) 사이 공복에 마치 '마음에 점을 찍듯이' 가볍게 먹는 간식이라는 뜻에서 붙여진 이름이다. 옛날 아침(밥)과 저녁(밥) '두 끼의 식사'에서 그 사이 '참'으로 끼어 든 것이 세 끼의 식사 전통으로 굳어졌다고도 한다. 불가에서 쓰던 점심이 일반화 되면서 지금은 '낮에 먹는 식사'를 지칭하는 말로 정착되었다.

젬병(煎餅) : 찹쌀이나 밀가루 따위를 반죽하여 번철에다 지진 떡.

'부꾸미'라고도 불리는 '젬병'은 한자어 전병(煎餅)에서 유래한다. 떡의 모양이 납작하고 볼품이 없어 보통 '젬병이다'라 하면 '형편없음'을 나타낸다.

짐승(衆生) : 몸에 털이 난, 네 발을 가진 동물로 날짐승과 길짐승을 통칭함.

衆生에서 유래한 이 말은 어형과 의미 양면에서 많은 변화를 거쳤다. 중세어 표기 '즁싱'은 원래 불가에서 교단을 이루는 사부대중(四部大衆)이나 법회에 모인 선남선녀를 지칭하는 용어였다. 이 말이 일반화되면서 인간은 물론 날짐승과 길짐승을 포함한, 지상의 모든 생명체를 포괄하게 된다.

중세 이후 '즁싱'이 '즘싱>즘싱>즘승>짐승'의 변화를 거치면서 다시 인간을 제외한 동물[獸]의 지칭어로 그 의미가 축소된다. 따라서 衆生(즁싱)의 변화는 두 갈래로 나누어 볼 수 있다. 하나는 불교 본래의 의미를 유지한 채 중생으로 걸어온 길과, 다른 하나는 전자의 의미를 잃고 지금처럼 짐승의 의미로 걸어온 길이다.

철부지(節-不知) : 사리를 분별할 줄 모르는 어리석은 사람.

'철'은 한자어 節에서 유래한 말로 봄, 여름, 가을, 겨울의 네 절기(節氣)를 이른다. 시기나 때를 나타내는 철은 다시 사리를 분별하는 능력을 뜻하는 말로 전이된다. '철을 모르고, 철 없이 구는 사람'은 결국 사리 판단이 어둡고 분별력이 없는 사람이라는 것이다.

허풍선이(虛風扇-) : 실속 없이 과장만 일삼는 사람을 낮잡아 이르는 말.

'풍선(風扇)'은 숯불을 피울 때 쓰는 손풀무의 한 가지, 여기에 '빌허(虛)' 자가 접두하여 실속 없이 헛바람만 내는 사람을 조롱조로 일컫는다. '허풍(을) 떨다, 허풍(을) 치다', 또는 이를 줄여 '풍떨다, 풍치다'로 표현하기도 한다.

흐지부지(諱之秘之) : 일을 확실히 끝맺지 못하고 흐리멍덩한 상태를 이름.

무언가를 꺼리고 남 모르게 감춘다는 한자어 '휘지비지(諱之秘之)'에서 온 말이다. 이후 어형과 의미 양면에서 변화를 보여 지금처럼 용두사미(龍頭蛇尾)와 같은 뜻의 '흐지부지'가 되었다.

3) 고유어와 한자어의 혼용어

가타부타 : '可+하다〔爲〕+否+하다〔爲〕'

옳다거나 그르다거나 하는 의사 표시. 그러나 "가타부타 말이 없다."면 좋다거나 싫다거나 하는 어떤 의사 표기도 없다는 뜻이다. 한자어가 主가 되고 고유어가 從이 된 혼용어로서 두 말의 절묘한 조화를 보여 준다.

개나발 : '개〔犬, 假〕+喇叭 / 囉叭'

사리에 맞지 않는 엉터리 없는 허튼 소리, 결코 고상한 말은 못된다. 이를테면 "개나발(을) 분다."라고 하면 거짓을 일삼거나 상대의 태도가 마음에 들지 않을 때 사용된다. 나발, 나팔은 관악기를 지칭하는 한자말이지만 이럴 경우 악기 소리보다는 시끄러운 소리나 상대의 말을 비하하는 욕설로 사용된다.

앞서도 말했지만 '개-'라는 접두어는 우리말을 비속어로 만드는 주범이다. '가-'는 본래 한자어 '假-'에서 유래한다. '가식, 가장(假裝), 가게, 가편집'에서 보듯 거짓이나 영구적이 아닌 임시적임을 나타낸다. 나아가 '가-'는 '개-'로 변이되어 '개나리, 개살구'에서처럼 저절로 자란 야생(野生)임을 뜻하기도 한다. 그러나 문제는 '개 같은……'이란 의미로 개자식, 개판에서와 같이 실지 개〔犬〕를 지칭한다는 데 있다. 설사 직접 개를 지칭하지 않는다 해도 개의 이미지를 염두에 두어 '마구 되어서 변변치 못함.'을 나타낸다. 다음 항의 '개차반'도 같은 부류에 속한다.

개차반 : '개〔犬〕+饌盤, 饌飯(?)'

'개망나니'와 마찬가지로 마음보나 행세가 몹시 더러운 사람을 비하하는 욕설이다. 후행어 '차반'은 신부가 근친 때 예물로 가져가는, 잘 차린 음식이다. 차반은 한자어 饌盤, 혹은 饌飯의 변음으로 첫 음절 'ㄴ' 말음의 탈락으로 '찬반>차반'이 되었다. 개차반 즉 개에게 제공되는 차반이라면 무엇일까? 그것은 바로 개가 가장 좋아하는 인분(人糞), 곧 사람의 똥이다. 다시 말하면 이 말은 '똥 같은 놈'이란 욕 바로 그것이다.

골백 번 : '골〔萬〕+百番'

'여러 번'을 강조해서 이르는 말. 선행어 '골-'은 萬을 뜻하는 고유어로서 골백 번이라면 백 번을 다시 만 번이나 되풀이한다는, 곧 헤아릴 수 없이 많다는 표현이다.

길라잡이 : '길〔道, 途〕+羅將 / 앞잡이'

앞에서 길을 인도하는 안내자. 본말은 '길라장이'로서 '길잡이'는 그 변형이다. '길라장'은 과거 관아에 소속된 관원으로서 수령이 관내를 순시하거나 나들이할 때 앞장서던 사람이다. 현대어 '길라잡이'는 본말인 '길라장'과 '길앞잡이'가 서로 혼합되어 형성된 말로 보인다. 길앞잡이는 '길〔道〕+앞〔前〕+잡〔執〕+이(접미어)'의 구조로서 요즘 말로 하면 안내자, 또는 여행에서의 '가이드'가 될 것이다.

꼭둑(두)각시 : '郭禿+각시〔女, 妻〕'

꼭두각시극에 나오는 갖가지 탈을 씌운 인형. 현대어에서는 자율적이 아닌 남의 조종에 의해 움직이는 사람이나 괴뢰(傀儡) 정부 따위를 지칭하는 말로 쓰인다. 한자말 郭禿은 몽골어에서 허수아비, 허깨비를 뜻하는 '곡도〔幻〕'에서 기원한다. 즉 '곡둑(독)>꼭둑>꼭두'의 변화, 후행어 각시는 '가시〔女, 妻〕'에서 나온 고유어(1.1.1 참조)로서 새색시 모양을 본떠 예쁘장하게 만든 인형이다. 인형극이라면 오로지 연출자의 조종에 의해서 이루어지므로 이 말은 남의 사주에 의해서 움직이는 사람이나 단체를 지칭하게 된 것이다.

녹초 : '녹〔溶〕+燭'

아주 맥이 풀려서 힘을 못 쓰고 축 늘어진 상태를 '녹은 초'에 빗댄 표현. 혹은 물건이 오래 되고 낡아 아주 결단이 난 상태를 비유하기도 한다.

달력 : '달〔月〕+曆'

일 년 중의 시령(時令), 또는 그 일정을 날짜에 따라 적어 놓은 캘린더. 해의 운행을 기준으로 하는 서양의 태양력(太陽曆)에 대해 달을 기준으로 하는 동양의 태음력(太陰曆)이다. 달의 운행을 한 달치씩을 엮은 것이 달력이고, 일 년 열두 달을 한 책으로 엮은 것이 책력(冊曆)이다. 현용의 달력(캘린더)은 태양을 기준으로 한 것이기에 정확히 말하면 일력(日曆), 또는 양력(陽曆)이라 해야 맞는다.

독수리 : '禿+수리〔鷲〕'

매, 수리와 함께 맹금류에 속하는 새의 한 종류. 다만 독수리는 뒷머리가 벗겨져 살이 비치고 목도리를 두른 것 같은 솜털이 나 있다는 점이 다르다. 이런 외형상의 특징에 의해 머리가 벗겨진 수리라는 뜻으로, '대머리 독(禿)' 자를 접두하여 독수리가 되었다. 대머리에서의 '대-(不毛의 의미)'라는 접두어도 한자 禿의 독음과 관련될 듯하다. 지명에서도 무인도 가운데 '대섬 / 댓섬'이란 곳이 여럿 있는데, 이들은 대부분 나무나 숲이 없어서 붙여진 땅이름임을 알 수 있다.

'수리'는 방위상 위〔上〕나 높은 곳〔高〕, 또는 꼭대기〔頂〕를 지칭하는 고유어다. 수리가 새 이름으로 쓰인 데는 이 새가 유독 높이 날기 때문이다. 독수리의 수리뿐 아니라 '소리개>솔개'의 '소리'도 동어원이다. 뿐만 아니라 '새〔鳥〕'란 말의 기원도 이 '수리 / 소리'에서 찾을 수 있을 듯하다.

동냥아치 : '動鈴+아치 / 어치(접미어)'

거지처럼 구걸하는 사람을 이르는 말. 기원적으로 중이 시주를 받고자 이집 저집으로 돌아다니는 일에서 유래하여 돈이나 물건을 구걸하는 사람을 '동냥아치, 동냥바치, 동냥꾼'이라 칭하게 되었다. 동냥을 한자어 洞糧으로 보기도 하나 불가의 동령(動鈴)에서 찾는 편이 옳을 듯하다. 動鈴은 '방울을 흔든다.'는 요령(搖鈴)과 같은 한자말이다. 절에서 법요(法要)를 행할 때, 또는 중이 시주를 나가 마을을 돌아다닐 때도 흔들었던 작은 종이다. 동령을 또는 금강령(金剛鈴)이라 부르기도 한다. 이는 인간의 번뇌를 깨뜨리고 불심을 더욱 강화하기 위해 흔드는 법구(法具)의 하나로 부처의 수호신인 금강법사가 쥐고 있는, 장대 끝에 매달린 요령이다.

불가에서 수행을 위한 방편으로 시작된 걸식 행위가 이처럼 생계 수단으로 전락하면서 요령을 흔들며 탁발하는 수행도 차츰 비천한 행위로 인식되었다. 動鈴이란 말도 '동령>동녕>동냥'으로 변질되고, 여기에 비하(卑下)의 뜻이 담긴 '-아치'나 '-꾼'이 연결되면서 구걸하는 거지를 일컫게 되었다.

동동주 : '동동(의태어)+酒'

청주를 떠내거나 걸러 내지 않아 밥알이 담기어 동동 떠 있는 채로의 술. 동동주란 이름도 이처럼 술 위에 밥알이 동동 뜬다고 하여 붙은 이름이다. 혹자는 동동주의 어원을 銅頭酒에서 찾기도 한다. 18세기 문헌『譯語諺解』(上:50)에 '고주목술'을 혹은 '銅頭酒'라 한다고 기록되어 있다. 그러나 중국 문헌에 이런 이름이 보이지 않으므로 동동주의 '동동'을 뜻에 관계 없이 銅頭로 차음 표기한 것이라 생각된다.

밑천 : '밑[底]+錢'

어떤 일을 하는 데 기반이 되는 돈이나 물건, 또는 기술이나 재주 따위. 錢은 '전'으로 읽히는 한자지만 옛 중국음이 '천'이었으므로 이 말은 '밑천 / 밋천>밑천'의 변화이다.

번갈아 : '番+갈[更]+아[어미]'

차례를 바꾸어 갈마드는 일. 番은 지금의 당직, 숙직과 같은 의미로 '번 선다, 번 든다.'라 하여 주로 관청에서 사용되었다. 정한 시간에 맞추어 서로 교대로 번을 서던 데서 유래한다. 현대어 '당번(當番)'이나 부사어 '번번이(番番-)'도 여기서 나온 말이다.

변죽 : '邊+죽'

그릇이나 물건의 가장자리. "변죽을 치면 복판이 운다."란 말은 넌지시 암시만 주어도 곧바로 눈치를 채서 알아듣는다는 뜻이다. 현대어에서는 어떤 의미를 간접적으로 깨닫게 한다는 의미로 "변죽을 울린다."고 표현한다.

볼장 : '보-[視]+ㄹ[어미]+場'

앞으로 처리해야 할 일. '볼일'과 동의어이나 실제로는 이미 끝나버린 일을 탄식할 때 쓰는 말이다. 볼장은 시장에 가서 물건을 사거나 파는 볼일에서 비롯되었으나 '볼장 다 보았다.'고 하면 시장을 다 둘러보고 나서 이제는 더 이상 볼일이 없다는 뜻이다. 마찬가지로 더 이상 기대할 것이 없다는 부정적 의미로 쓰인다.

빈대떡 : '餠猪(?)+떡[餠]'

녹두를 갈아서 부쳐 만든 녹두전병(綠豆煎餠). 일명 '녹두떡, 녹두지짐, 녹두부침개'라고도 한다. 중세 문헌 『朴通事諺解』에 "餠빙 저渚져"란 음식명이 나온다. 지금의 빈대떡과 비슷한 것으로 녹두를 맷돌에 갈아 그 분말을 지져서 먹는 떡이라 했다. 그러나 중국어 '빙져'

와 우리말 '빈대'의 어형상의 차이 때문에 그 어원에 대해서는 지금도 이견이 제기된다. 중국어가 아닌 고유어에서 그 기원을 찾으려는 견해들이다.

빈대를 한자어 貧者의 변형으로 보고 가난한 사람들이 먹는 떡이라는 의미로 풀이하는 이도 있다. 그런가 하면 납작한 코를 '빈대코'라 하고, 납작한 밤을 '빈대밤'이라 하듯 떡의 모양이 납작하고 색깔이 거무티티하여 사람 몸에 기생하는 빈대(床蝨)를 닮은 탓에 그런 이름을 얻었다고도 한다. 또 떡의 원료가 되는 녹두(綠豆)가 콩의 일종으로 콩을 '비대'라 하는 바, 이 비대를 원료로 하여 만든 떡이어서 빈대떡이 되었다는 의견도 제기된다.

사슬 : '鎖+술(絃)'

쇠사슬의 준말. 사슬은 쇠고리를 여러 개 이어서 만든 줄로서 옛날 중죄인을 묶거나 무거운 물건을 끌 때 사용되었다. 사슬은 본디 '쇠줄'에서 기원하여 '사술'을 거친 말이라 생각된다. 鎖의 중국음은 '솨', 중세 문헌 『法華經諺解』에서 "鎖는 솨주리라."이라 하여 '솨줄' 또는 '사줄'로 적었다. 또 '쇠사줄'이라는 표기도 보이는데, 이는 기존의 사줄에 鐵을 뜻하는 '쇠-'를 접두시킨 말이다. 사줄이 본래의 의미를 잃자 사줄이 다름 아닌 '쇠로 된 줄'임을 분명히 하기 위한 것으로 해석된다.

생쥐 : '麝香, 生薑+쥐(鼠)'

새앙쥐의 준말. 몸집이 보통 쥐보다 작은 집 쥐를 가리킨다. '새앙'은 독특한 향을 내는 풀 이름으로, 본 어형은 '생강(生薑)'이나 이후 '싱강>싱앙>시앙>새앙'의 변화를 거쳤다. 쥐의 생김새가 작으면서도 뭉툭한 것이 생강 즉 새앙과 비슷하여 이런 이름을 얻은 것으로 보인다. '새앙쥐>생쥐'란 쥐 이름뿐 아니라 '새앙머리, 새앙뿔, 새앙손이' 등도 그 생긴 모습에서 따온 파생어들이다.

한편, 고시조에 나오는 '샤향쥐'라는 말이 있어 새앙을 한자어 麝香에서 온 것으로 보는 이도 있다. 그러나 사향은 사향노루의 주머니에서 얻어지는 향료로서 생긴 모습에서 따온 생쥐와는 거리가 멀다.

시답(덥)잖다 : '實+답지 아니하다(답+지+아니+하-)'

실속이 없어 별로 믿음성이 없어 보인다는 말. 상대의 언행을 대수롭지 않게 여긴다는 뜻으로, 실답지 아니하다>시답지 않다>시답잖다의 변화이다.

시도때도 : '時+도+때[時]+도'

고유어 '때'와 한자어 '時'의 중복형이다. '시도때도 없이'라면 말 그대로 어떤 일이든 때를 가리지 않고 아무 때나 나서는 경우를 이름이다.

실랑이 : '新來+위'

실랑이질의 준말. 어떤 일에 대하여 옳으니 그르니 하여 남을 귀찮게 구는 행위를 나타낸다. 실랑이에 대한 독특한 견해도 있다. 곧 '新來위'의 변형으로 조선조 과시장(科試場)에서 쓰던 용어라는 설이 그것이다. 과시에서 시험 결과가 나와 시관이 급제자를 호명할 때 '新來위'라 부른 데서 이 말이 생겼다는 것인데 확인하기는 어렵다.

야코 : '洋+코[鼻]'

자존심이나 기세의 별칭으로 쓰이는 속어. 사람의 기(氣)나 풀이 꺾일 때를 "야코 죽다, 야코 죽이다."라 한다. 한때의 유행어로서 야코란 말은 서양인의 코가 낮아졌다는 데서 비롯되었다고도 한다. 사람의 얼굴에서 코는 그의 인품이나 권위를 상징한다. 이 코가 낮아졌다는 건 기개가 꺾여 풀이 죽었음을 나타낸다는 것이다. 한국전쟁 당시이 땅에 와서 으스대던 미군에 대한 반감에서 유래되었다는 설이 유력하다.

약오르다 : '藥+오르-[昇]+다(어미)'

화가 나서 심통을 부릴 때 쓰는 말. 고추나 마늘, 담배와 같은 향신료의 원료가 되는 식물이 성장 과정에서 한창 무르익어서 고유의 매운 성분을 피울 때 '약이 올랐다.'고 한다. 여기에 빗대어 잔뜩 화가 나 있는 사람을 조롱할 때 쓰는 말이다.

오지그릇 : '烏+질〔泥〕+그릇〔器〕'

붉은 진흙으로 만들어 볕에 말리거나 어느 정도 뜨거운 불에 구운 뒤 오짓물을 입히어 다시 완전히 구운 질그릇. 본 어형이 오질그릇이지만 '-질-'의 말음 'ㄹ'이 탈락하여 오지그릇이 되었다. 한자어 烏瓷器의 烏는 '까마귀 오' 자로서 진흙으로 구워 낸 질그릇의 빛깔이 까마귀처럼 검붉은 윤이 난다는 뜻이다. 질그릇은 순수한 우리말이지만 한자 烏만은 한자어이다.

육개장 : '肉+개〔狗〕+醬'

소고기를 넣고 갖은 양념을 다하여 얼큰하게 끓인 탕. 그러나 이 명칭은 실제의 음식과 일치하지 않는다. 개장〔狗醬〕이라면 개고기를 끓인 탕이다. 개장이 탕(湯)임을 강조하기 위하여 '개장국'이라 부르기도 한다. 따라서 육개장이라면 개고기를 끓인 개장국이 되어야 할 것이나 어느 누구도 육개장을 개고기를 끓인 탕이라 생각하지 않는다. 어두의 '肉-'은 단순한 고기가 아닌 일반적 의미로서의 소고기이다. 육개장에서의 개장은 개고기가 아니라 장이나 탕의 의미가 강조되어 단순히 고깃국을 뜻하기에 육개장은 소고기를 넣고 끓인 고깃국이 된다.

육자배기 : '六字+拍+이(접미사)'

남도 지방 민요 중 곡조가 활발한 잡가의 하나. '육자박이>육자배기'는 여섯 박자를 단위로 하는 진양조 장단에서 비롯되었다고 하여 붙여진 이름이다. '배기'의 기본형 '박'은 拍子의 준말이며, 여기에 붙는 '-이'는 접미어로서 박이>배기의 변화이다. 六拍子는 민요뿐 아니라 '나무아미타불'이라는, 여섯 자를 외는 육자염불을 비롯하여 '육자 다라니, 육자진언' 등 六字 불교 용어에서도 많이 사용된다.

을씨년스럽다 : '乙巳年+스럽다(접미어)'

풍경이나 형세가 스산하게 쓸쓸함을 형용하는 말. 을씨년은 을사년 (乙巳年, 1905)이란 간지명(干支名)에서 왔다는 설이 유력하다. 을사년 이라면 대한제국의 주권이 일제에 넘어가는 '을사보호조약'이 체결되 던 해, 이는 경술국치(1910)와 함께 우리 나라로서는 가장 치욕스러운 해이기도 하다. 그런 이유로 날씨가 흐리고 마음마저 심난한 경우를 일러 '을사년 같다'고 한 것이 그대로 굳어져 '을씨년스럽다'가 되었 다.

자린고비 : '절인(절+이+ㄴ)+考妣'

구두쇠, 수전노와 함께 몹시 인색한 사람의 별칭. 자린고비는 '절인 고비(考妣)'의 변형으로 "考妣라고 쓴, 기름에 절인 지방(紙榜)"이란 말 이다. 考妣는 돌아가신 아버지와 어머니를 지칭하는 한자어이다. '절 인고비>저린고비>자린고비'는 옛 고사(故事)에서 유래한다. 일설에 의하면 충주에 사는 한 부자(富者)가 제사 때 마다 지방(紙榜)에 사용 되는 종이가 아까워 그 종이를 기름에 절인 뒤 이를 해마다 붙박이로 썼다고 한다. 자린고비를 때로 '충주 겷은 고비'라 칭하는 것도 그런 유래에서 기인한다.

자반 뒤집기 : '佐飯+뒤집기(뒤+집+기)'

몸이 아플 때 그 고통을 이기지 못하여 엎치락뒤치락하는 모습. 자 반은 한자어 좌반(佐飯)의 변형으로 '자반고등어, 자반갈치'에서와 같 이 소금에 절인 물고기 반찬이다. 자반을 불에 구울 때 고루고루 굽 기 위해 고기를 뒤집어가며 구웠던 데서 이런 말이 생겼다. 생선 구 이에서의 자반 뒤집기뿐 아니라 씨름에서도 이와 비슷한 말이 있다. 씨름에서의 '자반 뒤지기'는 자신의 몸을 뒤로 젖히면서 상대를 넘기는 기술이다.

자치동갑 : '자칫(부사)+同甲'

"자칫하면 동갑이 될 뻔했다."는 데서 위아래로 한 살 차이의 나이. 때로는 '띠동갑, 어깨동갑'이라고도 한다. '어깨동갑'은 나이 차가 적어서 서로 키가 비슷하여 어깨를 나란히 할 만하는 의미다. 동갑(同甲)은 '同+甲子'의 준말로 같은 나이를 나타내며, 이를 또한 갑장(甲長) 또는 동경(同庚)이라고도 한다.

장님 : '杖+님(존칭 접미어)'

앞을 못 보는 소경[盲人]의 높임말. 거동시에 오로지 지팡이[杖]에만 의지함으로 생긴 말이다. 장님과 관련된 어사로 여러 사람이 모여 떠들썩한 곳을 '장님 도가(都家)'라 하고, 일정한 표적 없이 함부로 쏘는 총을 '장님총'이라 한다.

장마 : '長+마(ㅎ)[水]'

여러 날 동안 계속해서 오는 비. 중세어 표기로는 '댱마ㅎ', 이는 '쟝마>장마'의 변화이며 고유어로는 '오란 비'라 하였다. 長은 긴 시간을 뜻하는 접두어이며, '마ㅎ'는 물[水]의 고형 내지는 변이형이다. 따라서 장마는 '큰 물', 또는 '오랫동안 내리는 비'를 지칭한다.

줄행랑 : '줄[列]+行廊'

대문 좌우 양쪽으로 벌려 있는 긴 행랑. 나열되어 있는 행랑이 현대어에서는 도망친다는 의미로 전이되었다. "줄행랑을 놓다, 줄행랑을 치다."라고 하면 미리 낌새를 알아차리고 도망간다는 뜻이다. "삼십육계에 줄행랑이 제일"이라는 옛말도 있다. 그런데 죽 벌려 있는 행랑이 왜 도망친다는 뜻으로 전이되었는지에 대해서는 잘 모른다. 어떤 이는 줄행랑의 '줄행-'이 한자어 走行의 독음이라고도 하나 후속하는 '-랑'의 존재로 인해 이 설도 신빙성이 없다.

지키다 : '直+ㅎ-[爲]+다(어미)'

외부의 침해로부터 보호하거나 감시하여 막는다는 뜻. 중세어 표기는 '딕ᄒ다', 이는 '딕희다>디킈다>직희다>직킈다>지키다'의 변화이다. 直의 한음 '딕>직'의 변화는 구개음화형, 이 한자어는 본래 '당번, 당직'이란 의미도 있다.

진(이) 나다 : '津+나다〔出〕'

싫증이 나거나 실망하여 더 이상 하고픈 마음이 생기지 않음을 나타낸 말. '진(津)'은 초목 껍질에서 분비되는 끈끈한 물질〔樹脂〕, 이 진이 다 빠져 나가면 그 식물은 고사(枯死)하고 만다. 마찬가지로 사람도 진이 나거나, 진이 떨어지면 다시는 맞설 기운이나 의욕이 떨어지게 된다.

척지다 : '隻+짓〔作〕+다(어미)'

양자가 서로 원한을 품고 반목하게 됨을 뜻하는 말. 남과 원수지간이 됨을 나타내는 "척을 짓다."에서 나온 숙어다. 척(隻)은 원래 '한쪽'을 지칭하는 한자말이지만 조선조에 민사(民事)와 관련된 소송에서 사용된 이래 이처럼 좋지 않은 말로 쓰이게 되었다. 곧 소송에서 피고에 해당하는 사람을 隻이라 한 것이 타인을 고소하여 피고로 만드는 행위를 일러 '척진다'라 이르게 되었다.

천더기 : '賤+더기(宅+이(접미어))'

주변 이웃으로부터 늘 천대 받는 사람이나 물건. '천덕구니, 천덕꾸러기, 천덕궁'이라고도 한다. 후행어 '-더기 / 데기'는 사람을 지칭하는 접미어로 '宅+이(접미어)'에서 나온 말이다. 뚜렷한 이름을 갖지 못한 옛 여성들에게는 이름 대신 택호(宅號)가 사용되었다. 천안댁이니 과천댁, 삼봉댁이 그런 예로서 택호는 주로 그 여자의 친정 고을명이나 남편의 이름 뒤에 붙이는 호칭이었다. 좋지 않은 호칭이긴 하지만, 부엌일을 전담하는 여성을 일러 '부엌데기'라 칭함도 같은 유형이다.

치떨리다 : '齒+떨리다(떨+리+다)'

몹시 분하거나 지긋지긋하여 이가 떨린다는 '치(齒)가 떨리다.'에서 유래한 말. '이가 갈린다.'도 마찬가지다. 분하고 억울한 일을 당했을 때 이를 악물다 보니 뿌드득 소리가 나기도 하고, 때로는 덜덜 떨릴 수도 있다. 여기서 '치-'는 이를 뜻하는 齒로서 치솟다, 치뜨다에서 보듯 '위로'란 의미의 접두어와는 구분된다.

칠뜨기 : '七+得+이(접미사)>뜨기'

칠삭둥이와 동의어로서 밴 지 일곱 달 만에 난 아이. 어리석고 모자라는 사람을 조롱하여 이르는 말이다. 칠뜨기는 칠덕이에서 나온 말로 '-뜨기'는 得이>더기의 변형이다. 곧 '덕이>뜨기'는 칠삭둥이의 '-童이'와 마찬가지로 유아를 지칭하는 말이다.

코주부 : '코〔鼻〕+主簿(?)', '주부+코'의 도치형

'코보'와 비슷한 말로 얼굴에서 유난히 코가 큰 사람의 별칭. 여기서 주부(主簿)는 옛 벼슬명이며, 또 한약방을 경영하는 사람을 지칭하기도 한다. 고대 소설에서 자라를 '별주부'라 칭한 것과 같이 여기서의 주부도 우화적으로 쓰인 듯하다. 일설에 의하면 코주부를 전래의 고유어 '주부코'가 도치된 어형으로 보기도 한다.

주부코는 여드름, 정확히 말하여 비사증(鼻齄症)에 걸려 부어 오르고 붉은 점이 생긴 코를 이른다. 주부코를 『訓蒙字會』에서 '쥬복고'라 하였는데, 이는 '쥬복코>쥬부코>주부코'의 변화이다. 쥬복은 여드름을 뜻하며 '고'는 현대어 코의 고형 '고ㅎ'에서 말음 'ㅎ'이 표기상 실현되지 않은 어형이다. 만약 '코주부'가 '주부코'의 도치형이라면 코주부는 큰 코의 소유자가 아니라 여드름이 난 코를 말하는 것이다.

토끼다 : '兎+ㅅ(사잇소리)+기(접미어)+다(어미)'

재빨리 도망친다는 의미의 은어 내지는 속어. 토끼의 중세어 표기는 '톳기' 또는 '톡기'. 이는 한자어 兎에 접미어 '-기'가 연결되어 명

사로 전성되고, 여기에 어미 '-다'가 연결되어 동사로 전성된다. 이런 조어법을 가진 말로 '신〔靴〕+다, 띠〔帶〕+다, 자ㅎ〔尺〕+다>재다'의 예를 들 수 있다.

패거리 : '牌+거리(접미어)'

끼리끼리 어울리는 무리를 비하하여 이르는 말. 牌는 본시 조선조 관가에서 입번(入番)할 때 번(番)을 갈아 서는 한 무리의 조(組)를 칭한다. 牌에 연결되는 '-거리'는 떼거리, 짓거리, 욕지거리, 웃음거리의 예처럼 선행어의 대상이나 소재를 나타내면서 그것을 속되게 일컫는 접미어다.

푼돈: '分+돈〔錢〕'

모갯돈의 상대어로서 잔돈을 비롯하여 낮은 액수의 돈을 이르는 말. 푼돈 즉 分錢은 중국에서의 옛 화폐 단위로서 '푼'은 分의 근대 한음이 반영된 발음이다. 엽전 한 개가 1푼이며, 열 푼이면 1전(錢), 열 전이면 1냥(兩)이 되므로 한 푼이면 가장 낮은 단위의 돈이다. "돈푼깨나 있다고……."라는 말은 부자를 조롱할 때 쓰는 말로서 분(푼)전의 도치형이다.

한참 : '혼〔一〕+站'

일을 하는 동안이나 쉬는 동안의 한 차례, 또는 상당한 시간의 경과를 일컫는 말. '혼참>한참'은 과거 한 역참(驛站)에서 다음 역참까지의 거리를 이른다. 옛 사람들은 한 역참에서 다음 역참까지의 거리를 무척 길게 느꼈던 모양으로 훗날 이 말은 긴 시간을 뜻하게 되었다.

한층 : '혼〔一〕+層'

일정한 수준에서 가일층(加一層), 한결, 더욱의 의미. 본래 한 계단의 지칭어가 그 의미를 확대하여 '더 높이, 더 많이'라는 뜻을 가진 부사로 전성되었다. 한참, 한층과 비슷한 유형으로 '한창'(한〔大〕+昌(?))

이나 '한탕'이란 말이 있는데, 이들은 구체적으로 어떤 한자에서 유래되었는지는 잘 모른다.

학(을) 떼다 : '瘧+떼다[떨+이+다]'

몹시 어렵거나 거북한 일로 진땀을 빼다, 또는 어떤 일로 곤욕을 치루었다는 뜻. 학(瘧)은 학질(瘧疾)의 준말로 무서운 전염병인 말라리아를 지칭하는 한자말이다. '학질을 떼이다, 학 떼다'는 그런 무서운 병을 벗어나 안도의 한심을 내쉬면서 내뱉는 말이다.

허수아비 : '虛疎, 虛守(?)+아비[父→夫]'

사람 형상으로서 논밭에 세우는 물건, 또는 어떤 구실을 하지 못하고 자리만 지키고 있는 사람. 허수에 붙는 아비는 본래 父의 뜻이지만 훗날 '장물아비, 기럭아비, 함진아비, 중신아비'에서 보듯 남성을 지칭하는 말로 일반화되었다. 허수아비가 남자 형상을 하고 있기에 아비가 붙은 듯하다.

선행어 '허수-'에 대해서는 이견이 많다. 일견 한자어라 짐작되지만 어떤 한자인지는 확실하지 않다. 거짓으로 지키는 척한다면 虛守가 되겠고, 실지 사람이 아니므로 비어서 허술하다는 뜻으로 보면 虛疎가 맞을 것이다. 중세 문헌 『飜譯小學』에 '허소ᄒᆞ다'는 예가 있고, 또 짜이지 않아 든든하지 못함을 뜻하는 '허수하다'가 있는 점으로 미루어 虛疎가 맞을 듯도 하다.

호주머니 : '胡+주머니[囊]'

저고리, 적삼, 조끼 등에 헝겊 조각을 덧꿰매어 만든 주머니. 본래 우리 옷에는 주머니를 직접 붙이지 않고 따로 주머니를 만들어서 차고 다녔으나 만주족의 옷은 우리와 달랐다. 접두어 '胡-'는 북방 오랑캐를 뜻하는 말로 '호떡, 호빵, 호밀, 호고추'와 같이 북방에서 전래되었음을 나타낸다. 주머니는 '주/쥐-[握]+ㅁ(명사형 어미)+어니(접미어)'의 구조이다.

회가 동하다 : '蛔+가(조사)+動+ᄒ-[爲]+다(어미)'

맛있는 음식을 대하면서 구미가 당긴다는 의미. '회'는 회충(蛔蟲)의 준말, 사람 몸 속에 기생하는 회가 맛있는 음식을 대하자 먼저 알고 움직인다는 의미다. 불현듯 어떤 일이 생각나거나 새로운 의욕이 생길 때 쓰는 말이다.

혼나다 : '魂+나-[出]+다(어미)'

정신이 빠져 나갈 정도로 호된 시련을 받는다는 뜻. 혼나(내)다 이 외에도 '혼(이) 뜨다, 혼(을) 떼다, 또는 혼쭐이 나다, 혼구멍을 내다' 란 말도 쓰인다.

12. 우리말 속의 외래어

1) 국어사적으로 본 차용어

계통이 다른 언어가 유입되어 자국어와 동화되어 사용되는 외국어를 일러 외래어 또는 차용어라 한다. 두 용어 사이에 차이가 있다면 그 말의 필요성이나 자국어 간의 동화성 정도에 따라 구분될 수 있다. 자국민이 원하든 원치 않던 외국어로서 특정 언어권 속에 들어와 자연스럽게 사용되면 외래어가 된다. 외래어 중에서도 예컨대 '잉크, 펜, 라디오'와 같이 자국어에서는 존재하지 않던 말이라 어쩔 수 없이 이를 빌려 쓴다면 차용어가 된다. 차용어는 차용 이후에 그것에 적합한 자국어가 생기면 스스로 도태되기도 한다. 그러나 외래어는 고유어와 공존하기도 하고 어떤 것은 대중성을 획득하여 기존의 고유어를 몰아 내고 그대로 안방을 차지하기도 한다.

외래어와 차용어의 이 같은 관계에 비해 외국어는 그 개념이 다르다. 여러 요인으로 한 언어가 타 언어로 유입되면 초기에는 보편적으로 차용 형식을 취하게 된다. 그러나 장기간 사용으로 고유어와의 자연스런 동화에 의해 그 말에 익숙해지면 자연 외국어라는 인식조차 흐려지게 된다. 한 언어가 다른 언어에 들어 와 기존 언어의 특성과 근본적인 충돌을 일으키지 않고 인용이나 혼용이 아닌 고유어의 문장 속에 무난히 사용될 때를 일러 외래어라 한다. 다만 특수층만의 전유물로서 대중성을 획득하지 못한 채 일반인들은 여전히 생소하게 느낀다면 그 말은 여전히 외국어로 남게 된다.

언어의 교류에서 차용어(외래어)가 생기는 요인은 대개 종족의 혼합과 교류, 문화의 교류 및 교역 관계에서 이루어진다. 종족 간의 혼합은 정복과 피정복의 관계로 맺어지기도 하고, 평화적인 이주에 의해서 자연스럽게 섞어지기도 한다. 문화 교류는 문화 수준이 높은 데서 낮은 데로 흐르기 마련으로 낮은 문화 소유자는 높은 문화 소유자의 언어로부터 그 자료를 차용하지 않을 수 없다. 우리의 경우, 지정학적으로 중국의 영향 아래 있으면서 일찍부터 한자, 한문 및 중국어를 받아들여 한자문화권의 일원이 되었다. 이런 배경 하에 우리말 어휘에서 차지하는 한자어, 중국어의 비중이 지대한 만큼 이를 외래어가 아닌 귀화어로 보고 앞 장(章)에서 별도로 다룬 바 있다.

한자어를 외래어 범주에서 제외시킨다면 오늘날 국어에서 사용되는 외래어는 알타이 제어와 일본어를 비롯한 인근 지역 외래어와 영미어를 중심으로 한 서구계 외래어로 크게 나눌 수 있다. 국어사적으로 볼 때 우리말 어휘에 영향을 미친 인근 지역어로 몇 언어권을 손꼽을 수 있다. 불교와 함께 들어온 인도어를 비롯하여, 민족 이동과 지리적 관계로 인한 몽골어, 만주어, 여진어 및 일본어 등의 알타이 제어가 그것이다. 梵語(Sanskrit), 팔리語(Pāli) 등의 인도어는 불교의 전래와 함께 중국을 통해 들어와 고대국어에 적지 않은 영향을 끼쳤다. 아미타(阿密陀, Amita), 석가(釋迦, Säkya), 보살(菩薩, bodhisatva), 가사(袈裟, käsäya), 삼매(三昧, samädhi), 사바(娑婆, säbha), 나락(奈落, naraka), 달마(達磨, Dharma) 등의 불전어가 그런 예이다.

중세 국어에서는 종족 및 정치적, 지리적 여건으로 몽골어, 만주어, 여진어 등의 북방 민족어의 영향을 받지 않을 수 없었다. 곧 오랑캐 말의 침투를 받게 된 것인데, '오랑캐(兀良哈, 兀狄哈이라 표기)'란 고려 말, 조선 초기에 걸쳐 두만강 일대에 거주하던 여진족을 지칭한다. 일설에 의하면 '오랑캐'란 말은 몽골인의 발원지인 몽골 남부 지방의 지명이라고도 한다. 어떻든 오랑캐라면 북방의 미개한 종족이란 의미로 인식되어 고래로 우리 민족이 그들을 멸시하여 이르던 말이다.

고려 때는 元나라와의 접촉에 의하여 많은 몽골어가 유입되었다. 대개는 유목민족의 특징을 보이는 것으로 관직, 군사에 관한 어휘가 주류를 이룬다. 분야별 용례를 보면 bičiyeči(必者赤, 書記)와 같은 관직명을 비롯하여, qaramorin(가라몰, 黑馬), qala morin(고라몰, 土黃馬)과 같은 말[馬] 이름에 관한 것, boro<bora(보라매, 秋鷹), šongqor(송골, 籠谷埋)과 같은 매[鷹] 이름에 관한 것, barudal(바오달, 營)과 같은 군사 용어에 관한 것, 타락taray(타락, 酡酪)이나 šülen(수라, 水剌)와 같은 음식 이름에 관한 것 등이 문헌상의 기록으로 전한다.

몽골어 차용어는 위의 예에서 보듯 수렵과 유목 생활을 해 온 그들 민족의 특성이 잘 드러난다. 이 중 '수라'는 '술런>슈라>수라'의 변화로서 중세 몽골어에서 탕(湯)을 뜻하던 말이었다. 그런데 이 말이 고려에 유입되면서 탕보다는 '임금이 드시는 식사'란 의미로 변질된다. 이 같은 의미의 전이는 차용된 그 말이 궁중이라는 특수한 환경에서 쓰였기 때문으로 추정된다.

몽골어 말고도 함경도 지방에 살았던 여진어, 혹은 만주어의 흔적도 있다. 투먼(豆滿, tumen(萬))이나 미르(龍, muduri), 사돈(査頓, sadun (婚家)) 등이 그런 예이다. **투먼**이란 말은 만주어에서 만(萬)을 나타내는 수사로서 'Tumen ula'가 바로 우리말 두만강이며 지금도 토문강(土門 江)이란 지명이 남아 있다. **사돈**이란 말은 혼인한 두 집안의 부모들 끼리, 또는 같은 항렬인 친척 사이의 호칭어이다. 사돈을 한자로 査頓 이라 적는 것은 단순한 차음 표기(취음)일 뿐, 이를 두고 고려 예종 때 의 두 장수 사이의 고사, 곧 "우리도 査頓(나무 등걸에서 고개 숙이기)을 해 볼까?"라는 대화에서 유래되었다는 설은 단순히 지어낸 이야기에 불과하다.

국어사적으로 볼 때 북방계 제어는 중세 후기부터, 특히 근대 국가 에 들어와서는 우리말에 거의 영향을 주지 못한다. 그들 민족이나 민 족어가 이미 쇠멸의 단계에 들어섰기 때문이다. 이 중에서 만주어, 여 진어는 그 자체로 한어(漢語)에 흡수되어 지금은 그 흔적조차 찾아보 기 어렵게 되었다. 언어의 생명은 그 민족과 국가의 생명과 같이한다. 그런 연유로 이들 북방계 언어는 향후 더 이상 우리말에 영향을 주지 못할 것으로 보인다. 이에 반해 세계는 더욱 넓어지고 우리의 눈길은 그들에게서 떠나 우리보다 문화적으로 한 발 앞선 서구제어로 지향하 고 있기에 더욱 그러하다.

2) 서구계어의 차용 양상

근대 이후 지구상의 많은 나라에서 인구어족(印歐語族, Indo-European family)에 속하는 서구계 제어를 앞다투어 차용하는 중이다. 이 같은 현상은 영어를 공용으로 하는 미국이나 영국의 국력이나 문화의 우월 성을 인정하기 때문일 것이다. 우리 나라도 예외는 아니어서 개화기 이후부터 유입되기 시작한 서구계 외래어는 고유어의 존립마저 위협

할 정도로 우리말 어휘 속으로 파고들었다. 최근에는 세계화, 국제화 란 미명 하에 이런 추세는 향후 더욱 가속화될 전망이다.

서구계어는 라틴 어나 그리스 어, 헬라 어 등에 그 뿌리를 두고 있 다. 그러나 근대 이후 영어의 위세가 날로 상승하여 세계 공용어로 등장함에 따라 우리도 영어를 통해 서구계 어를 받아들이게 되었다. 다시 말하면 영어에 차용된 타 서구계어가 다시 우리말에 차용, 유입 되는 것이다. 몇 예를 들어 보기로 한다. 가스(gas), 글라스(glass), 커피 (koffie), 콤파스(kompas) 등은 본래 네덜란드 어지만 이들은 영어의 힘 을 빌려 전파되었다. 그런가 하면 피아노(piano), 소프라노(soprano), 알 토(alto), 솔로(solo), 테너(tenor)와 같은 음악 관련 용어는 이탈리아 어 가, 아틀리에(atelier), 레알리슴(réalism), 콩트(conte), 아그레망 (agrément), 누가(nougat) 등 미술을 포함한 예술 분야의 용어는 프랑 스 어가, 테마(thema), 세미나(seminar), 노이로제(Neurose), 자일(seil), 피켈(pickel), 륙색(rucsack), 코펠(koeher) 등의 철학, 의학 분야의 용어 는 독일어가 영어의 위세를 빌어 전 세계에 전파된 것이다.

우리말에 쓰이는 서구계어의 또 다른 특징으로 간접 차용이란 점이 다. 원적지로부터의 직접 전래가 아닌 이웃인 일본이나 중국을 통해 간접적으로 유입된 것이다. 일본은 우리보다 서구화가 한 발 빨리 진 행되었고 거기다 개화기 이후 40여 년간에 걸친 식민통치의 영향 때 문이다. 말하자면 우리의 외래어 차용은 일본어를 통한 이중 차용인 셈이다. 사스펜스(suspense), 낫토(nut), 아또리에(atelier) 같은 일본식 발 음이 그런 예이다.

외국어를 외래어로 수용하는 태도도 나라마다 특성을 보인다. 같은 말이라 해도 외래어로서 전 세계어에 통용되고 있는 현실어가 얼마간 의 차이를 보이는 것은 그런 이유에서다. 우리와 이웃한 중국이나 일본의 경우를 보기로 한다. 주체성이 강한 중국어에서는 외국어 수용에 매우 인색한 반면 일본은 지나칠 정도로 개방적이다. 혹자는 말하기를 일본어를 잘 하려면 세계 만국어를 다 알아야 한다고 할 정도로 일본어의 개방성은 정평이 나 있을 정도이다.

중국에서의 언어의 주체성은 외국어조차 한어화하는 형태로 드러난다. 자국어에 없어 어쩔 수 없이 차용은 하되 대신 원어의 어형 변질은 고려하지 않은 채 한어식으로 표의(表意) 문자화하는 것이다. 예컨대 미국의 음료수 '코카콜라'를 그들은 '可口可樂'이라 적는다. 어형(음)이 비슷하면서도 '가히 입으로 마시기 좋고 마셔서 입이 즐거운 것'이라는 의미까지 따라붙는다. 또는 TV를 電視, 커피를 珈琲, 샴프를 香波, 램프를 洋燈, 스키를 滑雪, 콘크리트를 混凝土, 싼타클로스를 聖誕老人, 에이즈를 愛死, 또는 愛慈病이라 표기함이 그런 예에 속한다.

중국에서의 이 같은 외래어 표기법은 일반 어휘는 물론 고유명사까지도 미친다. 국명의 경우도 예외는 아니다. 현재 우리가 사용하는 외국 국명도 대부분 중국이나 일본에서 쓰는 호칭을 그대로 답습한다. 우리 식대로의 호칭법을 생각해 볼 겨를도 없이 이들 나라에서 쓰는 방식을 그대로 쓰는 것이다. 그런 탓으로 한 나라의 호칭이 프랑스, 불란서(佛蘭西)와 같이 두 호칭이 공존하기도 한다. 가능하면 원어 그대로 불러주려는 우리의 취향을 감안하여, 그것이 직접 차용이었다면 당연히 프랑스 하나로 불러 주었을 터이다.

미국의 경우도 마찬가지, 응당 '아메리카'로 불려 주었을, 이 나라를 우리는 지금도 미국(美國)이라고 한다. 'America'(The united state of America)를 중국어에서는 美利堅共和國, 약자로 '美國'이라 하기 때문에 우리는 이를 받아들인 것이다. 우리가 亞米利加合衆國, 이를 줄인 말 米國이라 표기하는 일본식을 받아 들였다면 美國이 아닌 米國으로 표기할 것이다. 'England'는 英吉利國, 약자로 英國이라 함은 중국, 일본이 동일하다. 그러나 'Deutschland'의 경우는 중국에서는 德國, 일본에서는 獨逸 또는 獨乙로 표기하는 바 우리는 후자를 따른다.

지명이나 인명의 경우도 혼란스럽기는 매일반이다. 우리는 지금도 北京과 베이징, 東京과 됴쿄, 모택동과 마오쩌뚱, 이등박문과 이토오 히부로미의 두 호칭 사이에서 고민한다. 그 결과 중국 인명에서는 '모택동'과 '후진따오'와 같이 고인과 생존자를 구분해 불러 준다는 규정까지 마련해 놓았다. 말하자면 관용도 존중하면서 국제적인 관례도 무시할 수 없다는 데서 나온 고육책인 것이다. 이제 우리는 취향과 실정에 맞는 우리 나름의 원칙이 필요하다. 관용과 국제적 관례 중 하나를 선택해야 할 시점에 섰다고 본다. 외래어 수용에 있어서도 주체성의 확립이 필요한 것이다.

3) 이중 외래어의 실례

우리말 외래어의 주된 특징은 앞서 지적한 대로 원적지로부터의 직접 차용이 아닌 제3지역을 경유한 이중 차용어가 주종을 이룬다는 사실이다. 이처럼 다양한 경로로 전래되고, 또 시간이 경과하다 보면 본래의 어형은 물론 의미까지도 변질되기 마련이다. 이른 시기부터 유입되어 고유어처럼 인식되는 '빵, 담배, 고무'란 말의 전래 경로와 그 어형 변화를 한 예로서 추적해 본다.

서양인에 있어서의 빵은 우리의 밥과 마찬가지로 그야말로 '일용할 양식'이다. 빵을 영어로는 bread, 독일어로 Brot, 프랑스 어로 pain, 스페인 어로 pan, 포르투갈 어로 pão라 부른다. 이들은 라틴 어 'panis'에 기원하는 것으로 알려져 있으며, 아울러 그리스 신화에 나오는 牧羊神 'pan'과도 관련된다. 목양신 pan은 산양과 비슷하여 머리에 양

뿔이 나 있으나 상반신은 인간 모습을 하고 있다고 한다. 아울러 pan 이란 말의 본뜻은 방목자(放牧者)를 지칭하는 것으로 알려져 있다.

지금의 우리말 '빵'은 그 어형이 일제 때 형성되었다고 한다. 일본에서는 16세기경 포르투갈 인을 통해 'pão'란 말을 받아들여 '팡우> 빵우>빵'으로의 변화를 거친다. 포르투갈 인들은 교역과 선교를 목적으로 일본에 와서 많은 서구 문물을 전파하였다. 빵이란 말 이외에도 작은 술잔을 지칭하는 '곳푸(コッブ)'나, 카드를 지칭하는 '가루다(カルタ)' 등의 서구어가 그 흔적이다. 이들은 각각 copo(네덜란드 어 kop), carta(영어로는 cup, card)가 일본식 발음으로 변질된 예이다.

'담배'란 말은 유래나 그 전래 과정이 매우 흥미롭다. 담배를 영어로 tobacco라 하고 일본식 발음으로는 '다바코'라 하는데, 이 말의 기원에 대해서도 여러 설이 있다. 서인도 제도의 '트리니다드(Trinidad)' 섬 북동부에 위치한 섬 '타바고(Tabago)'라는 설이 있고, 또 '산토 도밍고'의 토인이 흡연에 사용하는 담뱃대인 '토바코'에서 유래한다는 설과, 멕시코 원주민들의 토착어에서 왔다는 설도 있다. 어떻든 이 말은 컬럼버스가 1492년 미주 서인도 제도에서 토인들이 피우는 것을 보고 이를 유럽 전역에 전파시킨 것으로 알려져 있다.

유럽에 전래된 원산지명 '타바코 / 토바코'는 여러 언어에 차용되어 아라비아 어의 tabbaq / tubbaq, 에스파니아 어 tabacco / tabaco(약초), 포르투갈 어 tabaco를 거쳐 영어의 tobacco에 이른다. 우리 나라에서는 『仁祖實錄』에 1616~7년(광해군 7~8년)에 들어온 것으로 기록되어 있다. 그 호칭에 대해서는 이수광의 『芝峰類說』에 '담바고(淡婆姑)'라 하였고, 기타 문헌에서는 '담박괴(淡泊塊), 담파괴(痰破塊), 담비, 東草, 南蠻草, 返魂草' 등으로 적혀 있다. 어떤 이는 담배에서 달콤한 향내가 난다 하여 '단 방구'에서 왔다고도 한다. 그러나 이 말은 일본식 발음의 '담바구'가 한 음절이 줄어들면서 '담비'가 되어 지금의 '담배'

로 굳어지게 되었다.

고무는 라틴 어 'gom'에서 기원하여 영어 gum, 프랑스 어 gomme, 네덜란드 어 gom으로 정착되었다. 고무 제품이 우리 나라에 들어오고 그 이름이 불리게 된 것은 1919년 서울에 '대륙고무공업사'란 공장이 가동되면서부터라 한다. 이로부터 고무를 원료로 하는 각종 제품이 생산되고 그 명칭도 함께 쓰이게 되었다. 지우개를 지칭하는 '고무'나 신발로 신는 '고무신', 그리고 씹는 '껌' 등이 모두 여기서 파생된 말이다. 고무로 만든 구두형의 신발, 고무신은 정확하게 말하여 1921년 초에 들어 왔는데, 재미있는 것은 이 고무신을 최초로 신어 본 이는 다름 아닌 순종이었다고 한다.

4) 일본어 및 일본식 서구어

개화기 이후 40여 년간의 일본 식민통치는 이 땅에 많은 일본어의 흔적을 남겨 놓았다. 광복 직후 '우리말 도로찾기'라 하여 일본어의 잔재를 없애자고 하는, 우리말 순화운동이 전개된 적이 있었다. '벤또'가 '도시락'으로 바뀐 것은 바로 이 운동의 성과 중의 하나이다. 이처럼 성공한 예도 없지 않으나 여러 분야에 파고든 일본어의 뿌리는 예상 외로 깊었다. 아직도 많은 일본어의 흔적이 우리말 곳곳에 그 그림자를 드리우고 있다. 일제 강점기 시절 한때 유행했거나 지금도 우리말 속에서 사용되고 있는 일본어, 또는 타 외국어로서 일본식 발음으로 쓰이거나 우리식 발음으로 변질된 예를 일부나마 찾아보도록 한다.

가다 : '肩(kata)'

건장한 체구를 내세워 폭력을 일삼는 불량배를 속되게 일컫는 말. 우리말 '어깨'도 이에 영향 받은 듯하다. 어깨에 힘을 주어 위협적인 자세를 보이는 이를 가리켜 "가다를 잰다."고 한다. 일본어 '가다〔肩〕'는 어깨를 뜻하는 말로, 금속 공예에서 반지의 고리와 보조 보석의 자리를 잇는 부분을 지칭한다. 또한 여기서 파생된 '가다-가끼〔肩書〕'는 직함을, '가다-가께〔肩掛〕'는 어깨두르개(영어로 shawl)의 의미로 쓰인다.

가마니 : '叺(kamasu)의 변음

농가에서 곡식이나 소금 따위를 담아 보관하는, 짚으로 만든 용기. 가마니는 일본어 '가마수'의 변음이다. 기록에 의하면 1900년대 초 일본으로부터 가마니틀을 비롯한 그네, 풍구, 낫, 괭이 등이 이 땅에 들어왔다고 한다. 가마니는 이전에 사용하던 '섬'에 비해 어떤 곡물이든 수용이 가능하고, 또 운반하기도 편리한 장점이 있어 크게 환영 받았다. 그러나 가마니 역시 한 시대일 뿐, 지금은 비닐로 만든 포대에 그 역할을 넘겨 주게 되었다.

돈까스 : '豚(ton)+cutlet(얇게 저밈)>ton-katu(retu)'

얇게 저민 고기를 뜻하는 영어 cutlet에 한자 豚을 접두한 음식 이름. 대표적인 일본식 조어법으로 서구식 본 이름은 'pork cutlet'라 한다. 우리식 이름을 붙인다면 '돼지고기(너비) 튀김'이나 '돼지너비 튀김밥'이라 부를 만하다. '비후까스'는 'beef〔肉〕+cutlet'로서 이 역시 같은 유형의 음식명이다.

뗀깡 / 뗑깡 : '癲癎(tenkan)>뗀깡>뗑깡'

한자어 전간(癲癎)은 간질, 지랄병을 일컫는 병명으로 일본식 한자음으로 '뗀깐'이다. 속어로서 '뗑깡을 부린다.'고 하면 행패를 부린다는 말과 동의어, 마치 간질 환자가 지랄을 하듯 생떼나 억지를 부린다는 뜻이다.

뗀뗀 : '點點(tenten)'

문장 구성에서 전술한 내용과 중복될 경우 앞엣 것과의 같음을 나

타내는 거듭표(〃). 이를 또한 '쫀쫀'이라고도 하는데, 이 역시 일본어
에서 점점이 찍힌 모양(點狀)을 나타내는 의태어이다

뗑뗑이 : '點點(tenten)+이(접미어)'

그림이나 옷감에서 점점이 찍힌 물방울 무늬. 이를 달리 말하여 '뗑
뗑가리'라고도 한다

라면 : '拉麵'(lamian, 漢語> râmen, 日語)

'잡아당기는[拉] 국수[麵]'라는 뜻의 중국어 拉麵에서 유래한다. 오
늘날의 라면은 밀가루를 주 재료로 하는 중국식 국수의 하나로서 일
본에서 개발되어 1950년대 말부터 널리 보급되었다. '라면'의 어원은
중국의 현실 발음이 일본어에서 '라멘'으로 쓰이다가 다시 우리 나라
에 들어온 탓으로 두음법칙이 적용되지 않은 채 통용된다.

첫 음절 '라-'는 중국식 발음의 영향이나 후행어 '-면'만은 우리 식
한자음이 반영된 어형이다. 일명 '老麵, 柳麵'이라고도 불린다. 라면
의 기원에 대해서도 그 설이 분분하다. 기원적으로 중국의 乾麵에서
유래했다는 설과, '안도'라는 일본인이 술집에서 튀김 요리를 하는 요
리사를 보고 만들었다는 설이 있다. 우리 나라에서는 1963년 '삼양식
품'에서 처음으로 생산하기 시작하였다고 한다. 요즘은 즉석 라면까
지 등장하여 바쁜 현대인들에게 편리하기 이를 데 없는, 인스턴트 식
품(즉석 식품)의 주역이 되었다.

마호병 : '魔法(mahô)+瓶(bin)'

우리말 '보온병'의 일본식 명칭. 뜨거운 물이 오랫동안 식지 않는
현상을 '마법(魔法)'이라 표현하였다. 마호병은 일본어 'mahobin(魔法
瓶)'에서 마지막 한자만을 우리식 '병'으로 발음한 것이다.

무데뽀 : '無點法(mutehô), 無手法(muteppô), 無鐵砲(muteppô)'

일본어에서 無點法은 한문을 읽을 때 훈점(訓點)이 없어서 읽는 사
람마다 제멋대로 읽고 해석한다는 의미다. 無手法은 정해진 방법 없

이 그때 그때 적당히 일을 처리한다는 뜻이며, 無鐵砲는 정해진 목표물이 없이 함부로 쏘아 대는 대포를 일컫는다. 어떤 한자어를 어원으로 삼든 무작정, 덮어놓고, 함부로와 같은 무모한 행위를 뜻함은 동일하다.

삐까삐까 : 'ぴかぴか(의태어)'

빛이 번쩍이는 모양을 형용한 일본어의 의태어. 이 말이 그대로 우리말에 들어와 '삐까삐까하다' 또는 후반부에 우리말이 첨가되어 '삐까번쩍하다'로 발전한다. 화려한 광경을 묘사하거나 대단하다, 또는 비슷하다는 의미로도 쓰인다. '삐끼탄'이라 하여 2차 대전 때 히로시마와 나가사끼에 떨어진 원자탄의 별칭으로 쓰이기도 했던 말이다.

사바사바 : '鯖(saba)+鯖(saba)', 혹은 '사바(裟婆)의 일'

하는 일을 어물쩍 넘겨 버리거나 떳떳하지 못한 수단으로 일을 조작하는 짓. 사바는 범어의 'Sattvahara'에서 유래한다. 선가(禪家)에서는 '사트바하라'를 간단히 사바(saba)라 하여 생반(生飯), 또는 산반(散飯)으로 번역한다. 이는 조반을 따로 떠서 귀신과 조수(鳥獸)에게 드리는 밥을 지칭한다. 그런데 이 말이 어물쩍하게 넘겨 버린다는 뜻으로 전이된 과정이 재미있다. 일본어에서 '사바'는 생선 중 고등어를 가리킨다. 어시장에서 이 생선 숫자를 세면서 상자에 던져 넣는데 나중에 보면 그 수가 모자란다는 것이다. 또 하나 김밥집에서 김밥을 만들 때마다 밥알을 붙여 놓았다가 계산을 하게 되는데 만취한 손님에게는 더 부른다는 데서 이런 말이 생겼다고 한다.

또 다른 의미로 범어에서 속세를 뜻하는 'sabhâ(裟婆)'에서 유래했다는 설이 있다. 말하자면 속세의 일이 다 그렇고 그렇지 않느냐는 생각에서 이런 말이 생겨났다는 것이다. 옳지 못한 수단이나 방법이 난무하는 현상은 사바세계의 어쩔 수 없는 속성이라는, 체념 섞인 생각에서 나왔다고 보는 것이다.

사쿠라 : '사쿠라니쿠(말고기)>사쿠라'

사쿠라는 본래 벚꽃을 일컫는 말이지만 속어로 쓰일 때는 다른 목적이 있어 특정 집단에 끼어 있는 사람을 가리킨다. 본 어형 '사쿠라니쿠'는 벚꽃과 색깔이 비슷한 연분홍의 말고기를 지칭하는 말이다. 그러나 쇠고기인 줄 알고 샀으나 먹어 보니 말고기였다는 것으로 겉보기는 비슷하지만 속살은 전혀 다를 때 이 말을 사용한다. 우리 나라에서는 5.16 군사 정변 후 변절자를 지칭하는 용어로 널리 인구에 회자되었다. 정치 환경이 바뀜에 따라 종래의 자기 조직을 이탈하는 변절자가 급증하자 이들을 꼬집는 말로 대변된 것이다.

십팔번 : '十八番(zyúhatiban)'

자신이 내세울 수 있는 재주나 일. 일반적으로 자기가 부를 수 있는 노래 중에서 가장 잘 할 수 있는 곡목을 가리킨다. 유흥이 벌어진 자리에서 흔히 들을 수 있는, 이 말은 일본의 江戶 시대 歌舞伎에서 유래한다. 市川 가문에 전해 오는 '狂言'이란 극(劇)이 있는데 신구(新舊) 각각 18번까지 있으며, 能樂이라는 고유 가면극을 막간을 이용하여 보여 준다. 이 촌극은 전체적으로 번호가 매겨져 있어 그 중 18번이 가장 우스꽝스럽고 재미있다는 것이다. 전체적으로 클라이막스에 해당하는 이 18번 극을 두고 일본인들은 장기로 하는 예(藝)를 지칭하게 된 것이 그대로 우리 사회에 전해져 원산지보다 더 애용하게 되었다.

아나고 : '穴子 / 海鰻(anago)'

뱀장어와 비슷한 바다 물고기의 이름. 우리말로는 붕장어, 또는 참바다장어라 한다. 우리 나라와 일본에 분포하며 주요 어종의 하나로 맛이 좋기로 유명하다. '아나고'가 일본말인 줄 알면서도 무슨 이유에선지 붕장어보다는 이 말이 더 많이 쓰이고 있다.

유도리 : '裕(yutori)'

융통성, 여유를 뜻하는 일본어. 버려야 할 일본어 잔재 중 하나다.

정종 : 正宗(청주의 일본 상품명)

맑은 술(淸酒)을 일본식으로 빚은 상품의 이름. 일제 때 '正宗'이란 상표로 애주가들의 사랑을 받았다. 일제 때의 상품명 정종이 아직도 청주의 대명사처럼 쓰이고 있으니 심히 유감스럽다.

쿠사리 : '腐(kusari)'

썩은 고기를 뜻하는 일본어의 은어로, 남을 질책한다는 의미. "쿠사리(를) 먹다"고 하면 남에게 야단을 맞거나 책망이나 면박을 당한다는 뜻이다.

히로뽕 : 'phillopon'의 일본식 발음.

수면 방지약이며 각성제의 하나인 '필로폰'의 일본식 발음. 한동안 우리 나라에서도 이를 좇아 '히로뽕'이라고 불렀다. '필로폰'은 그리스 어의 'philos〔親友〕+pónos〔勞苦〕'에서 유래하는 마약의 한 종류이다.

5) 특징적인 서구계 외래어

현재 우리말 속에 들어와 쓰이는 서구계 외래어는 그 수를 헤아릴 수 없을 정도다. 요즘 같으면 하루가 멀다 하고 쏟아져 들어오는 외국어를 미처 익히기도 전에 또다시 새로운 용어를 대면해야 한다. 변화가 빠른 만큼 언어의 순환도 그만큼 활발해지는 것이다. 지구촌이 하나의 시장이 되는 세계화, 국제화의 영향 탓이긴 하지만 그러나 이런 추세에 대처하는 우리의 자세에도 문제가 있다.

우리의 언어 현실은 아무런 대책이나 별다른 여과 장치 없이 일방적으로 받아들이기만 하는 것이다. 특히 경제, 금융 분야를 중심으로 날로 발전하는 전자통신 분야는 어제와 다르게 새로운 용어를 양산해 놓는다. 이런 현상에 호응하여 기업체명이나 그 기업에서 생산하는 각종 상품, 상표, 광고 홍보물 및 간판에 이르기까지 이들은 마치 외래어 사용 경쟁이라도 하는 듯한 인상이다.

우리말과 서구계 외국어와의 만남은 한국이 서양 문물을 접하기 시작하는 개화기 이후로서 그 기간은 불과 한 세기를 넘지 않는다. 그러나 국어 어휘사적 관점에서 보면 100여 년은 결코 짧은 기간이 아니었다. 불과 한 세기만에 4~5천 년에 걸친 국어사에서 가장 많은 외래어를 수용하는 기록을 남기게 되었다. 서구계 외래어는 종래의 중국어나 알타이 제어의 그것과는 그 양상이 다르다. 종래 동양제어의 유입은 지리상의 근접으로 인한 직접 차용이었다면 서구계의 그것은 간접 차용의 형식을 취했다는 것이다. 부언하면 원적지로부터의 직접 차용이 아니기 때문에 전래 과정의 다양성과 함께 정착 이후의 변질로 인해 원어와는 사뭇 다른 모습을 보인다는 점이다. 현재 우리말 어휘 속에 쓰이는 외래어 중에 특이한 몇 예를 들어보기로 한다. 특이한 용례라면 대략 다음과 같은 내용들이 포함된다.

우선 외국어 그 자체로도 어원이 불명확한 것과 전래 과정에서 이미 어형과 의미가 변질된 것들이다. 나아가 국어 어휘 속에 유입된 이후 우리말과의 동화 과정에서 변질되어 원어와는 상당한 차이를 보이는 예도 여기 포함된다. 이 밖에도 인명이나 지명, 또는 상품명의 고유명사가 처음 만들어졌거나 그것이 유명하다는 이유로 보통명사화한 예들도 모두 가나다 순으로 열거하여 간단한 해설을 덧붙이기로 한다.

개런티(guarantee) : 가수나 배우와 같은 연예인에게 지급되는, 계약에 의한 출연료.

연예계에서 주로 쓰이는 이 말은 고대 프랑스 어의 보증(保證)을 뜻하는 garant에서 기원하여 영어의 'guaranty>guarantee'로 정착된 말이다. 본래의 의미 '보증, 보증하다, 보증인'이 보증금과 같은 돈의 의미로 전이되면서 현재와 같이 출연료, 출장료, 계약금, 사례금을 뜻하는 말이 되었다. 최근에는 개런티를 줄여 '개라 / 러'라고도 하여 우리 나라 연예계에서도 보편적 용어로 쓰인다.

그런데 일반인에서 쓰일 수 있는 말이 굳이 연예인들에게만 적용되는지는 알 수가 없다. 또 무슨 특별한 전문 용어도 아니어서 우리말로도 쓸 수 있는 것을 굳이 외래어까지 끌어올 필요는 없다고 본다. '국립국어연구원'에서 펴낸 『외래어순화자료집』에서도 개런티를 출연료라 하고, 노 개런티를 무보수, 또는 무료라는 우리말로 쓸 것을 권장하고 있음이 참고 된다.

고스톱(go-stop) : 한국인들이 그토록 좋아하는 화투놀이의 한 가지.

고스톱이야 말로 한국식 영어의 대표적인 예가 될 것이다. 초기에는 일본어의 새 다섯 마리를 뜻하는 '고도리(gotori, 五鳥)'라 칭했으나 이후 일본어를 배척하려는 의도에서인지 어느 때부터 영어를 이용하여 '고스톱'이라 부르게 되었다. 지금쯤은 이를 다른 우리말 이름으로 바꾸자고 해도 듣지 않겠지만 한 번쯤은 용어의 적절성에 대해서 생각해 보지 않을 수 없다. 화투놀이 도중 '고(go)', 또는 '스톱(stop)'이라 외치는 데서 이런 이름을 얻었겠지만 곰곰 따져 보면 잘못된 외래어임은 분명하다.

골인(goal in) : 육상 경기에서 결승점에 다다르거나 구기 종목에서 공을 골문에 넣는 일.

축구나 농구 같은 구기 운동에서 득점을 하면 우리는 '골인'이라 외치며 좋아한다. 이 용어를 우리는 정확한 영어로 알고 있지만 실은 '리치 더 골(reach the goal)', 혹은 '메이크 더 골(make the goal)'이라 해야 맞는다. 야구에서의 홈인(home in)도 마찬가지 경우다. 골인과 같이 우리식 짜깁기 영어의 단적인 예라 할 수 있다.

길로틴(guillotine) : 사형(死刑) 방식의 하나로 죄수의 목을 단숨에 자르는 단두대(斷頭臺).

원래 인명에서 기원하여 프랑스 어를 영어식으로 발음하면서 보통 명사가 되었다. 이 말은 프랑스 혁명 당시 '조세프 기요탱(Jdseph L. Guillotin)' 박사에 의해 만들어진 사형 도구에서 유래한다. 전하는 말에 의하면 기요탱 자신도 이 길로틴에서 죽임을 당했다고 하나 분명한 근거는 없다고 한다.

나이터(nighter) : 전등불을 켜고 야간에 행해지는 운동 경기.

우리 나라에서는 얼마 전까지도 야간에 벌어지는 운동 경기를 '나이터'라 불렀다. 그러나 '나이트 게임(night game)'이라 해야 정확한 영어가 된다. 이 말 역시 굳이 외국어를 쓸 필요는 없이 우리말로 '야간 경기', 또는 '밤 경기'라 해도 무난할 것이다.

나일론(nylon) : 1937년 미국의 카로터스가 발명한 합성섬유의 이름.

이 말은 원래 섬유회사 '듀퐁(Du Pont)'사 제품의 상표명이었으나 이제는 영어에서도 보통명사로 쓰인다. 나일론은 영어의 '(vi)nyl+(ray)on'>nylon'의 변화이다. 우리 나라는 1953년경 일본을 통해 수입되면서 그 명칭과 함께 대중화되었다. 나일론 제품 중에서도 양말이 처음 나왔을 때 종래의 면 제품과는 비교가 안 될 정도로 질길 뿐 아니라 손이 덜 간다는 장점으로 한복 손질에 시달렸던 주부들로부터 큰 환영을 받았다.

노다지(no touch?) : 광물(황금)이 쏟아져 나오는 줄기.

본래 광맥을 지칭하는 말이지만 여기서 비롯되어 큰 이익이 보장된 일이나 혹은 늘, 항상을 의미하는 부사어로도 쓰인다. 시체말로 '대박'과 통한다고 할 수 있다. 그러나 노다지의 어원에 대해서는 아직 여러 설만 무성하다. 이 말을 고유어로 보는 이들은 '노('늘'의 변화형)+다지다'로 분석하기도 하고, 또는 '놋[黃]>노+아지(접미어)'의 구조로 보기도 한다.

반면 외래어로 보는 견해가 더 우세한 듯하다. 통설에 의하면 우리 나라의 금광에서 외국으로 실려 나가는, 금덩어리가 담긴 상자에 적힌 'NO TOUCH'란 경고문에서 유래했다는 것이다. '촉수금지'를 뜻하는 '노 터치'란 영어가 많은 사람들의 입으로 옮겨지면서 지금의 '노다지'가 되었다는 얘기다. '손 대지 말라'는 경고문이 황금, 이른바 스페인 어의 '보난사(bonanza)'나 '엘 도라도(El Dorado)'와 같은 말로 둔갑한 셈이다.

노블레스 오블리주(noblesse oblige) : 높은 신분에 걸맞는 윤리, 도덕 상의 의무.

기득권을 가진 사회 지도층 인사들이 일반인들에게 보여 주어야 할 윤리적, 도덕적 자세와 책무를 일컫는 말이다. 최근 언론 등에 이 용어가 자주 거론되고 강조되는 점에 대해 의아심을 갖는다. 물론 그 내용도 바람직하고 어감도 멋져(?) 보이지만 이처럼 어려운 외래어를 끌어다 쓸 이유가 무엇인가 하는 이유에서다. 언론도 진정한 사회 지도층에 있다면 당연히, 아니 오히려 앞장서서 우리말을 아끼고 가꾸어야 한다는 의무감을 가져야 하지 않을까 싶다.

뉴스(news) : 신문이나 방송에서 전해 주는 나라 안팎의 새 소식.

고대 프랑스 어의 '새로운 것(新)'을 의미하는 noveles가 중세 영어의 new/newe에 접사 '-s'를 붙여 형성된 말이다. 혹자는 말하기를 'news'가 동서남북을 뜻하는 영어의 머릿글자를 따왔다고 한다. 그러나 이는 우연의 일치며 그럴듯한 의미 부여라 여겨진다. 우리말로는 '새 소식'이나 '보도' 정도로 번역될 수 있지만 '뉴스'란 외래어가 이미 뿌리내린 뒤라 이젠 어쩔 수 없다.

니코틴(nicotine) : 담배 속에 함유된 주요 성분의 하나.

고유명사, 곧 인명에서 기원하여 전문 학술 용어로 굳어진 말이다.

포르투갈 주재 프랑스 대사를 역임했고, 후에 미국 담배를 팔아 큰 돈을 벌기도 했던 장 니코(Jean Nicot)에서 유래한다. 그가 맨 처음으로 담배에서 이 성분을 발견했다고 해서 붙여진 명칭이다.

돈 후안(Don Juan) : 방탕아, 엽색가의 대명사.

역시 고유명사에서 보통명사로 굳어진 예, 희대의 엽색가 돈 후안은 14세기 스페인에서 명문가의 아들로 태어나 다른 귀족의 딸을 유혹하여 함께 도망간 후 그 딸을 죽임으로써 처형을 당한 인물이다. 이런 엽색 행각이 소재가 되어 훗날 '동 주앙, 동 쥐앙, 돈 주언, 돈 조반니'와 같은 각종 예술 작품이 창작되고 지금도 공연되고 있다. 우리말로 하면 '바람둥이' 정도가 되겠는데, 이런 돈 후안과 유사한 인물에 카사노바(Gionvanni J. Casanova)도 있다.

딴따라(tantara) : 연예계, 특히 대중음악에 종사하는 이들의 별칭이자 속칭.

영어에서 tantara, 또는 taratantara라고 하면 나팔이나 피리 소리를 흉내 낸 의성어이다. 여기서 비롯된 딴따라는 우리 나라에서 연예인, 그 중에서도 가수나 악사와 같이 음악 분야에 종사하는 이들을 지칭하는 말로 사용된다. 우리식으로 하면 '딴따라딴……' 정도의 흉내말이 될 것인데, 과거에는 이같이 악기(風物)를 다루던 이를 '풍각(風角)쟁이'라 했다. 이들은 남사당패와 마찬가지로 가가호호 돌아다니면서 한바탕 신나게 놀아 주고 음식이나 돈을 구걸하였다. 그러나 세상은 변하고 직업에 대한 귀천도 달라지게 마련이다. 그 옛날의 풍각쟁이, 딴따라 패거리가 이제 만인이 부러워하는 선망의 대상이 될 줄이야.

마담(madame) : 비전하(妃殿下)나 우리말 마님에 해당될 법한 귀부인에 대한 극존칭.

다음 항에서 언급되는 '레지'와 함께 우리말에서 이처럼 대접 받지 못하는 외래어도 드물 듯하다. 마담은 라틴 어 'mea domina(영어로 my lady)'에서 비롯되어 이탈리아 어 madonna, 프랑스 어 ma dame으로 변형된다. 이 말은 다시 17세기경 기혼 부인에 대한 정중한 호칭이 되면서 단독으로 성(姓)이나 칭호 앞에 붙을 뿐 아니라 철자도 아예 붙여 써서 지금의 'madame'로 정착되었다. 그러나 무슨 이유에선지 우리말에 들어와서는 평범한 가정부인과는 상반된 호칭으로 타락하고 만다. 이를테면 다방 마담, 얼굴 마담(일본어까지 동원하여 '가오〔顏〕' 마담이 되기도 함.), 유한(有閑)마담, 계(契)마담 등이 그런 예로 한결같이 여염집 부인과는 거리가 멀다.

라디오(radio) : 방송 수신기.

초기에는 광의로 무선 전체를 지칭하는 용어였으나 지금은 그 범위를 좁혀 전파에 의한 음성 방송과 이를 수신하는 기계, 곧 수신기를 일컫는다. 라디오의 어원은 라틴 어에서 바퀴살이나 광선을 뜻하는 radius에서 유래한다. 본격적인 라디오 방송은 1902년 미국 펜실바니아 피츠버그의 KDKA 방송국에서 전파를 보낸 것이 그 효시가 되었다. 우리 나라에서는 1925년, 무선 실험 방송이 처음 실시되고, 1926년에 경성방송국이 설립되면서 이듬해 첫 방송이 시작되었다.

레지(register) : 각종 대중 업소에서 금전 출납을 맡아 보는 기장계(記帳係).

'다방 레지'에서 보듯 앞서 든 마담과 함께 우리말에 들어와 통속화된 대표적인 외래어다. 다방에서 차를 나르는 여종업원에 대한 일반적 호칭이 된 '레지'는 그 기원어조차 불명확하다. 영어 레이디(lady)에서 왔다고도 하고, 또 레지스트(register)의 준말이라고도 한다. 레지스트는 비단 다방만이 아닌 각종 적객업소에서 금전 자동 등록기를 두고 기장(記帳)을 맡아 보는 사람이다. 다방레지의 레지가 여기서 유래한 말이라면 '레지스트'의 준말 '레지'는 숙녀를 뜻하는 '레이디'

에서 영향을 받았을 것이다. 레지스트가 반드시 여성일 이유는 없으나 대개 다방일 때는 종업원이 하는 일은 고유 업무 이외에도 차도 날라야 하기 때문에 이들만을 가리켜 유독 레지라 부르지 않았나 싶다.

레코드(record) : 음반이나 기록, 컴퓨터에서 필드(field)의 집합 데이터로 다루어지는 단위.

레코드는 라틴 어 're(再)+cor(마음)'에서 기원하여 고대 프랑스 어의 recorder(기록하다)와 중세 영어 recorde를 거쳐 지금의 record로 정착되었다. 오늘날의 '레코드'는 1877년 미국의 에디슨이 소리를 재생시키는 축음기를 발명한 데서 비롯된다. 우리 나라에는 1887년 선교사 알렌에 의해서 처음으로 축음기가 들어오고, 이후 순수한 우리 음악을 담은 음반은 1908년 미국의 빅터 레코드사에서 취입한 것이 최초로 알려져 있다.

레크리에이션(recreation) : 여가 시간을 이용하여 각종 스포츠나 오락을 즐기는 일.

라틴 어 're(再)+creare(낳다)＞recreare(회복하다)'에서 기원한 말이다. 바쁜 일상에 쫓기는 사람들에게 여가 선용의 일환으로 19세기 말부터 레크리에이션 운동이 대중화되었다. 우리 나라에도 광복 이후 이 운동이 파급되었다고 하나 그 이전에도 YMCA 등을 통해 부분적으로 스포츠 보급 운동이 전개되고 있었다.

루주(rouge) : 여성들이 화장을 위해 입술에 바르는 연지.

라틴 어에서 붉은색(赤)을 뜻하는 ruber에서 유래하여 프랑스 어 rouge로 계승되었다. 우리말 연지(臙脂)에 해당하는 루주는 영어에서는 '립스틱(lip-stick)'이라 한다. 오늘날 여성들이 입술에 바르는 루주가 비단 붉은색만이 아니므로 굳이 외래어를 쓴다면 립스틱이 옳을 것이다.

린치(Lynch) : 법적인 절차에 의하지 않고 사사로이 가하는 형벌〔私 刑〕.

한글학회에서 펴낸 『우리말큰사전』에서 이를 '사삿벌'로 제안하고 있으나 대중성을 얻지는 못했다. 린치 역시 인명이 보통명사로 굳어진 예, 그러나 린치란 사람이 구체적으로 누구인지는 잘 모른다. 설에 의하면 미국 버지니아 주의 치안 판사 Charsles Lynch, 또는 William Lynch, 또는 버지니아 주의 농민 John Lynch라는 여러 주장이 전한다. 그러나 그가 누구든 간에 린치는 분명 사람 이름이며, 그가 공정한 법률에 의하지 않고 사사로이 벌을 가한 데서 이 말이 유래되었다.

미네랄 워터(mineral water) : 광천수(鑛泉水), 곧 용해된 광물이나 가스를 함유하고 있는 식수.

음료용 광천수는 프랑스를 위시한 유럽 각국에서 1970년대 중반 이후 다량으로 생산되었다. 국내에서도 자연수의 수질 오염이 심각해지면서 1980년대 들어 생수와 광천수를 배달, 판매하는 업체가 늘어나고 그래서 '미네랄 워터'란 용어도 널리 쓰이게 되었다.

미니스커트(mini skirt) : 길이가 매우 짧은 치마.

종래의 치마와는 비교가 안 될 정도로 짧게 만든 것으로 1966년 영국의 디자이너 메리 컨트가 발표하여 선풍적인 인기와 함께 유행을 몰고 왔다. 우리 나라에는 1967년 모 여가수가 처음 입고 들어 와 크게 화제가 된 바 있다. 미니는 라틴어 'minor(小)>minimus(最小)'에서 유래한다.

바캉스(vacances) : 휴가, 주로 여름 휴가를 지칭.

프랑스 어 vacance(영어로는 vacation)는 본래 휴가를 뜻하지만 의미가 전이되어 휴가 여행을 일컫는다. 바캉스는 라틴 어에서 '비어 있다, 자유, 여가'를 뜻하는 vacare> vacans에서 기원한다.

버스(bus) : 대중이 함께 이용하는 승합 자동차.

bus는 라틴 어 omnibus의 준말이다. 옴니버스는 '모든 것(의)'을 뜻하는 형용사 omis의 복수 여격형이다. 다시 말하면 'omni+ibus'의 구조인데, 후행어 ibus는 '~들을 위하여'라는 의미를 나타내며 때로 명사로 쓰이기도 한다. 옴니버스가 실용화되기는 프랑스 파리에 합승마차가 처음으로 등장했을 때부터라 한다. 당시 이 마차를 '모든 사람을 위한 마차'란 뜻으로 voiture omnibus라 이름했다는 것이다. 훗날 voiture를 생략하여 omnibus라 칭한 것이 그대로 영국에 전해지고 다시 omni마저 생략하여 지금의 bus가 되었다.

bus란 말이 우리 나라에 들어왔을 초기에는 어두 유성음 발음이 어려워 대개 '빠스, 뻐스'라 불렀다. 최초의 버스는 1912년 대구에 사는 일본인이 대구, 경주, 포항 간의 부정기 노선을 운행했을 때부터라 한다. 그로부터 현재까지 버스는 우리 나라 대중교통 수단의 주역이 되었다.

보이콧(boycott) : 인명에서 비롯된 말이나 이후 반대, 배척, 불매 동맹을 뜻함.

에이레의 한 지주의 마름이었던 '보이콧(Captain Boycott)'에서 유래한다. 그는 마름 노릇을 하면서 몹시 지독하게 굴었다. 워낙 고약스럽다 보니 소작 농민들에게는 물론 같은 처지의 마름들과 심지어 지주에게까지 배척을 당했다고 한다. 그 결과 모든 교섭이 끊겨 버렸다는데, 여기서 유래하여 '불매 동맹' 내지는 '반대, 배척'의 의미로 굳어진 말이다.

브래지어(brassiére) : 여성들의 가슴을 가리고 묶는 띠.

프랑스 어로 '브라셰르'이지만 영어식으로는 '브래지어', 우리 식으로는 '부라자'가 된다. 우리말로 한다면 '젖가리개, 젖가슴띠, 가슴가리개' 정도가 되겠는데 대중성을 얻지 못하고 있다. 부끄러운 부위의 명칭이다 보니 아무래도 직설적인 표현을 꺼리는 듯하다. 외래어를 사용함으로 해서 부끄럽고 쑥스러움을 어느 정도 면할 수 있다고 믿는 모양이다.

비닐 하우스(vinyl house) : 투명한 합성 수지로 만든 가건물.

'비닐(vinyl)'은 포도주를 뜻하는 라틴 어 vinum에서 유래하여 영어의 vini+yl(접사)>vinyl로 계승되었다. 실용의 비닐 필름은 1954년 경 농업에 이용되기 시작하여 하우스, 터널 등의 건립에 널리 이용된다. 특히 우리 나라와 같이 사계절 농사가 불가능한 지역에서는 채소류나 화훼류, 과수류의 재배에 비닐 하우스가 크게 기여하고 있다.

삐라(bill) : 선전용의 인쇄물, 또는 여럿이 돌려가며 보기 위한 종이 쪽지〔傳單〕.

라틴 어 bulla(球, 거품, 서류)에서 유래한다. 영어 발음대로 '빌(bill)' 이라 하면 일반적으로 요금 청구서나 계산서를 가리킨다. 반면 '삐라' 라고 하면 선전, 선동의 의미가 추가되어 그 용도도 달라진다. 말하자 면 이데올로기 대립이 치열하던 시절 대중 선동을 위해 몰래 뿌려지 는, 불온 선전물을 지칭하는 말이었다.

사이다(cider) : 설탕, 향료 등을 가미하여 청량 음료수로 마시는 탄산수.

헤브루 어 '그가 취했다.'는 의미의 shakhár에서 기원하여 영어의 'sidre>cider'로 정착된 말이다. 다만 영미어에서 cider라고 하면 사과 즙을 지칭하여 발효한 것은 hard cider, 발효하지 않은 것은 sweet cider 라 한다. 국내에는 1905년 일본인들에 의해 들어온 이후 '사이다'라 고 하면 색깔이 없는 무색 탄산 음료를 지칭하게 된다.

샤프 펜슬(sharp pencil) : 필기구의 한 종류.

연필심을 만년필 같은 형체에 담아서 조금씩 꺼내어 쓰게 하는 필 기구의 하나다. 국제적 통용어는 오토매틱 펜슬(automatic pencil), 또는 메커니컬 펜슬(mechannical pencil)이라 한다.

샴푸(shampoo) : 머리를 감는 데 쓰는 비누 제품의 일종.

샴푸는 힌두어 '비비다, 억지로 당기다〔强押〕'는 의미의 chámpná에서 유래한다. 국내에서는 한국전쟁 후 미군 부대를 통해 조금씩 흘러나오던 것이 1960년대 들어 본격적으로 생산되었다.

샌드위치(sandwich) : 두 조각의 빵 사이에 샐러드 따위를 넣어 간편하게 먹는 음식.

고유명사에서 보통명사화한 대표적인 예로 18세기 영국의 Sandwich 백작(본명은 John Montague)의 이름에서 유래한다. 평소 도박을 즐기던 샌드위치는 식사 때면 두 조각의 빵 사이에 샐러드나 고기를 넣어 먹곤 했는데, 이로부터 그런 식 식사를 그의 이름을 따서 부르게 된 것이다. 음식 이름뿐 아니라 '샌드위치 신세'나 '샌드위치맨'도 여기서 파생된 말이다. 샌드위치 신세란 곤란한 일에 새중간에 끼어서 이러지도 그러지도 못하는 상태를 이른다. 또 네모 난 통으로 만든 영화 간판 따위의 선전물을 등에 지고 거리를 배회하는 사람을 일러 샌드위치맨(sandwich-man)이라 한다.

샐러리맨(salariedman) : 봉급 생활자, 곧 월급쟁이를 이르는 말.

원어 발음대로라면 '샐러리드먼'이지만 우리는 통상 '샐러리맨'이라 한다. 영어 샐러리(salary)는 라틴 어의 소금을 뜻하는 'sāl'로 소급되는데, 이 말이 월급쟁이로 전이된 데는 그럴 만한 유래가 있다. 여기서 파생된 '살라리움(sālarium)'은 '병사로 하여금 소금을 살 수 있도록 지급되는 돈'을 지칭하는 말이다. 고대 로마에서는 병사를 해외로 출정시킬 때 반드시 전시가봉(戰時加俸)으로서 소금을 사게 하기 위한 일정액의 돈이 지급되었다고 한다. 여기서 유래하여 병사들을 위한 전시가봉뿐 아니라 문관에게 주어지는 보수까지도 이 말을 적용시키게 된 것이다. '살라리움'은 중세 프랑스 어를 거쳐 영어의 '샐러리’가 되었는데, 우리도 이 샐러리맨을 월급쟁이란 말로 대용하게 된다.

쇼비니즘(chauvinisme) : 맹목적 애국주의를 칭하는 정치 용어.

맹목적 애국주의, 국수주의의 추종자를 일러 쇼비니스트라 한다. 쇼비니즘 역시 고유명사가 보통명사화한 말이다. 프랑스 나폴레옹 시대 나폴레옹 한 사람을 위해 죽을 때까지 충성을 다 바쳤던 사병 니콜라스 쇼뱅(Nicholas Chauvin)이란 이름에서 유래한다.

슈 크림(chou cream) : 크림이 들어 있지 않은 양과자의 하나.

프랑스 어 ‘슈 아라 크렘’(chou à la crème)을 영어식으로 줄여 슈크림이 되었다. 정식 영어로는 크림 퍼프(cream puff), 또는 줄여서 퍼프(puff)라 부른다.

슈퍼마켓(supermarket): 대형 잡화점의 한 형태.

라틴어 ‘super(上, 超)+merx>mecari(장사하다)’에서 기원한 말이다. 경제공황 이후 미국에서 이런 형태의 잡화점이 생겨 널리 유행하게 되었다고 한다. 국내에는 1970년 외국인이 많이 거주하던 서울 한남동에 개점된 것이 그 효시가 되었다.

스낵(snack) : 식사 대용의 간편식이나 간이음식점.

중세 네덜란드 어의 snack에서 유래하여 ‘덥석 먹어 치우다’는 뜻의 중세 영어 snacke를 거쳐 지금의 snack으로 정착되었다. 이 말의 파생어로 snack-bar, snack-corner 등이 미국에서 생겨나 이내 국내에서도 널리 파급되고 있다.

실루에트(silhouette) : 검은 빛깔의 반면 영상이나 희미하게 비치는 그림자.

프랑스의 정치가 ‘에티엔 드 실루에트(Étiene de Silhouette)’에서 유래하여 주로 영상 예술 분야에서 전문 용어(보통명사)로 사용된다. 실루에트는 루이 15세 때 재무 장관직에 있으면서 무리한 과세 징수로 많은 비난을 받았는데, 이후 사람들은 그의 이름에다 지나가는 그림자의 의미를 부여하여 이 말을 쓰게 되었다.

아르바이트(arbeit) : 본업 이외에 임시로 하는 부직 따위.

arbeit는 일이나 노고를 뜻하는 독일어, 우리말에 와서는 본 직업 이외에 과외로 하는 임시직을 이른다. 최근에는 '알바'라는 줄임말을 쓰기도 한다.

아파트(apart) : 한 지붕 아래 여러 가구가 거주하는 집합 주택.

현대 주택의 대명사라 할 수 있는 아파트의 어원은 의외로 복잡하다. 곧 라틴 어 'ad(방향)+pars(부분)+ment(접사)>appartare(쪼개다)'에서 비롯된다. 영어로는 apartment house이지만 일본어를 거치면서 축약된 '아파트'가 그대로 우리 나라에 들어와 쓰인다. 우리 나라의 아파트는 1932년 일제가 세운, 서울 충정로의 5층짜리 유림아파트에서 비롯되어 이후 조선총독부에서 몇 채를 더 건설한 적이 있다. 그러나 본격적인 아파트는 광복 이후, 특히 1960년대부터 대량으로 지어져 본격적인 아파트 시대를 열게 되었다.

에어로빅(aerobic) : 음악에 맞추어 추는 현대식 체조의 일종.

음악에 맞추어 추는 이 새로운 체조는 1968년 내과 의사인 쿠퍼가 처음 제창, '에어로빅'이란 책을 펴냄으로써 널리 보급되었다. 국내에는 1974년 YMCA 초청으로 쿠퍼가 내한함으로써 널리 보급되는 계기가 마련되었다.

오토바이(autobi) : 자동 자전거, 또는 2륜 자동차.

영어의 '오토바이시클(autobicycle)'의 줄인 말로, 1885년 독일의 G. Dimler가 발명하여 1903년경 일본에 들어왔다. 우리 나라는 1960년대 배기량 50cc급의 오토바이가 생산된 것이 최초라 한다.

올드 미스(old miss) : 결혼 적령기를 넘긴 노처녀.

정식 영어로는 올드 메이드(old maid), 또는 스핀스터(spinster)라 한다. 우리가 말하는 '올드 미스'는 한국식 영어라 할 수 있다.

유토피아(Utopia) : 상상 속에서나 존재하는 이상향(理想鄕).

그리스 어 'u(無)+tópos(空間)'와 라틴 어 'utopia'에서 유래한 말, 곧 상상 속이나 이상으로서만 존재하는 '지구상 어디에도 없는 곳'이다. 무릉도원, 별천지와 같은 의미의 이 말은 영국의 토마스 모어가 쓴 동명(同名)의 소설을 통해 유명하게 되었다. 유토피아는 대서양 한복판에 있는 가상의 섬으로 그 곳에서는 왕이나 귀족, 승려와 같은 신분이나 계급 차이가 없이 모두 함께 노동하고 똑같이 생산물을 분배받아 평화롭게 잘 사는, 그야말로 별천지로 묘사되고 있다. 최근에는 후행의 '-pia'만을 살려 '테크노피아'와 같은 조립어가 생겨났다.

제록스(Xerox) : 원본의 형태를 그대로 베껴 내는 복사기.

미국의 Haloid Xerox사 제품이 유명해지면서 복사기의 대명사가 된 말이다.

카네이션(comation) : 애정을 꽃말로 가진 꽃의 한 종류.

왕관을 뜻하는 라틴어 corona에서 기원하여 중세 프랑스어 coronation을 거쳐 영어 coronation, comation(변이형)으로 계승되었다. 꽃의 모양이 왕관과 비슷하여 5월 어머니 날(어버이 날)의 상징화가 되었다. 부모가 살아 계신 이는 붉은 카네이션을 가슴에 달아 드려 어버이의 은혜에 감사의 뜻을 표한다. 흰색 카네이션은 돌아가신 부모님께 올린다.

카메라(camera) : 사진기, 촬영기.

그리스 어의 아치형 지붕을 뜻하는 kamara와 방(房) 또는 암상(暗箱)을 뜻하는 라틴 어 camera에서 유래한다. 최초의 사진은 1826년 프랑스의 니에프스가 찍은 풍경 사진이었다고 한다. 또한 사진기에 대한 공식적 기록은 1839년 다게르에 의한 것으로 알려져 있다. 우리 나라에는 1880년 일본 사신이 조선 왕실에 진상한 물품 목록 중에 '촬영

갑 20장'이란 기록으로 보아 그 이전에 카메라가 들어와 있었을 것으로 추정한다.

칵테일(cocktail) : 양주에서의 혼합주.

몇 가지 양주를 적당히 섞고 향료, 설탕 등과 함께 얼음을 넣어 만든 혼합주, 또는 약식 접대를 지칭한다. 칵테일을 영어 원문대로 해석하면 '수탉 꼬리'가 되는데, 그 어원에 대해서는 온갖 설이 난무할 뿐 이렇다 할 정설은 없는 형편이다.

커피(coffee) : 카페인이 함유된, 대중적인 음료수의 하나.

커피는 에티오피아가 원산지로서 그 이름은 서남부 지방 Kaffa라는 지명에서 유래한다. 이후 아라비아 어 카와(qahwah)가 되고 이것이 16세기경 터키에 전해지면서 '카베(qahveh)'가 되었다. 이는 다시 유럽으로 전파되어 coffee(영어), koffie(네덜란드어), café(프랑스어) 등 다양한 어형으로 정착한다. 이를 중국어에서는 咖啡, 일본어에서 珈琲로 표기하나 우리는 영어식을 받아들여 '커피', 또는 '코피'라 부른다.

프랑스 어 카페(café)는 음료수만 지칭하는 말이 아니라 그것을 파는 집이나 간단한 레스토랑을 그렇게 부른다. 우리 나라에는 일제 때 카페란 말이 들어와 커피보다는 술을 파는 술집 쪽으로 기울게 되었다. 문화를 담고 있는 언어의 생리가 그렇듯 한 뿌리에서 나온 말이라도 이처럼 그 의미가 갈라짐을 본다.

커닝(cunning) : 시험에서의 부정 행위.

'교활하다'는 뜻의 영어가 우리말에 와서 시험에서의 부정행위를 지칭하게 되었다. 우리말에서는 컨닝, 또는 컨닝구라고 발음하는데, 정식 영어로는 크리빙(cribbing), 또는 치팅(cheating)이라 한다.

컴퓨터(computer) : 전자 회로를 이용한 고속 자동 계산기〔電算機〕.

라틴 어 'com(함께)+putare(생각하다, 평가하다)'에서 기원하여 영어의 computer로 계승되었다. 오늘날의 컴퓨터는 미국 육군의 요청으로 펜실바니아 大學에서 1945년에 완성한 ENAC(전자식 수치적분 계산기)가 최초로 알려져 있다. 우리 나라에서 처음 사용된 컴퓨터는 1966년 '간이 인구 센서스' 때 사용된 IBM1401였다. 현대 정보화 시대를 이 끄는 필수품으로 날로 발전을 거듭하여 어디까지 갈지 예상하기 어렵 다.

콘도미니엄(condominium) : 집단 주거 시설을 갖춘 숙박 업소.

'콘도미너엄'이란 라틴 어로 공동통치를 뜻하던 말로서 유럽에서 숙박 시설의 새로운 경영법의 하나로 개발되었다. 약칭으로 '콘도'란 말이 주로 쓰이는데 국내에서는 1980년경에 등장하여 신종 레저 산 업으로 각광 받고 있다.

클랙슨(klaxon) : 자동차의 경적.

영국의 klaxon 제조 회사의 상표명에서 기원하여 지금은 보통명사 가 되었다. 그리스 어 '쇠소리를 낸다.'는 뜻을 가진 clazein에서 기원 하여 영어의 klaxon으로 정착되었다. 이 말은 일본어의 kurakusyon을 거쳐 국어에 차용되었다.

택시(taxi) : 미터기를 장착하여 요금을 받고 운행되는 영업용 자동차.

프랑스 어의 'taxe(料金)+metre(計量器)'에서 유래한 말이다. 원 명칭 은 주행 요금 표시기를 부착한 자동차란 의미의 'taximeter-cabriolet', 여기서 cabriolet는 전에는 마차였으나 훗날 자동차로 바뀌게 되었다. 영국에서는 이를 '택시캡(taxi-cab)'이라 했는데, 뒤에 수레라는 의미의 '캡'도 떼어 버리고 그냥 택시로 불리게 되었다. 우리 나라에서는 1912년 처음으로 '택시'라 불리는 영업용 승용차가 등장하여 오늘에 이른다.

탤런트(talent) : 연예계 종사자, 특히 텔레비전 드라마 속의 연기자.

그리스 어 tálanton, 라틴 어 talentum에서 기원한다. 원래 '저울'을 뜻하는 말이었으나 점차 귀금속의 중량이나 화폐의 단위로 쓰였다. 이 말이 각광을 받고 또 의미의 변신을 초래한 계기는 기독교 성경의 구절에 의해서다. 신약 성서의 마태복음(25:15)에 나오는 달란트를 중세의 한 종교가가 화폐 단위가 아닌 재능의 의미로 해석한 뒤부터 재주나 능력의 의미로 쓰이게 되었다.

그런데 방송 출연자라 하여 다 재능 있는 사람은 아닐 터인데, 이들만 특별히 탤런트라 부르게 되었는지는 알 수 없다. 어떻든 현재 통용되는 탤런트는 TV 연기자만이 아닌 가수, 코미디안, 사회자, 단골 출연자, 영화나 라디오 등의 연기자를 총칭한다. 우리 나라에서 탤런트란 말이 방송 관계자의 입에 오르내리게 된 것은 KBS-TV가 개국한 1961년 말경이라 한다. 이 때 방송 사상 처음으로 탤런트 26명이 공모를 통하여 선발된 적이 있다.

텔레비전(television) : 대상의 광학적인 상(像)을 전기 신호로 바꾸어 송신하여 수신측에서 영상으로서 재현하는 전기통신 방식, 또는 텔레비전 수상기의 약칭.

요즘은 이 말도 줄여서 '텔레비', 또는 첫 머릿자를 따서 '티비'(TV)라 부른다. 텔레비전은 그리스 어 'tele(떨어져, 멀리)'와 라틴어 'visio (影)'의 합성어, 곧 실물을 그대로 전파를 통해서 먼 곳으로 보내어 영사하는 장치이다. 우리 나라에서는 1954년 최초로 폐쇄회로 텔레비전 수상기(CCTV)가 공개되었고, 2년 후에 본격적인 텔레비전 방송이 전파를 타게 되었다.

트랙터(tractor) : 트레일러, 또는 농사일에 쓰이는 특수 자동차.

라틴 어에서 '끈다[引]'라는 의미의 'trahere>tractus+or(접사)'에서 기원하여 영어 tractor로 정착된 말이다. 주로 농사일을 하는 데 사용되는 차량으로 이를 북한에서는 러시아 어의 영향을 받아 '뜨락또로'라 부른다.

팁(tip) : 여급이나 사환 등 접객 업소의 종사원들에게 주는 수고비나 사례금.

팁이란 말은 "봉사를 받기 위해 지불을 넉넉히 한다."는 의미의 "to insure promptness"의 머릿글자를 딴 조립어이다. 아직도 우리에게는 익숙하지 않은 말이어서 여러 가지 부작용을 빚기도 한다.

파마(permanent) : 머리털을 곱슬곱슬하게 지지어 단장하는 일.

'영원한 물결'을 뜻하는 영어 permanent wave의 준말이다. 머릿결이 오랫동안 물결치듯 그 모양을 유지할 수 있다는 데서 붙여진 말이다. 영어 '퍼머넨트 웨이브'가 일본을 경유하면서 '파마'라는 약칭어가 되었고, 우리도 이를 받아들여 '파머, 퍼머', 또는 '빠마'라 일컫게 되었다. 국내에서는 1920년 서울의 종로 화신상회 안에 미장원이 생긴 것이 최초로 알려져 있다.

포볼(four ball) : 타자가 볼을 치지 않고 나가는 경우의 야구 용어.

야구 경기에서 타자가 볼(ball) 넷(four)으로 출루할 때를 이르는 한국식 영어다. 그러나 '포볼'이란 용어는 야구의 본 고장에서는 통용되지 않는다. 정식으로 말하면 '베이스 온 볼스(base on balls)', 혹은 패스(pass)나 워크(walk)라 해야 한다.

허니문(honey-moon, 혹은 honey-month) : 결혼 이후 한 달 동안의 신혼 기간.

혼인식이 끝난 후 한 달 간의 꿈같은 기간을 한자말로는 밀월(蜜月), 또는 신혼(新婚)이라 한다. '허니문'이란 말의 기원에 대해서는 정설이 없다. 혹은 말하기를 스칸디나비아 반도에서 남녀가 혼인하고 처음한 달 동안은 벌꿀로 빚은 술을 마시던 관습에서 유래되었다고 하고, 또는 신혼 초 두 사람의 그 뜨거웠던 애정이 달의 기움과 같이 점차 식어감을 비유하여 이런 말이 생겼다고도 한다.

호치키스(Hotchkiss) : 한자어로는 지철기(紙綴機), 우리말로는 종이

찍개.

여러 장으로 된 서류 따위를 'ㄷ'자 꼴의 가는 꺾쇠로 찍어서 꿰매는 연장이다. 호치키스는 미국의 발명가 H.H. Hotchkiss의 이름을 딴 상표에서 비롯된 말이다. 정식 영어로는 '스테이플러(stapler)'이지만 굳이 외래어를 쓸 필요 없이 쉬운 우리말로 '종이찍개'라 해도 무난하리라 본다.

■ 참고문헌

❖ 사전

김민수 편(1997). 「우리말 語源辭典」 태학사.
徐廷範(2000). 「國語語源辭典」 보고사.
편찬위(1992). 「한국문화 상징사전」 동아출판사.
이훈종(1995). 「민족생활어사전」 한길사.
박영준·최경봉(1996). 「관용어사전」 태학사.
李基文 編(1991). 「俗談辭典」 一潮閣.
정태륭(1994). 「우리말 상소리사전(1)」 프리미엄북스
金鍾塤 外(1985). 「隱語 卑俗語 職業語」 集文堂.

❖ 논저

강헌규(2003). 「국어어원학 통사」 이회.
金亨奎(1962). 「國語學槪說」 一潮閣
南廣祐(1957). "고대국어 造語法의 한 고찰" 「한글」 121. pp7~33.
박갑천(1995). 「재미있는 어원이야기」 을유문화사.
박숙희·유동숙(1995). 「우리말의 나이를 아십니까」 서운관.
박일환(1994). 「우리말 유래사전」 우리교육.
백문식(1998). 「우리말 뿌리를 찾아서」 三光出版社.
徐廷範(1986). 「語源別曲」 汎潮社.

_____ (1989). 「우리말의 뿌리」 고려원.

_____ (1992). 「우스개별곡」 범조사.

小倉進平(1935). "朝鮮語에 있어서의 外來語(下)" 季刊 「外來語硏究」 3-1. pp1~6.

안옥규(1994). 「우리말의 뿌리」 학민사.

梁柱東(1938). "語義攷 數則"「正音」 27. pp9~15.

_____ (1954). 「古歌硏究」(增訂) 一潮閣.

_____ (1955). 「麗謠箋注」(訂正版) 乙酉文化社.

李基文(1991). 「國語 語彙史硏究」 東亞出版社.

이남덕(1978). "한국인의 공간개념: 한국어 어원연구"「文學思想」 66. pp196~204.

_____ (1985). 「韓國語 語源硏究」 (1,2,3,4) 梨花女子大學校出版部.

李熙昇(1955). 「國語學槪論」 民衆書館

_____ (1959). 「國語學論攷」 乙酉文化社.

田蒙秀(1938). "語源攷" 「한글」 56. pp7~11.

정호완(1991). 「우리말의 상상력」 정신세계사.

趙恒範 편(1994). 「國語 語源硏究 叢說」(1) 太學社.

_____ (1997). 「다시 쓴 우리말 어원이야기」 한국문원.

_____ 평석(2001). 「선인들이 전해 준 어원이야기」 태학사.

천소영(1979). "우리말의 뿌리" 「普成」 10호.

_____ (1984). "飮食物名語 攷" 「水原大學論文集」.

_____ (1985). "穀物名 散攷" 「홍익어문」 4집. 홍익대.

_____ (1985). "설(元旦)의 語源에 대하여" 「語文論集」 26집. 고려대.

_____ (1986). "돼지의 語源에 대하여" 「畿甸語文學」 1집. 수원대.

_____ (1989). "부모호칭어 再考" 「國語學」 17집 國語學會.

_____ (1996). "地名語源에 대한 一考察" 「畿甸語文學」 10, 11집. 수원대.

_____ (2001). "固有地名에서 본 방위 개념에 대하여" 「한국어학」
            14집. 한국어학회.

崔承烈(1990). 「韓國語의 語源과 韓國人의 思想」 한샘.

崔昌烈(1985). "우리말 시간 계열어의 어원적 의미" 「한글」 188.
            pp117~145.

_____ (1986). 「우리말 語源研究」 一志社.

_____ (1987). 「어원의 오솔길」 한샘.

_____ (1989). 「아름다운 민속어원」 新亞出版社.

_____ (1993). 「어원산책」 한신문화사.

허영호(1950). "火風觀 : 語源記(四)" 「新天地」 5-3. pp 194~197.

■ 찾아보기

ㄱ

ㅂ

ㅇ

ㅊ

ㅎ